# 말랑말랑한
# 노동을 위하여

# 말랑말랑한 노동을 위하여

초판 1쇄 발행  2020년 7월 31일
    2쇄 발행  2020년 9월 8일

지은이  황세원
펴낸이  강수걸
편집장  권경옥
편집  박정은 윤은미 강나래 김해림
디자인  권문경 조은비
펴낸곳  산지니
등록  2005년 2월 7일 제333-3370000251002005000001호
주소  부산시 해운대구 수영강변대로 140 BCC 613호
전화  051-504-7070 | 팩스  051-507-7543
홈페이지  www.sanzinibook.com
전자우편  sanzini@sanzinibook.com
블로그  sanzinibook.tistory.com

ISBN   978-89-6545-664-3 03330

# 말랑말랑한 노동을 위하여

## 좋은 일의 기준이 달라진다

황세원 지음

산지니

하필 책을 내기로 하고 원고를 한창 마무리하고 있는 시점
이 이때다. 2020년 초, 코로나19(COVID-19)로 인해 전 세계
가 미증유의 경험을 하는 중이다. 하루하루 새로 들려오는
소식들 때문에 이미 써 놓은 원고 여기저기를 계속 고쳐야
했다.

이 혼란은 지금까지 쌓아 온 인류 문명 중 어딘가가 크게
잘못돼 있었다는 경고처럼 보인다. 잘못된 것은 신자유주의
일까, 산업사회일까, 아니면 인간 문명 그 자체인 것일까. 어
쩌면 인류는 점점 더 나은 길을 찾아왔고, 몇몇 사회 모델이
앞서 나가고 있으며, 우리도 시간이 걸릴 뿐 어느 길로 가면
되는지 알고는 있다고 생각했던 것이 가장 큰 오류였는지도
모르겠다.

한국 사회는 유독 더 큰 혼란 속에 있다. 누가 만들었는
지 모를 'K-방역'이라는 말부터가 우리가 심하게 헷갈려 하
고 있다는 증거다. 우리가 세계 여러 나라로부터 높은 평가

를 받은 것은 방역의 전략인가, 국가 시스템인가, 아니면 대한민국 그 자체인가? 좋게 봐줘도 셋 다일 리는 없는데 우리는 이 세 가지 모두를 섞어서 이해하고 있다. '우리가 이제 진짜 선진국', '대한민국이 표준'이라는 식의 자부심이 표출되고, 몇몇 서양 언론이나 전문가의 입을 통해서도 그런 칭찬이 들려온다. 거기에 어깨가 우쭐해지고, 우리가 힘든 고비들을 잘 넘기며 성장해 왔다고 서로 다독이고, 이제부터 잘하면 정말 세계를 선도하는 국가가 될 수도 있겠다고 자신감을 가져 볼 만도 하다.

그렇지만 그러는 사이에 잘못된 길로 빠질 수도 있다. 전 세계 여러 나라들이 바닥까지 처참하게 내려가 '해방적 파국'[1]을 맞이하는 반면에 우리는 어정쩡한 위치에서 멈출 수도 있는 것이다.

초기 방역에 실패한 미국은 강력한 활동 금지령(lock down) 탓에 많은 사람들이 생계 위협에 직면하자 성인 1인당 1,200달러(소득에 따라 차감 있음)의 전 국민 재난지원금을 신속하게 내보냈다. 개인주의와 공공의료 시스템 사이의 허점에 의해서 많은 확진자와 사망자들이 나온 유럽 여러 나라들에서도 이번에 그들의 사회에서 무엇이 잘못돼 있었는지, 어디서부터 고쳐 나가야 할지 심각하고 진지하게 토론해 나갈 것이다.

대한민국이 소중한 많은 생명들을 지켜냈다는 점은 물론 높이 평가받아야 마땅하지만, 어정쩡한 위치에 있었던 바람에 우리 사회의 고질적인 문제들을 직면하지 못한 채로 이 시기를 흘려보낼 수도 있다. 긴급 재난지원금은 선별지급 여부를 놓고 논란이 벌어진 끝에 보편지급으로 귀결되기는 했지만 '왜 모두에게 지급해야 하는가'라는 질문에 대해 분명한 답을 찾지는 못했다. 문재인 대통령이 취임 3주년 연설에서 '전국민 고용보험제도'를 강조했지만 지금 방향대로라면 정부가 최선을 다해도 노동 보호의 사각지대를 모두 없애지는 못할 것이다. 이런 가운데 경기도의 한 물류창고에서는 최소한의 안전도 보장받지 못한 채 일하던 서른여덟 명의 노동자들이 화재로 숨졌고, 서울의 한 아파트에서는 주민의 갑질에 시달리던 경비원이 목숨을 끊었다. 국내 최고의 대기업 건물에서는 20대 직원이 뛰어내려 생을 마감했다. 그 밖에도 생계가 막막해 목숨을 끊은 사람들은 언론 한쪽에서 계속 보도됐으나 별 주목을 받지 못하고 잊혔다.

왜 대통령이 나서고 여당이 밀고 정부 부처 공무원과 전문가들이 열심히 노력을 한다는 데도 이 사회는 크게 달라지지 않고, 앞으로도 그럴 것 같지가 않을까? 우리가 딛고 서 있는 이 사회의 사고체계(paradigm)가 공고하기 때문이다. 좋은 일자리는 능력 있는 사람들이 차지하는 것이 당연하며, 나머지 대부분의 일자리의 질은 낮은 것이 당연하고, 능력이 모자란 사람들의 일자리는 질이 낮은 것이 당연하다는 생각이 대표적이다. 이 글을 읽는 사람 중에도 앞의 문장에서 무엇이 잘못됐는지 알아차리지 못하는 경우가 적지 않을 것이다.

과연 그런 생각들이 당연할까? 만일 그렇다면 우리 중 누구도 지금 하는 일이 힘들더라도, 일자리를 잃은 즉시 생계의 위협에 직면하더라도, 평생 쉬지 않고 일했는데 노후가 불안정하더라도 불평하면 안 된다. 능력이 부족한 탓이기 때문이다.

여기에 동의할 수 없고, 이 사회가 그보다는 나아지기를 바란다면 우리도 '해방적 파국'이라 할 정도로 근본적인 곳까지 뜯어내고 고칠 각오를 해야 한다. 그 첫걸음은 어디가 어떻게 잘못돼 있는지를 아는 것이다. 나도 모르게 젖어 있던 고정관념까지도, 설사 내가 지금까지 어느 정도 그 덕을 보고 살았더라도 과감하게 떨쳐낼 수 있어야 한다. 그래야 언제든 또 사회가 일제히 멈출 수 있고, 오늘 안정적인 일자리가 내일은 없어질 수 있는 '포스트 코로나' 시대를, 우리 모두가 최소한의 안전망 위에서 살아갈 수 있다.

우리의 삶에서 분명한 것은 어쩌면 단 한 가지뿐이다. 모두 행복하게 살고 싶다는 것이다. 그러나 각자 그리는 행복의 모습이나 거기에 이르는 길은 제각각이다. 나이가 들고 경험이 쌓이면서 행복에 대한 그림도 변해 간다. 그래서 인간을 단순화해서 보려는 시도들이 있나 보다. 일자리에 대해서 임금만을 변수로 두고 수요와 공급의 상관관계를 본다든지, 어차피 사람들이 일자리를 택하는 기준은 임금과 근로계약 형태, 이 두 가지를 벗어나지 않는다고 보는 시각이다. 그런 시각에 입각해서 사회 제도와 정책을 만들다 보니 어느덧 수요와 공급,

임금과 근로계약만 남고 '사람'은 없어져 버린 듯하다.

우리의 삶, 그리고 그중에서 큰 비중을 차지하는 '일'에 대해서 이해하기 위해서는 어렵더라도 어느 정도는 복잡성을 인정하고, 반영해야 한다. 즉, 제각각인 사람들 안에 여러 가지 다른 바람이 있더라도, 그리고 주위 환경에 가려져 있거나 왜곡된 채로 표현되더라도 각자의 목소리들을 최대한 내고, 서로 들여다볼 수 있어야 한다. 그러면서 우리 사회와 노동 현실, 제도를 다시 살펴봐야 한다. 그러지 않는다면 노동에 대한 제도를 아무리 바꿔도, 지원 제도를 아무리 만들어도 우리 삶과 따로 놀 뿐이다.

"일이라는 게 그저 생계수단이지, 무슨 의미가 있어? 결국 다 똑같아."

이런 거짓말도 이제 그만둬야 한다. 우리는 생각보다 훨씬 더 큰 의미를 일에 부여하고 있다. 꿈꾸고 열망해서 하게 된 일이건, 다소간의 타협에 따라 선택한 일이건, 혹은 생계 때문에 할 수 없이 하는 일이건 간에 우리는 그 안에서 많은 시간을 보내고, 거기서 존재 의미를 발견하고자 한다. 좋아하는 것이 있고 꿈이 있다면 그것을 '직업'으로 삼고, 이를 통해 소득을 얻는 것으로 인정 받고 싶어 한다. 그렇기 때문에 하던 일을 그만두게 됐을 때, 또는 그만둘 수밖에 없을 만큼 괴로울 때 자기 존재가 부정당했다고까지 생각한다. 때때로 살아갈 의지를 잃기도 한다.

따라서 우리는 '일'의 의미에 대해서 더 생각해 봐야 한다. 행복하게 살기 위해 태어났다면, 행복하게 할 수 있는 일을 찾는 것은 우리 생에 부여된 큰 과제다. 내가 어떤 일을 '좋은 일'이라고 생각하는지, 그런 일을 하면서 살아가려면 무엇이 필요한지, 사회에 대해서는 어떤 요구를 해야 할지 진지하게 생각해 봐야 한다. 지금이 바로 그런 때로, 전례 없는 세계적 위기를 겪으면서 우리의 제도와 시스템을 바꿔볼 만한 동력이 생겨나 있다.

이 책을 통해서 하고 싶은 말은, 우리 모두 '좋은 일'을 찾을 수 있어야 한다는 것이다. 그리고 그럴 수 있다는 것이다. 책의 1부에서는 우리 사회에서 어떤 일자리는 좋고 어떤 일자리는 나쁘다고 해 온 생각들이 과연 타당한지 되짚어보자는 얘기를 할 것이다. 2부에서는 보다 본격적으로 우리가 매여 있었던 낡은 관념에 대해 이야기한다. 3부에서는 '좋은 일'에 대해서 달라지고 있는 기준들, 우리 사회의 더 많은 일이 '좋은 일'이 되기 위한 조건들을 말한다. 4부에서는 '좋은 일'을 찾기 위해 무엇을 해야 할지를 개인적, 사회적, 정책적 차원에서 이야기한다.

이 모든 것들은 지난 몇 년 동안 민간연구소인 〈희망제작소〉와 〈LAB2050〉에서 해 온 연구 및 워크숍, 강의 등을 통해 만난 사람들, 특히 청년들의 목소리에서 나왔다. 개인적 경험들도 넣었다. 어쩌면 노동계에서 보고 "이 사람은 반노조 인사구만" 할 만한 이야기도, 경영계에서 보고 "이 사람은 너무 좌파구만" 할 만한 이야기도 있을 수 있다. 그런 위험이 있더라도 생각해 온 그대로 썼다. 어차피 나는 어딜 봐도 반노조 인사는 아니고, 너무 좌파인 사람도 아니니까 상관없다. 그저 '좋은 일'에 관심이 많은 사람일 뿐이다. 이 책을 읽는 분들도 대부분 그러리라고 생각한다.

**1부**

**일하는 우리를**

**힘들게 하는 것들**

# 말랑말랑한 노동을 위해서

## 노동은 녹아내리고 있을까

2020년 새해 시작을 알린 소식 중 하나가 한 일간지의 '녹아내리는 노동' 특집 기사였다. '플랫폼 노동'으로 대표되는, 점점 다양해지는 노동의 형태들 속에서 보호받지 못하는 사람들에 대한 이야기였다. 디지털 기술과 관련돼 있으면서, 고용관계가 명확한 전통적 노동자상과는 거리가 먼 노동을 하는 사람들이다.

기사 중에는 마케터·유튜버·작가와 같은 여러 가지 일을 동시에 하는 사람(N잡러), 프리랜서 IT 개발자, 인공지능(AI)의 학습을 위한 데이터 수집·가공 노동을 재택근무로 하는 노동자, 웹소설 작가, 플랫폼 업체를 통해 일하는 배달 노동자, 가사관리 매니저 등 등 다양한 사람들이 등장한다. 정해진 출퇴근 시간 없이 프로젝트 단위로 계약하거나, 플랫폼 상에 뜨는 일감을 먼저 잡는 순서대로 일하는 이들의 노동은 확실히 '직장 생활'이라고 불리던 익숙한 형태와는 다르다. 이렇게 디지털 기술과 일정한 관련이 있는, 형태가 정해지지 않은(비정형) 노동을 하는 사람을 '플랫폼 노동자'라고 부를 때, 이 인구는 2018년 기준으로 임금노동자 전체에서 2%쯤[1]으로 추산된다. 그렇지만 집계 방식이 채 따라갈 수 없을 정도로 종류가 다양해지면서 범위도 빠르게 넓어지고 있으므로 실제로는 그보다 훨씬 많을 것이다.

개인에게 선택의 자유가 있는 것 같지만 계약 상대방인 '갑'의 요청에 맞추느라고 법정 최대 노동시간보다도 더 많이 일하게 되고, 그러면서도 손에 쥐는 소득은 적고, 퇴직금도 당연히 없고, 4대보험도 기대하기 어렵고, 때문에 일하는 중에 사고를 당해 다치거나 장비가 망가지더라도 오롯이 혼자서 감당해야 한다는 점 등, 플랫폼 노동자들이 가진 문제는 '녹아내리는 노동'이라는 기획기사를 통해서 더욱 부각됐다. 이미 이에 대한 사회적 우려가 커지고 있는 중이었기 때문에 많은 사람들이 SNS에 기사를 공유했고 정책적 대안이 논의되기도 했다.

그런 가운데서 나는 마음이 좀 불편했다. 기사의 문제의식에는 대체로 동의했다. 내가 불편했던 것은 '녹아내리는 노동'이라는 표현이었다.[2] 언어는 생각보다 힘이 세다. 이 짧은 표현 안에는 문제의식뿐 아니라 그 원인이 무엇인지, 해결하려면 어떤 방향으로 가야 하는지에 대한 생각까지 들어 있다. 이 표현이 단지 한 언론사가 잠시 사용하는 것에 그치지 않고 사회적 공론화의 중심에 놓인다면 그 함의는 그대로 이 사회에 투영될 것이다.

노동은 정말 녹아내리고 있을까? 정말 걷잡을 수 없이 나빠지고, 무너져 내리고 있을까? 특히 플랫폼 노동의 등장은 노동을 더 빠르게 무너트리고 있을까? 설사 그렇다 하더라도 '녹아내리기' 이전의 노동은 과연 좋기만 했을지도 되짚어 봐야 한다. 플랫폼 노동이 등장하기 전에는 녹아 있는 노동이 없었던가. 혹시 그 당시의 녹아 있는 노동은 더 열악했는데 플랫폼이 등장하면서 덜 열악해진 것은 아닐까? 그때의 녹아 있는 노동들은 주로 누가 했으며, 그에 대해서 우리 사회는, 정부는 얼마나 관심이 있었을까?

무엇보다도 녹아내리는 노동이 걱정이라 할 때, 그럼 이 노동들을 다시 '단단하게 굳어 있는' 상태의 노동으로 만드는 것이 옳은 해결책인지를 생각해 봐야 한다. 내가 걱정하는 것은 이 부분이다. 마치 한때는 우리의 노동이 모두 고체 형태로 온전하게 있었는데 이제 막 녹아내리고 있는 것처럼 문제를 인식하면 그에 대한 해법은 당연히 '녹기 시작한' 노동을 최대한 이전의 고체 형태에 가깝도록 만드는 것이다. 그것이 가능해 보이지도, 바람직한 방향으로 보이지도 않았기 때문에 이 표현이 불편했다.

미래학자인 제레미 리프킨은 1994년 출간된 책 『노동의 종말』[3]에서 이미 지금과 같은 현상을 내다봤다. 그는 정보화 · 기계화 · 자동화 등의 영향으로 20~30년 이내에 사람을 전혀 필요로 하지 않는 공장이 출현할 것[4]이라고 했다. 당시에 이미 미국 기업들은 매년 200만 개 이상의 일자리를 없애고 있으며, 새로 창출되고 있는 일자리들은 대부분 저임금 · 임시직이라고 설명하면서 이 현상은 점점 더 확대되리라고 전망했다.[5] 그때가 되면 증가하는 실업자와 잠재적 실업자 중 상당수는 비공식 경제에 의존하거나, 임시직에 종사해야 한다고도 했다. 그나마 이 예측은 상당히 온건한 편이다. 여기에도 속하지 못하는 많은 사람들이 범죄, 마약, 성매매 등에 빠지게 될 것이라는 대목과 비교하면 말이다.

26년이 지난 2020년, 리프킨의 전망은 대부분 현실이 됐다. '정보화 · 기계화 · 자동화로 인해서 생겨난 임시직'의 상당수가 다시 그 현상들의 총화인 스마트폰에 의존해서 일하게 된다는 점까지 말하지는 않았지만 그만하면 상당히 정교한 예측이었던 셈이다.

2020년 초, 코로나19 사태로 바이러스의 확산을 막기 위해서 '사회적 거리 두기'가 강력하게 요청되는 동안 노동의 양극화는 더욱 선명하게 드러났다. 전통적인 근로계약에 따라 월급을 받는 사람들은 소비가 급속히 위축돼도, 사무실에 나가지 않고 재택근무를 하더라도, 여건상 불가피하게 업무를 거의 못하게 되더라도 일단은 월급을 받는다. 차라리 잘 됐다면서 가족들과 시간을 보내고, 보고 싶었던 책과 드라마를 몰아서 보기도 했다. 그러나 근로계약 없이 일하는 사람들에게는 보통 위기가 아니었다. 심하게는 몇 달간 소득이 '제로'가 되기도 했다. 자영업자들에게는 그나마 긴급 자금 대출, 이자 및 세금 감면 지원이라도 이뤄지지만 이들은 그런 대상에도 포함될 수 없다.[6]

물론 경제 침체가 전 세계적으로 길게 이어진다면 조직 규모, 노동의 형태를 불문하고 어려움이 닥칠 수밖에 없다. 이미 2020년 3월부터 영세업체 노동자들이 위기에 처해서 직원들을 대거 내보내고 있다는 보도가 나왔다.[7] 5인 미만 사업장에서 일하는 사람은 전체 임금근로자의 30% 가까이나 된다. 4월이 되자 항공사를 비롯한 대기업들의 구조조정 소식이 들려왔다. 더 규모가 큰 사업장, 코로나19 사태와 직접적 연관이 적은 업종들도 침체가 길어진다면 단계적으로 같은 상황에 직면하게 된다.

여기서 주목해야 할 것은, 앞에서 리프킨이 말했던 것처럼 이미 기업들은 기회가 될 때마다 고용 인력을 줄여 왔다는 것이다. 국제노동기구(ILO)는 코로나19 사태로 인해서 전 세계적으로 2,470만 개의 일자리가 사라질 거라는 예측을 내놓았는데[8], 이 보고서를 통해 환기해 보면, 2008~2009년 글로벌 금융위기 당시에도 전 세계에서 2,200만 명이 일자리를 잃었다. 코로나19의 영향은 ILO의 예측보다도 더 길어질 것이고 훨씬 더 많은 일자리들이 없어질 것이라는 전망도 있다. 그리고 위기가 지나가도 기업들은 고용을 다시 늘리지 않을 가능성이 높다. 인력이 꼭 필요하면 임시직·한시직·파견직으로 채용할 것이다. IMF 외환위기 이후로 비정규직이 많아졌던 것처럼 말이다.

여기까지 보면, 노동이 '녹아내리고 있다'는 표현이 맞는 것도 같다. 고용이 안정돼 있고 일하는 형태가 전형적인 일자리들이 줄어들고 있는 것은 분명하니까 말이다. 그런 한편, 이것이 최근에 시작된 현상이 아니라는 것도 알 수 있다. 뒤에서 다시 살펴보겠지만[9], IMF 이전의 일자리들이라고 다 똑같지는 않았다. 비정규직·임시직 등의 용어를 쓰지 않았을 뿐, 상황이 좋을 때는 '가족'같이 일하다가도 회사가 휘청이거나 경기가 안 좋으면 먼저 내보내지는 사람들은 언제나 있었다. 공채라는 관문을 통과하지 않고 일하던 사람들, 학력이 모자라는 사람들, '빽' 없는 사람들, 그리고 여성들이었다.

## 동네 노동을 해 오던 사람들

IMF 외환위기 당시인 1997년 11월은 그 이전까지 꾸준히 증가하던 경제활동인구가 처음으로 감소하기 시작한 시점이다. 이후 1998년 2월까지 경제활동인구는 전년도 같은 기간 대비 103만 명 감소했는데, 그중 80% 이상이 여성이었다.[10] 남성은 가족의 부양자이므로 최우선으로 보호해야 한다는 사회적 인식하에 여성들이 속절없이 잘려 나갔다.

그렇게 직장에서 밀려난 사람들은 어디로 갔을까? 곧바로, 혹은 얼마 후에라도 비슷한 일터로 돌아갈 수 있으면 별 문제도 아니다. '경력단절'이라는 말도 이렇게 흔하게 하나의 용어처럼 쓰이지 않을 것이다.

2000년대 초, 신문사에서 '여성'이라는 주제를 담당하던 시절에 알게 된 사실이 있다. 정보생활부라는 부서에서 1년 남짓 '명함이 생겼어요'라는 이름의 고정 코너를 담당했다. 경력단절 여성 중에서 자기 일을 다시 시작하는 데 성공한 사람들을 소개하는 코너였다. 1년여 동안 총 30여 명을 만나서 인터뷰하던 중에 깨달았다. 이 여성들에게는 공통점이 있었다. 바로 주거지 근처, 즉 '동네'에서 일한다는 것이었다.

경력단절 이전의 직업은 다양했다. 적지 않은 수가 대학에서의 전공을 바탕으로 '사무실'이라 부를 만한 직장에 다녔다. 그 사무실들은 대체로 서울의 여의도, 종로, 강남 등과 같은 시내 중심지, 높은 빌딩이 즐비한 오피스 타운에 있었다. 그러나 한번 그곳을 떠난 뒤로 여성들은 다시는 그 세계로 돌아갈 수 없었다.[11] 종이접기 강사, 지점토 강사, 토피어리 공예가, 플로리스트 등으로 다시 경제 활동을 시작하기까지도 적지 않은 노력이 들어갔다. 아이들 돌보면서도 부지런히 교육을 받고 시험을 거쳐서 자격증을 땄으며, 거기서 멈추지 않고 나름대로의 센스와 고집, 대범함까지 합친 결과로 비로소 일정 수입을 올리는 데 성공했던 것이다. 그럼에도

그들은 여전히 눈에 보이지 않는 장벽, 오피스 타운과 '동네'를 가르는 장벽에는 가로막혀 있었다.[12]

문제는, 그렇다고 경력단절 전과 같은 일자리 그대로를 여성들에게 돌려주는 것 또한 완전한 해결책이 아니라는 점이다. 내가 만났던 여성들 중에서도 일 자체로만 보면 예전에 하던 일로 돌아가기를 더 원하는 사람들이 있었다. 경력단절자를 받아주지 않는 기업 문화 때문에 어차피 다시 입사할 수도 없지만, 설사 가능하다 해도 현실적으로는 복직할 수가 없다고 했다. 새벽에 일어나서 씻고 준비하고 지옥철을 타고 오피스 타운으로 출근한 뒤 빨라도 저녁 7~8시쯤 사무실을 나와서 집에 도착하면 9시에 가까운 생활, 게다가 불규칙한 야근과 회식까지 감당하는 생활은 육아를 병행해야 하는 현재의 삶과 맞지 않기 때문이다.

나도 아이를 키워 보니 그랬다. 어린이집, 유치원, 초등학교, 심지어 중학교도 걸핏하면 '엄마'를 불러댄다. 아빠는 물론이고 할머니, 고모, 이모 중에서 적극적으로 육아에 동참해 주는 사람까지 있지 않고서는 엄마는 아이가 없을 때처럼 일할 수 없다. 정부가 보육 관련 세금을 아무리 더 많이 쓴다 해도 다 해결될 수 없다. 다른 누구보다도 아이들이 절절하게 '엄마'를 불러대기 때문이다. 어떤 육아 시스템도 이 필요를 대신 충족시켜 줄 수 없다. 나는 다행히 부모님께서 옆집에 살면서 적극적으로 외손주 육아에 동참해 주셨기 때문에 경력이 단절되지 않았다. 그럼에도 아이들은 늘 엄마를 더 필요로 했고 그럴수록 내 마음도 힘들었다. 아이들이 어릴 때만이라도 시간을 더 내서 함께 있고 싶었다. 아이들을 위해서이기도 하지만 함께하는 시간이 행복하기 때문에, 그러니까 나 스스로를 위해서이기도 했다. 그러지 못했던 것이 지금도 아쉽다.

그렇게 보면 '명함이 생긴' 여성들에 대해서 "아이들 어느 정도 키워놓고 새로 일을 찾았으니 된 것 아닌가?', '기업에서 일하는 것보다 프리랜서 강사, 자영업자 등으로 일하는 게 더 자유롭고 좋지 않나?" 하고 생각할 수도 있겠다. 그럴 때 놓치는 것은 이들에게 '선택의 자유'가 없었다는 점이다. 이전의 일도 어느 정도는 비슷하게 할 수 있고, 새로 찾은 일도 할 수 있는 선택지가 주어졌다면 어느 쪽을 택하더라도 만족할 수 있다. 이전의 일로 가는 길이 완전히 막혔기에 새로 일을 찾았어도 그 상실감이 완전히 메워지지 않는다. 내가 아이들을 위해 시간을 더 내지 못했던 것, 다른 선택을 하지 못했던 것도 바로 '되돌아 갈 수 없다'는 사실을 알았기 때문이다. 그렇지만 많은 여성들은 알면서도 직장을 그만두는 선택을 할 수밖에 없다.

그리고 보면 '동네'에서 일어나는 일들은 얼마나 많은가? 집안 살림과 육아를 감당하면서 여성들이 일하고 있는 영역은 얼마나 많은가? 슈퍼 계산원, 학습지 교사, 방과후 교사, 야구르트 배달원, 화장품 외판원 등등.[13] 그런 자리마저두 여의치 않을 때 많은 여성들이 종사하는 대표적인 일로 가사도 우미가 있다. 통계에 잡힌 인구로만 20만여 명이 이 일을 하고 있다.[14]

'동네' 노동과 '오피스 타운' 노동은 그냥 일하는 장소만 다를 뿐일까? 오피스 타운에서 일하던 사람이 동네 노동으로 넘어갈 수는 있지만 그 반대는 거의 불가능하다는 점에서 알 수 있듯이 둘은 수평적이지 않다. 사회적으로 전자는 후자에 비해 '덜 중요한 일' 취급을 받고, 때로는 하대 또는 무시를 받을 수도 있다. 특히 가사도우미처럼 남의 가정집을 출입하며 일하는 사람들은 언제든지 그런 대우를 받을 각오를 해야 한다. 이렇게 '동네' 노동을 하는 사람들, 특히 여성들에 대해서 이 사회는 얼마나 관심이 있었을까? 이들이 임금을 제대로 받지 못하거나, 이유도 모르고 해고되거나, 억울하게 손해나 부상을 입었을 때 어디다 호소해 왔으며 얼마나 구제받을 수 있었을까?

여성들만 이런 상황에 놓이는 것은 물론 아니다. 남성들이 안정적인 전일제 일자리가 아닌 곳에서, 특별한 기술 없이도 할 수 있는 일 중에 대표적인 것이 운전이다. 대리운전과 각종 배달과 물류 일이 대표적이다. 최근에는 '우버', '타다'와 같이 플랫폼에 기반 한 호출 노동으로서의 운전 일도 생겨났다. IMF 외환위기 때 직장을 그만두게 돼 한동안 힘들었다는 한 남성과 얘기한 적이 있다. 그는 중학생 딸아이 학원을 끊어야 했던 일이 지금도 가슴 아프다고 했다. 딸아이가 애써

명랑한 말투로 "그래도 아빠는 운전할 줄 아니까 우리 가족 괜찮겠지?"라고 했던 말도 잊을 수 없다고 했다.

월급 받으며 직장 다니던 사람에게는 안 하던 일 자체가 도전이겠지만 더 엄두가 안 나는 일도 있기에 운전 정도는 비교적 낯익은 일로 여겨질 만도 하다. 그 엄두가 안 나는 일이란 바로 건설현장에서의 일용직 노동이다. 통계청이 파악하기로, 숙련자와 지속고용자를 제외한 건설업 일일근로자는 74만여 명이고 그중에 남성이 56만 명[15]이다. 흔히 '막노동'이라고 부르는 이 일자리는 한국에서, 특히 남성들에게 묘한 존재다. 갑자기, 혹은 일시적으로 소득이 줄거나 없어졌을 때 아무 기술 없이도 진입해서 괜찮은 일당을 벌 수 있는 일자리라는 점에서는 마지막 보루라고도 할 수 있다. 한편, 바로 그 점 때문에 사회적인 압박을 받는다. 실업급여 신청을 하거나 정부 지원 등을 알아보려고만 해도 "신체 멀쩡한 젊은 사람이 공사장에 가서 막일이라도 하면 되지 벌써부터 남의 도움 받을 생각부터 하느냐?"라는 지탄을 받게 되는 것이다.

또한 이 일을 하기 위해서는 감수해야 하는 것들이 있다. '서울 지하철 남구로역 5번 출구 앞'으로 대표되는 새벽 인력 시장에서 언제일지 모를 호출을 기다리며 서성이는 경험에서부터 모든 순간마다 '막장까지 와 있다'라는 실감, '이 정도도 안 겪고 일당 받으려고 했어?' 하는 듯한 모멸감 같은 것이나. 가족들을 위해서 그 정도쯤 감내할 수 있다고 다짐

한 사람들에게 닥치는 더 큰 어려움은 부상이다. 안전장치 미비로 사고를 당하는 것도 문제지만, 익숙지 않은 육체노동 중에 허리 등 근육을 크게 다쳐서 당분간 일을 할 수 없는 상태가 되는 것이 어찌 보면 더 큰 문제다. 사고를 당했다면 어느 정도라도 보상을 받을 수 있는[16] 반면 근육을 다친 것은 자기 잘못으로 취급되기 때문이다.[17]

일당으로 생계를 유지하다가 아파서 며칠 드러누우면 어떻게 될까? '이렇게만 매일 돈을 벌면 아이들 학원도 계속 보낼 수 있겠지'라는 식의 기대가 무너지기 시작한다. 며칠 지나 근육통이 낫더라도 다시 그 일을 하면 십중팔구는 재발한다. 다시 쉬다 보면 학원비는커녕 공과금도 내지 못해서 가스가 끊기고, 전기가 끊기고, 가족들이 밥을 굶는, 진짜 빈곤이 닥친다. 그렇지만 공식적으로는 여전히 '일할 수 있는' 사람으로 분류된다. 영구적인 장애를 입은 것은 아니기 때문이다. 그가 다시 일어나서 무슨 일을 할 수 있을까? 또다시 막노동뿐이다. 며칠이라도 더 일해 보려다가 더 안 좋아져서 몸져눕는다. 이런 반복 속에서 본격적인 빈곤에 빠지게 되는 것이다.[18] 실제로 극단적 빈곤 상황에서 기초생활수급 대상에도 잡히지 않은 채 살다가 범죄를 일으키거나 목숨을 끊는 사람들 중에는 '일하다 다쳐서 쉬는 상태'였던 사람들이 유난히 많다.

이와 같은 노동을 모두 '동네 노동'이라는 말로 묶는 것이 적절치는 않다. 운전이나 건설 일용직 노동 등 주거지 주변에서만 일어나지 않는 일들도 포함되기 때문이다. 그렇지만 오피스 타운과 같이 전형적인 일자리들이 집중돼 있는 지역을 벗어난 곳에 있는 일자리라는 의미로 쓸 때, 이 일자리들의 특징은 대체로 일치한다. 한번 넘어가면 되돌아갈 수 없다는 것, 우리 사회에 계속 있어 왔지만 주목을 받지 못해 왔다는 것, 그 일자리들의 질이 낮은 것에 대한 개선의 시도가 별로 없었다는 것, 그 일을 하게 된 원인이 개인의 능력 및 노력 부족, 불운, 특수한 사정으로 취급된다는 점 등이다. 이 노동을 하다가 부당한 일을 당하고 건강이 상하고, 그만둘 수밖에 없게 됐을 때 사회의 보호 및 보장 제도는 거의 작동하지 않는다는 점도 같다. 지금 안정적인 직장에 다니는 사람조차도, 지금 일자리에서 밀려나면 바로 그와 같은 노동 환경에 처한다는 사실을 잘 알기에 늘 불안하다. 이것이 대한민국 사람들의 행복도가 낮은 큰 원인이다.

## 딱딱한 노동으로 돌아가야 할까

이제 다시 생각해 보자. 아침 9시까지 출근해서 전일제로 일하고, 회식과 야근을 당연하게 여기며 일하는 사람들은 얼마나 될까? 한국 사회의 모든 일하는 사람(취업자) 중에서 5 명 이상 규모의 조직에서 사무직 상용근로자 또는 관리자로

일하는 사람은 10% 정도에 불과하다.[19]

고용주와 표준적인 고용계약을 맺고 전일제, 지속고용 형태로 일하면서 4대보험 등의 보장을 당연하게 받는 노동이 '아닌' 것을 '녹아 있는 노동'이라고 한다면 그런 노동은 이미 우리 사이에 계속 있어 왔다. 우리나라의 '특수형태고용종사자'[20]는 229만 명[21] 정도다. 프리랜서와 1인 사업자, 그리고 '플랫폼 노동'에 해당하는 새로운 형태의 노동 종사자까지 합치면 470만여 명. 전체 취업자의 17%[22]에 달한다. 여기에 앞서 언급한 가사도우미, 건설 일용직 등까지 합치면 20%를 훌쩍 넘게 된다. 즉, 모든 일하는 사람 5명 중 1명은 이미 '녹아 있는 노동'을 하는 것이다. 그리고 나머지 중 상당수도 중소 제조업, 서비스 또는 판매업, 영세 자영업 등에서 일하며 각자의 불안정성과 열악한 환경을 감당해 오고 있는 것이 우리의 현실이다.

그렇다면 무엇을 이야기해야 할까? "어떻게 하면 일자리가 더 '녹아내리지' 않게 할까?"라는 방향은 위험하다. 수많은 '녹아 있어 온' 노동을 배제시키는 논의가 돼버리기 때문이다. 어차피 경제위기마다 일자리가 줄어들어 왔고, 기계화·자동화 등으로 인해 일자리들이 없어지는 현상을 막는 데도 한계가 있다. 또한, 누구나 '고체' 노동을 원할 것이라는 생각도 편견이다. '동네' 노동을 하는 사람들의 사정에서 보이듯, '고체' 노동의 전형적인 틀에 사람의 삶을 다 맞출 수 있는 것은 아니기 때문이다. 어쩔 수 없어서가 아니라, 스스로

원해서 좀 더 자유롭게 일하고 싶어 하는 사람도 분명히 있다.[23]

또, 앞서 말한 '막노동'의 함정이 알려주는 것처럼 지금은 '고체' 노동을 하는 사람도 언제 '녹아 있는' 노동으로 가게 될지 모르는 게 현실이다. 그리고 일단 넘어오고 나면 다시 '고체' 노동으로 가는 것은 지극히 어렵다. 그런데도 '고체' 노동만 안전하고, 인간답게 일할 수 있는 현실을 그대로 둬도 되는 걸까? '고체' 노동이 괴롭고 힘든 사람, 자신뿐만 아니라 가족을 위해서라도 다른 형태의 노동을 하는 게 더 나은데도 임금과 보장의 차이가 너무 크고, 한 번 직장을 떠나면 돌아오지 못한다는 두려움이 커서 움직이지 못하는 사람의 불행은 어떻게 해야 할까?

차라리 모든 노동이 어느 정도 '말랑말랑'해지는 방법을 찾아보는 것은 어떨까? 앞에서도 말했듯이 언어에는 힘이 있다. 예전보다 나빠지는 현상에 '말랑말랑'과 같은 긍정적인 어감의 표현을 쓸 수는 없는 일이다. 고체였던 노동도, 액체였던 노동도 '말랑말랑' 정도로 비슷해지도록 모두 좋아지는 논의를 해보자는 것이다.

'고체' 노동이 말랑말랑해지려면 최근 몇 년 사이에 강조됐던 '워라밸'(Work & Life Balance)보다 더 큰 범위의 변화가 필요하다. 이번 코로나19 사태 속에서 시작된, 우리 사회에 큰 영향을 줄 만한 변화 하나는 정은경 질병관리본부 장이 했던 말 속에 있다. "'아파도 나와야 한다'는 문화를 '아프면 쉰다'로 바꿔야 한다"[24]는 말이다. 조금 더 확대해서 말해 본다면 '쉬고 싶으면 쉰다'고 할 수 있는 사회여야 한다.

그동안 한국 사람들은 마치 컨베이어 벨트 위에 올려진 것처럼, 초·중·고등학교를 거쳐서, 혹은 대학을 졸업하고 취업하고 직장을 다니는 내내 쉬지 않고 쭉 달려야 한다는 생각에 짓눌려 살아왔다. 그것도 졸업 전에 취업을 해야지 졸업 후 약간이라도 공백이 있으면 경쟁력 없는 사람 취급을 받는다.

그렇게 공백이 없는 사람에게만 안정적인 직장에 정규직으로 들어갈 기회가 약간 열리고, 대부분에게는 열악한 일자리로 가는 길만 허락된다. 또 그 좁은 기회를 통해서 안정적인 직장에 다니는 사람들조차 어떤 이유로든 그 경로에서 이탈했다가는 바로 그 열악한 자리로 가는 길이 안내된다. 경력단절 여성과 남성들이 직면해 온 '동네 노동'의 길이다.

이탈 없이 쉴 새 없이 달리는 동안에는 아프지도 지치지도 않는 초인이어야 한다. 가족이 아파도, 가족이 간절하게 보고 싶어 하거나 돌봄을 필요로 할 때도 가지 못한다. 왜, 누구를 위해서, 무엇을 위해서 이렇게 살아야 할까.

우리 모두가 덜 불안하고 행복하게 살려면 이렇게 졸업 직후부터 정년퇴직까지 쉴 없이 일할 수 있는 사람만 온전한 노동자로 보는 시각부터 바꿔야 한다. 학교를 졸업하고 취업하기 전까지 사이에 공백이 있으면 왜 안 될까. 외국에는 '갭

이어'(gap-year)라고 해서 일부러 그런 시간을 가지는 문화도 있다. 그런데 왜 우리나라 기업에서는 입사 지원자에게 졸업과 취업 사이 약간의 공백만 있어도 면접장에서 "왜 아직까지 취업을 못 했다고 생각하세요?" 같은 질문만 할까? "그 기간 동안의 경험에서 어떤 것을 배우셨나요"라고 질문하면 왜 안 될까?

청년 세대들은 이미 '고체' 노동의 장점보다는 단점을 더 예민하게 느끼고 있다. 높은 경쟁률을 뚫고 어렵게 입사했어도 맞지 않는다고 생각되면 미련 없이 그만둔다.[25] 이런 상황에서는 '고체' 노동이 지금까지처럼 계속 유지되기 어려울 것이다. 경쟁력 있는 인재들이 필요한 기업일수록 개인의 요구에 맞춰서 근무시간을 조정할 수 있고, 휴직 또는 일시적 퇴직도 가능한 형태로, 그러니까 '말랑말랑한' 형태로 바뀌어 갈 수밖에 없을 것이다. 2020년의 코로나19 사태도 이 변화에 어느 정도 영향을 미칠 것이다. 그럼에도 과도기에 끼어 있는 사람들의 고통이 오래 지속되지 않도록 그 변화의 속도는 더 빨라질 필요가 있다.

'동네 노동'에 대해서는 법적 보호와 사회 제도를 통한 보장 수준이 높아져야 한다. 어떤 형태로 일하건 돈을 주는 쪽에 의해서 일방적으로 좌우되고 착취되지 않도록 정부는 각별히 감시하고 관리해야 한다. 지금까지와 같이 특정한 형태의 노동만 보호하는 것은 정부의 의무를 다하지 않는 것이다. 대한민국 헌법 32조 3항에는 "근로조건의 기준은 인간의 존엄성을 보장하도록 법률로 정한다"라고 돼 있다.

그렇다고 직종과 직업 하나하나마다 별도로 보호장치를 만드는 식으로 다 대응할 수가 없다. 대리운전 기사나 배달 노동자들의 열악한 근로여건 문제가 대두되면 이동노동자 쉼터를 만들고, 아파트 경비원에 대한 비인격적 대우와 노동 강도가 논란이 되면 법으로 업무 범위를 제한하고, 프리랜서 들에게 어려움이 있다고 하면 지원 조례를 만드는 식으로는 날로 다양해지는 직종과 노동 형태를 따라갈 수가 없다. 게 다가 정부가 주도하는 지원책들은 아무리 당사자들 의견을 듣고 만들더라도 예산 및 관계 부처 인력 상황, 정치적 여건 등에 따라 가능한 범위에서 정해질 뿐이다. 담당자만 교체되 어도 지원이 끊어질 수 있고, 현장 여건이 바뀌어도 이를 지 속적으로 반영하기 어렵다.

더 현실적인 방법은 각각의 단위마다 일하는 사람들이 필 요한 보호 장치와 개선책들을 스스로 고안하고 요구해서 관 철시킬 수 있도록 하는 것이다. 그래야 점점 더 다양해지는 일의 형태에 맞는 제도를 유지하고 끊임없이 개선해 나갈 수 있다. 그럴 수 있도록 헌법과 법이 보장한 형태의 조직이 바 로 노동조합이다. 우리나라의 노동조합은 기업별 노조 중심 이고 산업별 노조도 기업별 노조의 연합체로서의 활동에 더 치중하고 있는데 그보다 더 포괄적인, 조직이나 근로계약 형 태에 구애받지 않는 노조들이 만들어져야 한다. 현재 라이

더유니온, 알바노조, 청년유니온 등이 나름대로의 역할을 하고 있지만 여전히 부족하다. 더 다양한 직종과 노동형태, 또는 특수한 그룹 단위의 노조들이 필요하다. 꼭 노동조합이어야만 하는 것은 아니다. 노사협의회, 프리랜서 조합, 1인 사업자 조합, 특정 플랫폼을 통해 일하는 사람들이 플랫폼 운영자와 함께 운영 규칙들에 대해 주기적으로 협상할 수 있는 테이블의 형식일 수도 있다. 그 형식이 무엇인지보다는 모든 일하는 사람들이 스스로의 권리를 지키는 활동을 할 권리를 보장받는 것이 중요하다.[26]

우리나라가 사회보험 체제를 통해서 노동자를 보호하고 있는 이상, 어떤 형태로 일을 하건 같은 수준의 보호를 받도록 하는 것도 중요하다. 지금은 '고체' 노동의 틀에 들어가야 이 보호를 온전히 받을 수 있다. 사회보험 보장 범위를 넓혀오기는 했어도 이 틀에 맞는지, 즉 '고용'이라는 기준에 들어맞는지 여부가 한계로 작용해 왔다.

2020년 5월 20일 국회를 통과한, 예술인을 포괄하는 고용보험법 개정안이 대표적이다. 예술인 중에서 고용이라 할 만한 관계를 확인할 수 있는 경우에 한한 법안이기 때문이다. 정부는 이번 개정안에 포함되지 못한 특수고용형태 노동자에 대해서 재개정을 추진한다고 밝혔지만 그 대상은 이미 산재보험 적용 범위에 들어와 있는, 즉 고용관계가 비교적 명확한 노동자들이다. 다양한 형태로 일하고 있는 사람들을 '고용관계'라는 낡은 틀에 욱여넣는 꼴이다.

일용직·시간제 노동자와 자영업자 등 사회보험 범위에 편입됐음에도 가입을 거절하는 사람들이 많다는 점도 주목해야 한다.[27] 보험료를 내는 데 비해서 받을 수 있는 혜택이 적다고 느끼기 때문이다. 전형적인 일터에서는 보험료의 절반을 사용자(회사)가 부담하지만 그 외에는 전액을 노동자가 부담한다는 점이 거절의 주된 이유 중 하나다. 일을 그만두게 됐을 때, 일하다 다쳤을 때, 나이가 들어 국민연금을 받을 시점이 됐을 때 그 차이를 비로소 실감하게 될 텐데, 그럼에도 적지 않은 사람들이 가입을 거절하고 있다면 그만큼 제도의 허점이 크다는 뜻이다. '고체' 노동 위주로 짜인 낡은 틀을 그대로 두고 부분적으로 바꾸는 식으로는 이 문제를 해결할 수 없다. 노동자, 노사관계, 그리고 임금과 소득의 의미를 근본적으로 돌아보고 새로운 틀을 짜야 한다.

　지금까지 한 이야기를 정리하면, 노동은 녹아내리고 있는 게 아니다. 녹아 있던 노동이 시대의 흐름과 기술의 적용에 따라 모습이 바뀌고 있는 것이다. 물론, 한때 고체였던 노동이 더 많이 '녹아 있는' 노동의 영역으로 넘어오기도 한다. 어쩌면 고체 대 액체 노동의 비율이 역전되는 날이 올 수도 있다. 그렇더라도 '녹아내리는' 장면에만 렌즈를 갖다 대서는 안 된다. 더 시야를 넓게 하고, 우리의 노동 전체를 위해서 필요한 일을 해야 한다. 고체인 노동만 보호하던 관행을 허물고, 너무 딱딱하던 노동은 좀 말랑말랑하게 만들고, 너무 흐

물흐물하던 노동에는 탄성을 줘야 한다. 다시 말해, 중요한 것은 노동의 형태가 아니다. 우리가 토론해야 할 것은 어떤 일을 하건 누구나 기본적인 노동의 질, 삶의 질을 누릴 수 있는 사회가 되는 방법이다.

## 2
# 필요한 건 노동일까, 소득일까

### 직업 있으면 무시당하던 시대

"출판사 나가는 문제는 어떻게 생각해. 싫으면 안 해도 되는데. 소득원도 있어야 하고, 직책도 있어야 되잖아. 보험도 필요하고."[1]

누가 한 말일까? 대한민국 헌정 사상 초유의 국정농단 사태를 일으킨 최순실 씨가 수감 중에 딸 정유라 씨를 위해서 썼다고 알려진 편지의 내용이다. 이 편지 내용을 보도하면서 언론은 최 씨가 숨긴 재산이 얼마인지, 몰수할 수 있는지 등에 초점을 맞췄다. 그도 그럴 것이 저 문장의 바로 위에는 최씨가 추징금, 세금 등을 내고 남은 돈 수십억 원을 정 씨에게 주겠다는 내용이 있다. 부자가 망해도 3년 간다더니, 그렇게 많은 일이 있었는데도 최 씨의 딸은 여전히 수십 억 재산을 누릴 수 있다는 데 대해서 상대적 박탈감을 느낀 사람들이 많았다.

나는 좀 다른 부분에 더 눈이 갔다. 재산이 수십 억 있어도 소득원은 있어야 하고, 직책도, 보험도 필요하다는 표현이다. 심지어 편지 말미에는 생활비와 '아줌마비'는 (아마도 지금까지도 주고 있었던 것처럼) 계속 줄 것이라는 내용도 있다. "엄마 늘 니 걱정이다"라는 마지막 인사와 함께 곱씹어 보면 여러 가지 생각이 든다.

최순실 사태가 처음 터져 나왔을 때도 나의 관심은 주로 그런 쪽에 꽂혔었다. 저 사람은 왜 저렇게까지 해서 딸을 명문대에 부정입학 시켰을까? 왜 금메달리스트, 성공한 체육인이라는 타이틀을 주려고 그렇게 애썼을까? 그런 무리한 시도만 하지 않았다면, 수십 수백 억 원의 재산을 누리는 데만 만족했다면 그의 존재가 세상에 드러날 일이 없었을지도 모르는데 말이다. 마음껏 소비하고 사는 것만으로는 충분치 않았던 것일까?

답을 들을 수는 없을 테니 짐작에 그치겠지만, 내 나름대로는 어느 정도 이해가 되기도 한다. 그는 한 나라의 국정을 마음대로 움직이고, 원하면 무엇이든 할 수 있는 사람이었지만 다른 사람의 그림자였을 뿐 공식적인 '자격'은 없었다. '명함'이 없었던 것이다. 그 부자유함을 크게 느껴 왔기 때문에 딸에게는 반드시 공식적 '자격'을 만들어 주고 싶었던 것이 아닐까.

애초의 계획은 물거품이 됐지만 그래도 이 어머니는 어전히 딸에게 자격을 만들어 주고 싶었나 보다. 소득원·직책·보험은 모두 '일하는 사람'에게 속하는 것들이다. 일 없이 살아서는 안 된다는, 자신의 경험에서 나오는 조언을 하고 있기에 이 엄마의 편지는 사뭇 절절하다. 세상이 어떻게 되든 자기 자신만 챙기려는 이기적인 절절함일 뿐이지만, 그런 부모들이 차고 넘치는 대한민국이기 때문에 공감하는 사람들도 꽤 있었을 것이다.

그렇다면, 우리가 진짜 원하는 것은 무엇일까? 소득일까, 그냥 돈일까. 일하고 싶다고 할 때 원하는 것은 직업일까, 직책일까, 또는 '일' 자체일까?

사람은 '일'을 해야 한다는 생각, 그냥 앉아서 누군가에게 돈을 받는 것은 부도덕하다는 생각을 어렵게 말하면 '노동 윤리'다. 독일 사회학자 막스 베버는 청교도 정신에 기반해서, 사람들이 노동이 천한 것이 아니라 숭고한 것이고 이를 통해서 부를 획득하는 것이 신의 축복이라고 깨달은 것이 자본주의 형성의 중요한 동력이었다고 했다. 따라서 자본주의 사회에서는 부지런하게 노동을 하는 사람이 존중과 존경을 받게 되며, 이런 윤리가 퇴색할수록 자본주의는 활력을 잃게 될 것이라고 했다.

베버가 이런 생각을 하던 즈음[2]에 출간된 이디스 워튼의 소설 『기쁨의 집』을 보면 노동 윤리가 딱 그 시기에 피어오르기 시작했다는 것을 알 수 있다. 19세기 말 뉴욕, 전통적인 귀족들 사이로 자본가인 신흥 부자들이 섞여 들어가고 있는 시대 배경 위에 놓인 이 소설에서, 귀족이기는 하지만 물려받은 재산이 거의 없고 부모님도 돌아가셔서 친척들에게 의지하는 여성 '릴리'는 혼란을 겪는다.

릴리를 비롯해서 주위의 인물들은 대체로 직업이 없다. '귀족'이라는 정체성이 있으므로 군이 직업을 가질 필요가 없었다. 신흥 부자 남성들은 지금의 관점으로 보면 사업가, 경영자이지만 당시 기준으로는 역시 직업이 없다. 반면, 상류층 출신이기는 하지만 평생 쓸 만큼의 돈은 없는 사람들은 차츰 직업을 가지기 시작한다. 남자 중에서는 '변호사', 여자 중에서는 '가정교사' 직업을 가진 사람들이 등장한다. 상류층 부자들 사이에서는 그렇게 직업을 가져야 하는 처지를 딱하게 보는 감정과 깔보는 시선이 교차한다. 그도 그럴 것이 상류층 사람들이 접하는 직업의 사람들은 하인, 재단사, 청소부, 요리사, 마부 등 그들에게 천하게 여겨지는 사람들뿐이다. 즉, 당시는 '직업'을 가진다는 것은 신분이 낮아진다는 의미였다.

릴리는 외모가 상당히 아름다운 여성으로, 요즘으로 치면 연예인이 돼서 상당한 자본을 벌어들일 수도 있었을 사람이다. 그러나 당시에 이 '외모 자원'은 소득을 만들어 내는 데는 도움이 되지 않았다. 오로지 부유한 남자의 마음을 사서 결혼하는 것밖에는 생계를 유지할 방법이 없었다. 그 와중에 하필 새롭게 대두되던 또 하나의 사상인 '사랑하는 사람과 결혼해야 한다'는 데에 자기도 모르게 마음이 쏠린 릴리는 여러 번의 기회를 모두 놓치고 비참한 상태로 전락한다. (릴리가 주저하는 사이에 그 결혼 기회들을 낚아챈 것은 든든한 '어머니'의 전폭적인 도움에 힘입은 부유한 아가씨들이었다.)

　신분이 높다고는 하지만 자신에게는 독립적으로 살아갈 자유가 없다는 것을 깨달은 릴리는 시중을 들어주는 하녀, 건물 청소를 하는 평민 여성을 바라보면서 부러움을 느낀다. 그들은 꼬박꼬박 임금을 받고, 자기가 일하는 만큼 돈을 벌어 생계를 유지할 수 있다는 데 대한 부러움이었다. 다만 릴리에게는 아직 '일'을 하는 자체의 의미, 거기에서 오는 보람과 정체성에 대한 깨달음은 없었다. 그렇다면 릴리가 부러워한 것은 무엇인가? 일을 함으로써 독립적으로 살 수 있다는 점, 그러니까 그 시대에 처음으로 일치되기 시작한 '직업'과 '소득'의 총합, 또는 중간쯤이라고 할 수 있을 것이다.

　그 뒤로 100년이 더 지난 지금, 우리는 마치 태초부터 '직업'이라는 것이 중요했던 것처럼 살고 있다. 프랑스 작가 알랭 드 보통은 책『일의 기쁨과 슬픔』에서, 우리가 새로 사귀게 된 사람에게 "어디 출신이냐?" 또는 "부모가 누구냐?"고 묻는 것이 아니라 "무엇을 하느냐?"고 묻는다는 것을 환기시킨다. 쉽게 말하면, 소개팅하러 나가서 상대방에게 "어떤 일 하세요?"라고 묻지 "어느 집안 몇 대 손이세요?" 하고 묻지 않는다는 것이다.

　알랭 드 보통은 "일을 중심에 둔 것은 어느 사회나 마찬가지였지만 일이 형벌이나 속죄 이상의 어떤 것일 수도 있다고 여기는 것은 우리가 사는 이 사회가 처음"이라고 했다. 이 시대에는 직업이 정체성을 규정한다는 것이다. 어떤 일을 하느냐가 곧 사회 속에서의 내 정체성인 시대. 그래서 아무리 돈이 많더라도 '직업'을 가져야 한다고 생각하는 시대에 우리는 살고 있는 것이다. 하지만 이런 생각도 120년쯤 됐으면 흔들릴 때도 된 것 아닐까.

## '장래희망 건물주'의 진짜 의미

2년 전쯤에 고등학생 대상으로 '좋은 일의 기준'에 대해 강의를 했었다. 강의 중에 "대한민국에서 월급 200만 원 정도 받는다면 전체 일하는 사람 중에서 중간쯤 되는 것이다"[3]라고 설명했더니, 몇몇 아이들이 '악' 소리를 냈다.

한 달 내내 하루 종일, 10년 넘게 일하고 월 200만 원 받는 게 한국에서 보통이라는 뜻이라고 친절하게 더 설명해 줬다. 여기저기서 '헐' 소리가 나오더니 한 아이가 "저는 그냥 직장 안 다닐래요" 했다. 그 아이에게 "그럼 뭐가 될래?" 하니 "건물주요" 한다. 꾸벅꾸벅 졸던 아이들까지 그 말에 폭소를 터트려 분위기가 좋아졌기에 굳이 '건물주는 거저 되겠니?' 하고 따지지 않고 넘어갔다. 시간이 지나 그 대화를 곱씹어 보니, 내기 "뭐가 될래?" 하고 물은 것은 어떤 '지업'을 갖고 싶으냐고 물은 셈이었다. 거기에 '건물주'라고 한 아이는 무엇을 답한 것이었을까?

무엇보다도 '건물주'는 과연 직업일까? 몇 년 전 한 언론사가 초중고 학생들에게 장래희망을 물었더니 '건물주'라는 답이 공무원과 1, 2위를 다퉜다고 했다. 이후로 이 내용은 '도전의식이 사라지고 활력도 잃은 대한민국 현실'을 개탄하는 칼럼과 강의 등에 숱하게 인용돼 왔다.[4]

그런데 '건물주'가 장래희망이라는 것은 되짚어 볼 만한 얘기다. 장래희망은 일반적인 경우에 '장래에 되고 싶은 직업'을 뜻한다. 그런데 공무원 등 다른 직업들과 달리 '건물주'는 직업이라고 보기는 어렵다. 일정한 근로시간 동안 어떠한 작업(task)을 수행하는 '일'이라기보다는 건물을 소유한 '상태'를 의미하는 말이기 때문이다.

굳이 끼워 맞추자면 '자기가 소유한 건물을 관리하는 일을 하루 일정 시간 이상 하는 사람'을 뜻할 수도 있겠다. 다만, 보통은 그런 경우에 그 사람은 자기 자신을 'OO 관리회사㈜) OOO 대표' 또는 이사 정도로 소개한다. 전직 대통령의 자녀를 비롯해서 유명인, 자산가들의 자녀들이 건물을 자산으로 하는 재단을 만들어서 그곳의 대표 또는 이사라고 자칭하곤 하는 게 바로 이런 경우다. 자산보다는 '직업'으로 스스로를 소개하려고 하는 것이다.

장래희망이라는 말도 곧 직업을 묻는 의미라고 생각하고, 건물주가 되고 싶다는 말도 직업을 뜻한 것이라고 여겨 버리는 게 알랭 드 보통이 말한 것과 같은 이 시대의 특징이다. 그런데, 그렇게 직업이 부여하는 정체성이 중요한데 왜 많은 사람들, 특히 청소년과 청년들이 건물주가 되고 싶다고 하는 걸까?

다시 말하지만 건물주는 건물을 소유한 상태를 의미한다. 선망하는 건물주가 됐다고 해서 "어떤 일 하세요?"라는 질문에 "하는 일은 없는데요, 건물 있으니까 사는 데 지장은 없습니다"라고 말하고 싶어 할 것 같지는 않다. 그렇다면 선망하는 대상은 정확하게 무엇인가? 바로 건물에서 매달 들어오는 임대수입으로 인해 안정적인 삶을 영위할 수 있는 상태, 이것을 선망하는 것이다.

한때 우리 사회의 많은 사람들은 높은 지위(대통령, 대기업 사장 등)에 오르거나, 특정한 자격(의사, 변호사 등)을 얻으면 원하는 삶을 살 수 있다고 믿었다. 그렇지만 이제는 그렇게 믿지 않는다. 그런 위치에 가 닿기도 어려울뿐더러, 그런 지위와 자격을 획득한 사람을 유심히 보더라도 그들의 진짜 안정성은 거의가 소득보다는 자산(특히 부동산)으로부터 나온다는 것을 알 수 있다. 그렇지 않은 사람들은 가족들을 부양해야 하기 때문에, 다른 기댈 것이 없어서 극심한 스트레스를 받거나, 때로는 모멸감을 느끼더라도 일터를 떠나지 못한다. 직업이 검사여도, 의사여도, 대기업 임원이어도 마찬가지다.

게다가 1980년대 이후 출생한 '밀레니얼 세대'는 처음으로 '하고 싶은 일을 직업으로 삼으라'는 교육을 받고 자란 세대[5]다. 그런 청년들에게 소득을 기준으로 직업을 선택하라고 하는 것부터가 이미 모순이다. 이들이 가족들을 부양하느라고 찌들어 버린 기성세대를 보면서 '나는 아예 가족을 만들지 않겠다'고 결심하는 현상은 지극히 자연스럽다. 출산율이 떨어지지 않는다면 이상한 일이다.

그렇지만 그들 역시 소득을 기준으로 직업과 직장을 선택할 수밖에 없다. 그러지 않고서는 자기 한 몸조차도 안정적으로 지탱하기 어려운 게 한국 사회의 현실이기 때문이다. '하고 싶은 일', '살고 싶은 삶', '벌고 싶은 소득'이 모두 일치하지 않는 모순 속에서 살아야 하는 청년들은 어쩌면 기성세대보다 몇 배 힘들다.

그런 가운데서 소득에 연연하지 않고 자기가 하고 싶은 일을 하는 사람들이 주목을 받는다. 예전에 신문이나 잡지 등의 매체에서 인터뷰 대상으로 집중 조명되는 사람들은 자기 또래 중에서 비교적 빠른 성취를 이룬 사람들이었다. 시험에서 수석을 하고, 고시를 최연소로 패스하고, 초고속 승진한 끝에 남들보다 빨리 높은 지위에 오른 사람들이었다. 요즘에는 그런 사람들은 별 주목을 받지 못한다. 이미 그런 사람들은 충분히 봐 왔고, 성공 스토리에 새로운 점도 없기 때문이다.

최근에는 따라서 해볼 수도 없게 특이한 경로를 밟으며 살아온 사람들, 부와 명예보다는 자기만의 개성과 가치관을 따라 살기를 고집하는 사람들이 관심을 끈다. 주물 노동자로 일하면서 인터넷 소설을 쓰다가 베스트셀러 작가가 된 김동식 씨, 서울 삼청동에 작은 과학 책방을 낸 천문학자 이명현 씨, 걸그룹 AOA 멤버 찬미의 어머니이자 수많은 가출 청소년들에게 자신이 일하는 미용실을 쉼터로 내주며 살아 온 임천숙 씨와 같은 사람들이다.

이런 사람들의 이야기를 가만히 들여다보면, 그래도 이렇게 살 수 있게 해 주는 기술이나 소득원, 즉 딛고 설 만한 작은 언덕이 있다는 것을 알 수 있다. 물론 그렇더라도 더 많이 소비하는 데만 집중했다면 그렇게 살 수는 없을 것이다. 자기만의 가치관, 그리고 탈물질적으로 살고자 하는 태도가 있기 때문에 그 삶이 충만하고 자유로워 보인다. 사람들이 매력을 느끼는 것도 바로 그 지점이다.

지금까지의 얘기를 종합할 때 어느덧 사람들의 인식 속에서 '일=소득=삶'이라는 도식이 깨져 있다는 것을 알 수 있다. 자기 정체성을 담은 일과, 생계를 보장해 주는 소득원과, 일에 국한되지 않는 총체적인 삶의 지향점은 제각각 다를 수 있다고 보는 시각이 생겨나고 있다. 특히 청소년, 청년들에게 이런 지향이 더 강해지고 있으며 그 증거로 '장래희망 1위 건물주'라는 현상이 나타난 것인지도 모른다.

이렇게 곱씹어 보니 그때 그 강의에서 만난 고교생이 "건물주가 될래요"라고 한 것은 "그냥 아무 일도 안 하고 살래요"는 뜻은 아니었던 것 같다. '제가 원하는 방식대로 살 수 있는 자유를 가지고 싶어요. 어떤 일을 하면서 살지, 혹은 하지 않고 살지는 그 다음에 생각해 볼래요'라는 뜻이었던 게 아닐까.

최근 '기본소득'(Universal Basic Income)에 대한 관심이 급증하는 것도 이런 맥락에서 이해해 볼 수 있다. 한 사회 안에서 모든 개인에게 보편적으로, 정기적으로, 생계를 유지할 수 있을 만큼 충분한 소득을 주자는 의미의 '기본소득'은 당장 도입하기에는 무리가 있는 제도로 여겨진다. 그렇지만 국내에서도 논의되는 월 30만~60만 원 정도[6]의 기본소득에 대해서는 긍정적인 반응이 커지고 있으며 특히 20~30대 젊은 층에서의 호응이 크다. 그 정도 소득으로 아예 일을 안 하고 살기는 어렵다. 특히 대도시에 산다면 더욱 그렇다. 그럼에도 호응이 큰 것은 생계를 위한 모든 소득을 다 일로서 얻지 않아도 되는 사회, 한동안 일을 할 수 없거나 일을 자주 바꿔야 하더라도 기본적인 소득은 있어서 그것을 딛고 설 수 있는 사회를 우리가 바라고 있기 때문이다.

이렇게 '임금소득과는 다른 소득'을 원하는 사람들을 보고 "땀 흘려 일하는 보람을 알아야지!" 하고 가르치려 하거나, "너희들이 그러면 대한민국 경제가 어떻게 되겠느냐?"고 짐을 지우는 것은 영 방향을 잘못 잡는 것이다. 이것은 오히려 진짜 보람 있는 일을 찾고 싶어 하는 열망이다. 이 사회 속에서 자기가 존재해야 할 진짜 의미, 정체성을 찾고자 하는 열망이다. 따라서 기성세대는 이 열망에 귀를 기울여야 한다. 부모가 건물을 물려줄 만큼 부유한 아이들이 아니어도 누구나 진짜 하고 싶은 일, 원하는 삶의 방식을 찾을 자유를 누릴 수 있는 방법에 대해서 같이 고민해야 한다.

## '직업의 귀천'과 소득의 관계

2019년 만화책 『저 청소일 하는데요?』를 펴낸 1989년생 김예지 씨는 어려서부터 그림에 소질이 있었고 그래서 어른이 되면 '그림 그리는 사람'으로 살고 싶었다. 대학에서 미술을 전공했고, 그림을 그려 책을 냈으니 이미 그렇게 살고 있는 셈이기도 하다. 그러나 그가 살면서 만나 온 많은 사람의 눈에 그는 '실패한 사람'으로 비쳤다. 소득을 위해서 하는 일이 '청소'이기 때문이다.

대학 졸업 후 한동안은 전공을 살려서 할 수 있는 직업을 찾아보기도 했고 인턴 사원으로 일한 적도 있었다. 그러나 '상품 스타일리스트' 등 미술 전공자를 받아주는 일자리들은 그가 정말 하고 싶은 일도 아닌데 임금도 생활이 불가능할 만큼 적었다. 그런 상황에 놓인 김예지 씨에게 먼저 청소일을 권한 사람은 어머니였다. "회사 들어가 봤자 박봉에 시간 여유도 없을 거고, 네 뜻에 맞는 그림 작업을 하지 못할 수도 있으니, 청소일을 해 보는 게 어떻겠나"라고 권한 것이다. 그래서 그는 어머니와 함께 개인 매장이나 건물주와 계약을 맺고 맞춤 청소를 해 주는 일을 시작했고 2014년부터 지금까지 5년 넘게 이어오고 있다. 힘든 점도 있지만 새벽 시간에 일하고 나면 나머지 시간을 자유롭게 쓸 수 있고, 간섭받을 일도 없다는 점 등 만족스러운 측면이 더 많다고 한다.

그런 그를 힘들게 하는 것은 일하며 만나는 사람들의 반응이다. 나이 든 사람들은 "내 자식은 이런 거 못 시켜"라고도 하고, "좋은 회사 다니고 효도해야지" 하며 혀를 차기도 했다. 젊은 사람들은 예의 없는 언행으로 김 씨로 하여금 '이런 일 한다고 무시하나?'라는 생각이 들게 했다.

김예지 씨는 이런 시선을 견디면서 의문을 품게 됐다. 왜 어떤 사람이 스스로를 타인에게 설명하는 첫 번째가 '직업'이어야 하며, 또 한 사람의 직업이 '그가 열심히 살았는가, 아닌가'를 평가하는 잣대가 되느냐는 것이었다.[7]

그를 '실패'한 사람으로 보는 시각은 무엇을 기준으로 한 것일까? 어려서부터 꿈꾸던 직업에서 주된 소득을 올리는 사람이 되지 못했기 때문에? 세상에 어려서 꿈꾸던 직업을 실제로 갖게 되는 사람이 몇이나 되는가. 아니면, 아침에 출근해서 저녁에 퇴근하는 전형적인 일을 하지 않기 때문일까? 그가 전업 화가 또는 작가가 된다면 그 역시 전형적이지 않은 일이다.

그렇다면 무엇이 그를 '실패한 사람'으로 보이도록 하는 것일까? 바로 '청소'라는 일 때문이다. 김 씨는 언론 인터뷰에서 이런 말을 했다.

"직업에 귀천이 없다는 말이 있잖아요. 저는 그런 말이 있다는 사실 자체가 진짜로는 '직업에 귀천이 있기' 때문이라고 생각해요. 사람들의 편견을 대변하는 말이죠. 옛날에는 신분에 따른 계급이 있었다면, 지금은 직업이 계급이 되어 버렸다고 할까요?"

김예지 씨는 20~30대의 젊은 나이에 청소 일을 하기 때문에 더 안 좋은 시선을 받은 것일 수도 있다. 어머니 또래 어른들로부터 "지금부터 이런 일을 하면 나중에 좋은 일 못 한다"는 말을 듣기도 했다. 그렇지만 그 말이 의미하는 '좋은 일'을 젊어서는 하다가 나이가 들어서 '이런 일'을 하더라도 편견은 그대로 따라온다.

'신의 직장'이라고 불리는 공기업에서 38년간 일한 뒤 정년퇴직하고 나서 임시계약직으로 다시 취업한 조정진 씨는 2020년 『임계장 이야기』라는 책을 펴냈다. 막내아들이 아직 대학생이고 로스쿨 진학을 희망하기 때문에 고정적인 수입이 몇 년 더 필요했던 그는 고속버스 회사의 배차 담당 직원, 아파트와 주상복합건물의 경비원, 터미널 직원 등으로 일했다. 그가 새로 경험한 노동 환경은 공기업에서의 환경과 완전히 달랐다. 책 제목에 사용된 '임계장'이라는 말은 '임시계약직 노인장'이라는 뜻이다.

조정진 씨가 깨알같이 적은 메모들을 바탕으로 되살려낸

'임계장'의 현실은 너무 생생해서 읽기가 힘들 정도였다. 말도 안 되게 열악하고, 생명을 위협할 정도로 위험했다. 그보다 더 심각한 것은 비인격적인 대우, 말 그대로 쓰다 망가지면 버리면 그만이라는 식의 대우다. 실제로 조 씨는 일하다가 심각한 상해를 여러 번 받았지만 산재보험의 보장을 받기는커녕 다친 즉시 해고당하곤 했다. 어떤 사람들은 못 배우고 무지해서 이를 감내한다지만 그는 어떤 지시와 처우가 불법인지를 다 알면서도 이런 환경을 감내했고, 해고되기 전까지는 자발적으로 그만두지 못했다. 가족들을 위해 그 소득이 꼭 필요했기 때문이었다. 그 결과로, 정년퇴직 당시에 건강했고 체력도 괜찮았던 그는 '임계장'으로 일을 시작한 지 4년여 만에 심각할 정도로 건강이 나빠졌다. 그런데도 언론 인터뷰에서 그는 "존중받을 수만 있다면 계속 일하고 싶다"고 했다.[8]

『임계장 이야기』를 읽으면 자연스런 의문이 남는다. 대한민국에는 엄연히 근로기준법이 있고 고용노동부와 노동청이 있고 근로감독관이라는 사람들도 있는데, 왜 무법천지처럼 이런 일자리들이 버젓이 유지되고 있을까? '어떤 일자리는 질이 낮을 수밖에 없다'는 인식이 일반적이기 때문이다. 임시계약직 고령자 일자리가 대표적인 그런 일자리다.

박근혜 정부가 추진했던 '5대 노동개혁' 중에는 파견직의 업종 제한을 고령자에 한해서 전부 없애는 방안[9]이 있었다. 파견직 일자리의 질이 대체로 낮기 때문에 무분별하게 확산되지 않도록 업종 제한을 둔 것인데, 당시 정부는 "고령자 일자리를 늘리는 자체가 중요하기 때문에 이 제한을 없애야 한다"는 입장이었다. 이는 곧 고령자의 일자리는 질이 낮아도 된다는 의미다. 고령자의 일자리는 질이 낮아도 될까? 오히려 반대다. 여러 가지 신체 능력이 떨어질 시기이고 다치기도 쉽기 때문에 젊은 사람들보다도 더 높은 수준의 보호를 받아야 한다. 그런데도 이런 법 개정안이 정부에 의해 추진됐다는 것부터가 '어떤 일자리는 질이 낮을 수밖에 없다'는 인식이 우리 사회에 얼마나 보편적으로 자리 잡고 있는지를 보여준다.

지방대 시간강사로 일할 때보다 맥도날드에서 아르바이트를 할 때 노동자로 더 큰 보호를 받았다는 경험을 담은 책 『나는 지방대 시간강사다』로 주목을 받았던 김민섭 씨가 대리운전 기사로 일한 경험을 담아서 2016년 내놓은 책 『대리사회』가 있다. 이 책에는 대리기사로 일하며 그가 겪은 어려운 상황들, 서럽고 힘든 상황들도 적혀 있다. 그렇다고 대리기사라는 일이 얼마나 힘들고 열악한지를 고발하기 위한 책은 아니다. 오히려 이 일의 가치를 다시 되짚어 보고, 생각보다 괜찮았던 경험들을 공유하는 데에 방점이 찍혀 있다. 연구자로 대학에 있을 때보다 그 일을 하면서 가족들과 더 많은 시간을 보낼 수 있고, 그래서 더 떳떳하다는 고백도 있다. 여기서도 문제는 역시 '존중받지 못한 경험'들이다. 대리기사를 함부로 대해도 된다는 일부 사람들의 언행이 이 일을 '천한 것'으로, 이 사회를 '직업에 귀천이 있는' 곳으로 만든다.

세 권의 책을 쓴 저자들이 청소, 경비, 대리기사 등의 일을 한 이유는 모두 '소득' 때문이다. 자아를 실현하기 위해서, 평생 꿈꾸던 일이어서, 자신의 적성과 가치관에 가장 맞는 일이어서 한 것은 아니다. 그렇더라도 이 일은 소중하다. 삶을 지탱해 주는 소득이 거기서 나오기 때문이다. 『기쁨의 집』에서 릴리가 부러워했지만 그렇게 될 수 없었던, 자기 노동을 통해서 독립적으로 살 수 있는 사람들인 것이다.

그들에게는 다른 일도 있다. 김예지 씨는 그림을 그리는 사람이고, 조정진 씨는 38년 몸담은 '평생직장'이 있었으며, 김민섭 씨는 연구자이자 작가이다. 그런 그들은 왜 생업을 위한 일을 하면서 실패한 사람, 비인격적으로 대우해도 마땅한 사람 취급을 받을까?

그 이유 중 하나는 우리가 너무 오랫동안 한 사람이 하나의 직업을 가진다는 통념 속에서 살아왔기 때문이다. 조정진 씨는 아파트 경비원으로 일하면서 음식물 잔반통을 씻던 중, 지나가던 주민이 자녀에게 "너도 안 하면 저 아저씨처럼 된다. 그러니 공부 열심히 해"라고 하는 말을 들었다. 조정진 씨는 그 순간에는 열악한 처우에서 고된 노동을 하고 있었지만, 몇 년 전만 해도 요즘 청년들이 가장 들어가고 싶어 하는 직장 중 하나인 공기업의 직원이었다. 김예지 씨가 청소를 할 때 무시하는 태도를 보이는 사람들은 그가 다른 시공간에서는 작가로 활동하고 있다는 점은 모른다. 김민섭 씨가 대리운전을 하는 차를 탄 사람들도 마찬가지다. 한 사람에게는 하나의 일만 있다는 통념으로만 그들을 보는 것이다. 이제 갈수록 일의 종류와 형태가 다양해지고, 평생 한 직장에서만 일하는 사람은 드물어지는데 언제까지 이런 통념 속에서 살 수 없는 일이다.

사실 이런 통념 자체가 본질적인 문제는 아니다. 이대로 시간이 가기만 해도 어느 정도는 바뀔 수 있다. 더 큰 문제, 사람들을 더 괴롭게 하는 문제는 바로 특정한 일을 하는 사람들을 깔보고 무시하는 시각이다. 언급한 세 사람처럼 다른 정체성이 없더라도, 청소하는 사람이 청소만 하고, 경비원이 평생 경비 일만 한다고 해도 그 사람이 '실패한 사람'이라는 취급을 받거나, 열악하고 비인격적인 환경에서 일해야 할 이유는 없다. 이 사회에 필요한 일을 하는 모든 사람들이 존중을 받아야 하고, 법적 기준보다 낮은 수준의 일자리에서 일하도록 방치되지 말아야 한다. 이 당연한 사실이 당연해지지 않는 이상 정부가 어떤 노력을 하더라도 질 낮은 노동의 문제를 다 해결할 수는 없을 것이다.


그렇더라도 세 권의 책에서와 같이, 한 사람에게 여러 가지 정체성이 있을 수 있으며 어제는 이런 일을 하던 사람이 내일은 다른 일을 할 수 있다는 사실을 인식하는 것은 첫 걸음으로서 의미가 있다. 나부터가 언제 어떻게 다른 일을 하게 될지 모른다는 뜻이기 때문이다. 그런 자각이 있지 않고서는 다른 일을 하는 사람들에 대한 이해가 넓어질 수 없다는 점은 안타깝지만 말이다.

우리는 이제 이동성을 '뉴 노멀'로 여기고 살아야 한다. 정체성과 직업과 소득을 분리해서 생각할 수 있어야 한다. 그리고 어떤 노동이든 그 자체로 존중해야 한다. 그래야만 언젠가 내가 갑자기 낯선 노동을 하게 되더라도 그리 나쁜 경험은 아닐 것이라고, 지금 안심하며 살 수 있다.

## 3

# 틈새에 끼어 괴로운 청년들

## 어린 노동자에게 가혹한 사회

2019년에 어느 회의에 갔다가 경남 지역 경제 단체 실무자에게 들은 이야기다. 조선업 불황으로 한동안 비어 있던 도크에 일감이 하나 들어왔다. 급히 인력을 채용해야 하는데 조선업 경력이 있는 노동자들은 대부분 지역을 떠난 상황이었다. 원청 대기업은 직고용 의사가 없고, 하청 기업이 고용하는 형태여서 사람 구하기는 더 어려웠다. 외국인 노동자 쪽을 알아보려니 현장을 둘러본 인력소개소 사장은 "요즘 어디 가도 최저임금 받는데 이런 위험한 환경에서 이 돈 받고 일할 사람 못 찾는다"면서 뒤도 돌아보지 않고 가 버렸다고 한다. 그래서 어떻게 했을까?

지역의 특성화고등학교 3학년 남학생들을 선취업시켜 급한 불을 껐다고 한다. 그런데 이 학생들이라고 좋아서 들어온 것은 아닌 모양이었다. 고용 기업에서 '청년내일채움공제'

에 가입하게 해 줄 테니 입사하라고 학생들을 설득했다는 것을 보면 말이다. 이 제도는 15~34세 청년 노동자가 2~3년간 근속하면서 매달 일정 금액을 적립하면 기업과 정부가 보태서 최대 3,000만 원의 목돈을 만들어 준다는 제도다.

그럼에도 학생들의 반응은 별로 좋지 않았다. "목돈 필요 없으니 내 월급에서 돈 안 떼 가면 안 되느냐?"는 질문이 많았다. "어차피 2~3년이나 다닐 생각이 없다"는 이유였다. 실제로 이 학생들에게는 곧 군대에 가야 하는 사정도 있었다. 기업은 일만 잘하면 군입대 기간 동안 고용을 유지해 줄 의향도 있지만 어차피 다시 돌아오는 경우는 별로 없다고 한다. '머리가 굵어지면' 생각이 달라진다는 것이다.

하나의 사례이기는 하지만 우리 사회에 아직도 달라져야 할 것이 많다고 일깨우는 이야기다. 첫째, 한국에는 여전히 나이 어린 사람들을 천대하는 문화가 있다. 소파 방정환 선생이 전통 "어린이를 '인간'으로 대우하고 경어를 쓰면서 존중하자"고 주장한 것이 무려 100년 전이다. 그 말에 따라 '어린이날'을 제정해 지켜 오고 있지만, 그 뜻이 아직 통하지는 않는 것 같다. 어리고 말 잘 들을 때 최대한 부려먹어 이득을 취하자는 사람들이 여전히 이렇게 많은 것을 보면 말이다.

2016년 서울 지하철 구의역 스크린도어 사고로 사망한 김군은 19세, 2017년 제주 음료공장 프레스 사고로 사망한 고교 실습생 이민호 군은 17세, 2018년 태안 화력발전소의 컨

베이어 벨트 사고로 사망한 김용균 씨는 24세였다. 이 사건들을 관통하는 원인으로 '위험의 외주화' 등이 제기됐지만, 또 다른 원인은 '말 잘 듣는' 청년들을 위험의 최전선으로 내모는 문화에 있다. 이들은 죽기 전에도 위험한 상황을 여러 차례 직면했을 것이다. 그런데도 상사에게 의견을 내거나 회사에 문제제기를 하지 못하고 다시 현장으로 갔다는 것은 그 위험보다 더 공포스러운, 공고한 위계의 조직 문화가 있었다는 뜻이다.

2019년 2월 경기비정규직지원센터 등에서 경기도 특성화고 졸업생 300명을 조사한 바에 따르면, 이들 중 58.7%는 작업장에서 부당한 대우를 받은 적이 있었고 그중 가장 많은 경우가 '무시와 차별'이었다. 응답자 중 상당수는 차별을 받는 것을 당연히 여기거나, 고용주가 근로계약을 제대로 이행하지 않아도 본인 탓으로 여기고 있었다고 한다.[1] 같은해 1월 여성가족부 조사를 봐도, 아르바이트를 경험한 청소년 중 3분의 1이 법정 최저임금에 못 미치는 돈을 받았고, 3분의 2가량은 근로계약서도 쓰지 않은 채 일했다. 갑작스럽게 초과근무를 강요받거나 급여를 제때 받지 못하고, 언어 폭력이나 성희롱을 당하는 등 부당 처우를 당한 청소년들의 70%는 "그냥 참고 일했다"고 답하기도 했다.[2]

몇 년 전에 '청년들을 위해 일자리의 질을 높이기 위해서단 한 가지 제도를 고쳐야 한다면?'이라는 주제의 토론회를 기획해서 진행한 적이 있었다. 발제자로 참여한 강성태 하얏

대 법학전문대학원 교수님의 제안이 인상 깊었다. "생애 첫 취업을 하는 청년 및 청소년들만이라도 정부가 1대 1로 관리를 해 주자"는 제안이었다. 첫 취업자들이 근로계약서를 적법하게 체결했는지, 부당한 처우를 당하고 있지는 않은지, 지방고용노동청에서 현장 조사를 나가면 제일 좋겠고, 그게 어려우면 문자메시지나 이메일로라도 주의할 점을 일러 주면서 "어려운 일이 생기면 OO지방청 OOO 담당자에게 연락하라"고 안내해 주자는 것이었다.

이 제안을 들었을 때, 이것 하나만 도입되더라도 많은 것이 바뀔 수 있겠다는 생각이 들었다. 청년(15~29세)들의 첫 직장이 1년 이하 계약직인 비율은 2007년 10.8%에서 2019년 24.7%로 크게 늘었다.[3] 네 명 중에 한 명이 일 년이 될까 말까 한 기간에 대한 근로계약을 하고 사회생활을 시작하는 것이다. 이 직장에서 이들이 얼마나 존중을 받을 수 있을까? 만일 이때 노동자로서의 자신의 권리에 대해 제대로 배우지 못한다면 언제 다시 배울 수 있을까?

나는 다행히 첫 직장으로 신문사에 들어갔고, 마침 그곳에 한국 사회에서 보기 드물게 튼튼한 노동조합이 있었던 덕분에 제 권리도 못 찾고 억울해하는 경험은 건너뛸 수 있었다. 첫 연차휴가를 쓰려고 휴가원을 쓰던 때가 지금도 생생하게 기억난다. 그때만 해도 오프라인으로 휴가원을 내도록 돼 있었기 때문에, 갱지로 된 휴가원을 받아 와서 빈 칸을 채워 보려고 할 때였다. '사유'라는 칸에다 뭐라고 쓸까 고민하고 있는데 옆에서 보고 있던 선배가 어깨를 툭툭 쳤다. "거기에는 뭐 적는 거 아니야. 비워 두든지 그냥 '정기'⁴라고 적어"라고 알려줬다. 그 뒤로 직장을 여러 번 옮기며 20년 가까이 일하면서 지금까지 한 번도 연차를 쓰는 이유를 설명해 본 적이 없다. 그러나 그 이후로 다른 직장에서 만난 사람들 중에는 처음에 잘못 배운 뒤 십수 년 지나도록 줄곧 연차휴가를 쓸 때마다 사유를 적어 냈다는 사람들이 있었다. 아무도 바로잡아 주지 않았던 것이다.

그 정도는 약과다. 임금을 떼이고, 4대보험 가입이 안 되고, 일하다 생긴 손실인데도 월급에서 까이고, 별 이유도 없이 연차휴가를 못 쓰는 식으로 직장에서 부당한 경험을 해 온 사람들은 수도 없이 많다. 몰라서 계속 그렇게 일하기도 했고, '이게 아닌데' 싶어도 어디 물어볼 데가 없어서 지나간 경우도 있고, 어디라도 하소연 하고 싶었는데 어찌 할 줄 몰라서 눈물을 삼킨 적들도 있을 것이다. 그럴 때 자신을 '담당하는' 공무원, 혹은 정부 산하 기관의 직원이 있다는 것을 안다면 어떨까? 무엇보다도 지연, 학연 등 '빽' 있는 사람들 말고, 쟁쟁한 부모가 뒤에 버티고 있는 사람들 말고, 아무 기댈 데 없는 청소년과 청년들에게 그런 존재는 얼마나 힘이 되겠는가. 일하면서 한 번도 그 번호를 누르거나 문자를 보내지 않는다 하더라도, 그런 번호가 저장돼 있다는 것만으로도 든든할 것이다. 그 든든함을 무기로 부당한 상황에 대해 뭐라도 한 마디 할 수 있는 사람이 될지도 모른다.

토론회를 기획하고 진행한 사람의 책임감으로 그 제안을 어떻게 더 알리나 고민하고 있는데 마침 얼마 후에 국회 토론회에서 발제할 기회가 생겼다. 국회의원, 노동 전문가, 정부 부처 공무원 등이 참석하는 자리였는데 마침 이 제안 내용과 관련이 깊은 부서의 책임자급 공무원이 토론자로 온다고 했다. 어떻게든 생각의 물꼬라도 트이게 하고 싶어서 열과 성을 다해 발표했다. 그러나 그 공무원은 "취지는 좋으나 인력이 부족해서 불가능하다"고 무 자르듯 대답했다. 당연히 이후 논의는 진전되지 못했다. 물론 다른 자리에서 다른 방법으로 더 애썼으면 달라질 수도 있었겠지만 나부터가 그날 적잖이 실망했던 것 같다.

지금도 의문이다. 모든 노동자를 대상으로 하자는 것도 아니고 사람마다 일생에 한 번, 생애 첫 취업자에게 국가가 그 정도 서비스도 할 수 없는지, 고용노동부와 지방 고용노동청의 업무 중에 그보다 더 중요하고 대단한 업무가 얼마나 되는지 말이다. 꼭 이 방법만이 답은 아니겠지만 청소년과 청년들이 노동 현장에서 착취당하고 위험에 내몰리는 일은 반드시 근절돼야 한다.

# 제조업 공장이 답이 아닌 이유

앞서 말한 조선업 사례에서 특성화고 학생들은 왜 내키지 않는 일자리에 결국 들어갔을까? 아마도 부모님이 권하고 학교 선생님들이 적극적으로 설득했기 때문일 것이다. 선생님들에게는 졸업생 취업률이라는 성과도 작용했겠지만 대체로는 '제조업, 되도록 규모가 큰 조직의 일자리가 좋은 일자리'라는 인식이 있어서 그랬을 것이다. 수도권보다는 지방 도시들에서 그런 인식은 더 크다.

실제로 300인 이상 제조업 대기업의 평균 임금은 2018년 기준 573만 원으로, 전체 평균 임금인 277만 원의 두 배 수준(207%)[5]이다. 그렇지만 제조업 중소기업(300인 미만)의 평균 임금은 262만 원으로 전체 평균보다 낮다. 같은 기업 내에서도 정규직과 비정규직, 원청기업과 하청기업, 하청의 하청 기업들과의 임금 차이가 큰 것도 사실이다. 제조업에서 연구개발 인력 외에는 정규직을 신입으로 거의 뽑지 않게 된 지도 이미 한참 됐다.

그런데도 왜 기성세대는 여전히 제조업 일자리에 자녀 세대들을 진입시키려고 할까? 아마도 경제 성장기의 경험 때문일 것이다. 경제가 성장할 때는 고용 기회가 급격히 확대되기 때문에 가까이에 있는 사람들이 그 기회를 잡기 쉬웠다. 임시직, 파트타임, 심지어 사환(잔심부름 하는 사원, 요즘으로 치면 알바)으로 입사했더라도 몇 년 지나면 정직원이 되고, 야간 대학을 다니는 등으로 더 노력하면 관리자, 임원도 될 수 있었던 것이 기성세대의 경험이다.

지금은 저성장이 '뉴 노멀'이 된 시대다. OECD는 2020년 한국의 경제성장률을 -1.2%로 예측했다. 이제부터 본격적으로 '마이너스 성장시대'가 시작된다는 전망도 있다. 성장이 당연했던 시대에 맞았던 것들이 이제는 틀리다. 기업들은 고용을 늘리기는커녕 어떻게든 줄이려고만 한다. 산업 최전선에 있는 대기업일수록 자동화, 기계화에서도 앞서 있기 때문에 노동자를 기계 및 로봇으로 대체하려는 경향도 강하다. 정규직 중에서도 공채 엘리트 직군 사원들조차 40대에 퇴직을 권고 받는 일이 흔하다. 그런데도 원치도 않는 직장에 "일단 들어가서 참고 다녀 보라"고 자녀들에게, 학생들에게 권하는 것이 옳은가?

심지어 정부 정책으로 지역에 청년들을 위한 좋은 일자리를 만든다면서 제조업 대공장을 새로 조성하려는 시도들도 있다. 문재인 정부에서 강력하게 추진 중인 '상생형 지역 일자리' 사업이 그것이다. 앞서 지역 차원에서 먼저 시도되고 있었던 '광주형 일자리'가 모델이 됐고, 중앙정부가 이를 다른 지역들에도 확산시키겠다는 취지로 추진하고 있다. 이 사업에 대한 정부의 설명을[6] 보면 꼭 제조업 대공장 일자리여야 한다는 전제는 없다. 하지만 이 사업에 자문을 하고 있는 한 전문가에게 들은 바에 따르면 전국 지자체에서 제출된 사업 추진 계획이 열이면 열 모두 제조업 대공장 설립이고, 거의가 자동차 업종이라고 했다. 입지 조건상 지금까지 한 번도 자동차 산업이 들어간 적 없는 내륙 산간 지역에서 낸 계획도 마찬가지였다. '좋은 일자리=대기업 자동차 공장'이라는 고정관념이 지방 도시들에서 얼마나 강한지를 보여 주는 일이다.

그런데 청년들의 생각은 다르다. 농산어촌 청소년들에 대한 교육 프로그램을 운영하는 사회적협동조합 대표를 만날 기회가 있어서 이런 이야기를 했더니 그는 "내가 만난 청소년, 청년 중에 자동차 공장에서 일하고 싶어 하는 사람은 하나도 못 봤다"고 했다. 내가 만난 지방 청년들도 비슷했다. '광주형 일자리'에 대해 광주 청년들과 얘기를 나눠 봤을 때, 지역의 필요에 따라 지역이 주도해서 일자리를 창출한다는 경험으로는 이 시도를 높이 평가했지만 제조업이기 때문에, 또는 자동차 산업이기 때문에 매력을 느끼는 것은 아니었다. 왜 그럴까?

문제는 '제조업' 자체가 아니다. 한국에서 제조업을 상징하는 산업들이다. 자동차와 조선이 대표적인데 고성장 시대에는 많은 고용을 창출했고 그 일자리의 질도 높았다. 그렇지만 저성장 또는 마이너스 성장 시대에도 그렇게 유지될 수는 없는 산업들이다. 현재의 50~60대가 젊어서 바라봤을 때에는 분명히 새로운 기회를 찾아서 전 세계로 뻗어 나가고 새로운 인력들을 내거 필요로 히는 산업이었다. 당시 젊은이들이 이 산업들에 매력을 느꼈다면 향후 몇십 년간의 산업 전망을 분석해 봤기 때문이 아니다. 일터에서 뿜어져 나오는 에너지를 곁에서 보기만 해도 그 산업의 상승하는 기운을 느낄 수 있었다.

군산 GM 자동차 공장 폐쇄 몇 달 후인 2018년 8월, 그곳에서 일했던 노동자들을 만나서 인터뷰를 했다. 처음 그 직장에 들어간 이유를 물어보자 공통적인 답이 나왔다. 그곳에서 일하는 선배나 지인들이 멋져 보였다는 것이다. 월급이 많고 고용이 안정적이라는 점도 물론 중요하기는 했지만 갓 20대에 접어든 청년들이었기에 그 '멋져 보인다'는 점도 굉장히 중요했다. 20여 년이 지난 지금도 그들은 여전히 그 직장으로 돌아가고 싶어 했다. 아직 할 일을 못 찾은 사람은 물론이고 이미 자영업자가 된 사람, 창원 GM으로 이전된 사람까지도. 그러나 엄밀히 말하면 쇠사슬로 문이 잠긴 채 남아 있는 그 공장 자체를 그리워하는 것은 아니었다. 크고 안정된 조직에서의 단단한 소속감, 동료들과 활기 있게 일하던 한창 때의 직장을 그리워하는 것이었다.

지금 20~30대 청년들의 눈으로 그 산업들을 보면 어떨까. 자동차 산업이 탄탄하고 고용이 안정돼 있다는 이미지가 남아 있을까?[7] 2009년 쌍용자동차의 정리해고 반대 투쟁과 그 결과에 대해 들어 본 적만 있더라도, 군산 GM 폐쇄와 관련된 뉴스를 본 적만 있더라도 그런 이미지를 갖고 있기는 어려울 것이다. 심지어 환경오염 때문에 내연기관 자동차 판매를 향후 10~20년 이내에 금지시키겠다는 나라들이 유럽을 중심으로 확대되고 있다.[8] 그럼에도 국내 자동차 산업은 여전히 내연기관 중심이다. 내연기관 차에 비해 생산공정이 단순한 전기차 쪽으로 산업이 전환될 경우에는 생산 노동자 수가 지금보다 대폭 줄어들 것이다.

자동차 산업이 성장하던 시기에는 옆에서 보기만 해도 활기찬 에너지가 느껴졌듯이, 현상 유지도 어려워 보이는 지금 역시 옆에서 보기만 해도 쇠락한 기운을 느낄 수 있다. 한때는 적극적으로 인력을 늘리던 기업들이 이제는 신규 인력을 뽑지 않고, 비정규직이 정규직으로 전환되던 길도 다 막아 버렸다. 재직자들의 평균 연령은 높아져 간다. 그러다 보니 일터 안에서 계속 새로운 시도가 일어나는 '일터혁신'[9]도 찾아보기 어려워진다. 혹시 자리가 나서 청년들이 들어가더라도 비정규직, 파견직이다. 일터에서는 수십 년 전 기성세대가 짜 놓은 틀 안에서 매뉴얼대로 일해야 할 뿐이다. 그런 산업과 일자리에 매력을 느끼고 들어가서 오래 일하고 싶은 청년들이 얼마나 있겠는가.

그런데도 정부의 일자리 창출 사업으로 지역마다 자동차 공장을 지어야 할까? 중앙정부가 밀고 지방정부가 당기고, 기업의 투자를 적극적으로 유치해서 공장을 짓는다면, 그것은 앞으로 얼마 동안 유지되도록 하기 위한 것일까?

몇 가지 의구심이 들기도 한다. 하나는 이 정책의 진짜 목적이 '지역 일자리'를 만드는 게 아니라는 것이다. 직접 일할 청년 세대보다는 부모 세대의 정치적 영향력이 크기에 그들이 원하는 바대로 예산을 집행하는 것 자체가 목적인 것이 아닐까? 공장을 지어서 일단 몇 년 동안이라도 잘 돌아가면 정치적 목적은 이룬 셈이고, 실패하더라도 지역 인구는 이미 하락세였으니 어차피 더 나빠지는 것도 아니라는 식의 판단이 깔린 건 아닌지, 좀 의심스럽다.

또 다른 의구심은, 청년들을 구분해서 보는 시각이 존재하지 않는가 하는 것이다. 지방에서 일자리를 구하는 청년이라면 일자리를 따질 처지가 아니기 때문에, 어지간한 일자리에 들어갈 수만 있다면 좋아할 것이라는 식의 생각 말이다.

그렇게까지 확대해서 생각하고 싶지는 않다. 그저 자동차 산업에 들어가기만 하면 떵떵거리고 잘살았던 지난 시대의 경험이 워낙 강했고, 대부분 거기서 벗어나지 못하고 있기 때문이라고 생각하고 싶다. 만약 그렇지 않다면 타고난 환경에 따라 어차피 차등이 있다는 생각, 즉 새로운 신분제가 이 사회에 존재한다는 심각한 얘기가 돼 버리기 때문이다.


## 청년들은 일자리를 만들 수 없다?


2019년 11월, 제주도에서 열린 '제이커넥트데이'(J-Connect Day)라는 행사에 참석했다. '로컬 크리에이터'라고 부르는,

전국 각지의 지역에서 지역의 자원을 활용하는 방식으로 창업을 한 사람들이 경험을 공유하기 위해 모인 자리였다. 도시재생, 사회혁신 등 분야에서 일하고 연구하는 사람들도 있었다. 나도 청년과 지방도시, 좋은 일자리를 키워드로 연구를 해왔다는 이유로 여기에 '혁신가' 중 한 명으로 초청을 받았다. 덕분에 1박 2일 동안 진짜 혁신가들의 이야기를 들을 수 있었다. 아무래도 내 관심을 끈 포인트는 청년들이 어떻게 지역에서 스스로의 기준에 따라 좋은 일자리를 만들어내고 있는지였다.

여행자를 위한 숙소를 운영하는 사람, 지역 청년들의 거점 공간을 만든 사람, 지역 특산품을 고부가가치 상품으로 만드는 사람, 지역 브랜드의 수제맥주를 만드는 사람, 외국인 여행자들을 위한 스토리텔링 관광상품을 만드는 사람 등등. 이 다양한 '로컬 크리에이터'들을 기존 일자리의 시각으로 본다면 어떨까? 업종은 숙박 및 음식점업, 여가 관련 서비스업, 소규모 제조업이나 소매업이라고 할 수 있다. 고용 규모가 5인 이상인 곳은 별로 없고, 1인 사업자 또는 프리랜서들도 있다. 전일제의 전형적인 형태로 일하는 사람보다는, 상황에 따라서 일하는 시간과 형태를 조정하면서 일하는 사람들이 많다. 곧 성장해서 몇백 명 규모로 고용을 늘리거나 주식시장에 상장될 가능성이 있어 보이지도 않는다. 그러니까 정부의 관점에서 볼 때 별로 좋은 일자리들은 아니다.

그래서인지, 이런 시도들은 정부의 정책에 있어서 별로 주목을 받지 못한다. 지역 관광 활성화, 청년 창업, 구도심 재생 등과 관련해서 정부 지원이 이뤄지기도 하지만, 이런 정책 사업들에서 청년들은 본래 행정이 했어야 할 일을 대신하고 일정한 급여를 받아 가는 역할로 불려다닐 뿐, 스스로 창출한 일과 비즈니스 자체로 평가받는 일은 드물다. 정책입안자들에게 이들은 '뭐든 열심히 하는 것은 좋지만 자기 월급 정도나 벌면 다행인 사람들' 정도로 보이는 것 같다.

그런 한편, 지역에서 중요하게 생각해 온 '좋은 일자리' 창출 방안은 '혁신도시', '기업도시' 등 공공기관과 주요 사업체 본사의 지방 이전 정책이다. 지역 사람들은 이것이야말로 청년들이 선망하는 좋은 일자리들을 만드는 방법이라고 여긴다. 2018년부터 지방 제조업 일자리에 대한 연구를 위해 전국을 다녔다. 기차를 타고 다니며 창밖을 보면 넓은 평지 한가운데에 불쑥 치솟은 아파트들이 눈에 띈다. 한번은 어느 지방 도시에 도착해서 기차역을 나서는데 눈앞에 신축 공사 중인 아파트의 스카이라인이 펼쳐져 있었다. 족히 몇천 세대는 될 것 같았다. 지역 사정을 아는 이에게 "이 도시에 저 아파트를 채울 만큼의 신규 입주 인구가 있나요?" 물었다. 정부의 공공기관 지방 이전 정책에 따라서 얼마 전 한 공기업 본사가 이전해 왔다고 했다. 직원 수는 1,000여 명 정도. 그들이 전부 이사를 온다 해도 짓고 있는 빈 아파트들을 채울 수는 없어 보였다. 그런데도 지역에서는 공기업 이전이 결정되자마자 서둘러 아파트부터 지은 것이다.

그런 한편, 내 주변에는 서울에서 살면서 직장을 다니다가 지방으로 이사한 사람들이 몇 명 있다. 그중 한 명은, 마당이 있는 주택에서 사는 것을 늘 꿈꾸다가 이를 실현할 만한 집을 찾게 되자 과감하게 서울의 직장을 그만두고 이사했다. 그리고는 그 동네에서 할 수 있는 일을 찾았다. 처음 그 얘기를 들었을 때는 이해하기가 어려웠다. 직장을 먼저 정하고 거기에 맞춰서 집을 구하는 사람이 대부분이지, 집을 구하고 그에 맞춰서 일을 정하는 사람은 드물기 때문이다. 그런데 한번 의식하고 보니 그런 사람들이 꽤 눈에 띄었다. 파주 출판단지에서 일하는 출판업계 종사자 중에는 서울의 아무리 좋은 출판사에서 제의가 와도 응하지 않는 사람들이 있다고 한다. 파주의 집과 가까운 곳에서 일하는 것이 더 중요하기 때문이다. 또 얼마 전 같이 일했던 동료는 제주도에서 아이들을 키우며 살고 싶다며 훌쩍 이사를 갔다. 주 3회 정도 재택근무가 가능한 직장이기 때문에 조금 더 양해를 구하면 서울과 제주를 오가며 일할 수 있겠다고 생각한 것이다. 양해가 안 되면 그만둘 각오도 했다고 한다. 사무실 근무 일정이 조정되자 그 직원은 1년 이상 서울과 제주를 오가면서 일했다.

아무리 우리나라의 수도권 인구 집중 현상이 심하다고는 해도, 누구나 꼭 수도권에서 살고 싶은 것은 아니다. 살긴 살더라도 꼭 좋아서만 사는 것도 아니다. 좀 더 인구 밀도가 낮고 자연 환경이 좋은 곳에서, 출퇴근에 시간을 허비하지 않고 여유롭게 살고 싶은 사람들도 있다. 틀에 박힌 집들 말고, 더 개성 있는 주거 형태를 원하는 사람들도 있다. 그런 사람들이 얼마나 될지는 모르지만, 앞으로 지방으로 이주할 가능성이 있는 사람을 찾으려면 이들 중에서 찾아야 하는 것은 분명하다.

그런데 지방도시들은 기회만 되면 아파트를 짓는다. 수도권의 일자리가 이전된다고 하면 앞다퉈서 아파트부터 짓는다. 기업이 이전해 와도 그 직원과 가족들이 다 옮겨오는 것은 아니다. 수도권의 주거지를 그대로 두고 주말부부로 살 가능성이 높다. 자녀 교육, 배우자의 직장, 수도권의 집을 팔기 어려운 사정 등등, 핑계는 수도 없이 많을 것이다. 정 힘들면 KTX나 SRT를 이용하기 쉬운 수도권 신도시 정도로 옮길 것이다.

실제로 혁신도시, 기업도시 정책을 편지가 십수 년이 됐는데도 지역균형발전이 이뤄지는 모습은 보이지 않는다. 몇몇 지역에서는 아파트와 상가들이 줄줄이 텅텅 비어서 유령도시처럼 돼 버리기도 했다. 그러는 사이에 KTX, SRT 등 교통망은 더 발달하고, 수도권 신도시들은 더 압도적으로 많은 아파트를 짓고 있다. 어딜 봐도 지방 도시들이 이길 수 없는 구조다.

이제는 수도권의 일자리를 지방으로 옮기면 지역 경제가 살아난다는 주장이 옳았는지부터 돌아봐야 한다. 법인이 옮겨가서 지방세는 늘었는지 몰라도 사람들이 옮겨감으로써 그 지역을 활성화시키는 현상은 나타나지 않았다. 이 정책은 사실상 수도권의 일자리와 주거 형태를 지방에 복제하는 전략이었다. 그러나 '좋은 일자리'에서 일할 만큼 경쟁력 있는 사람들은 복제된 도시에서의 삶을 여간해서는 받아들이지 않았다. 이들에게도 삶은 단 하나밖에 없기에, 지역 경제를 위해서 또는 국가 전략을 위해서 자기 삶을 내줄 수는 없는 일이다. 만일 이들이 이주하고자 하는 마음을 먹는다면, 그것은 지방경제 때문이거나 국가 전략에 부응하기 위해서는 아닐 것이다. 그 지역에서의 삶이 매력적이어야 한다. 그것도 수도권에서와는 다른 차원으로, 수도권에서는 충족시킬 수 없는 방식으로 매력이 있어야 한다.

그런 면에서 다시 보면, 이미 전국 각지에 살면서 스스로 일자리와 비즈니스를 만들고 있는 '로컬 크리에이터'들의 가치가 달리 보일 수 있다. 일자리를 옮겨와 봐야 이주해 오지는 않는 공공기관 직원들과, 이미 이 지역에서 살면서 일자리를 만들어 내고 있는 사람들 중에 누가 더 그 지역에 필요한 사람들인가?

이 두 그룹 중에서 어느 쪽이 지역에 궁극적으로 도움이 되는지를 실증적으로 분석한 연구도 있다. 한국노동연구원 고영우 박사가 통계청 데이터를 활용해서 지역의 인구유입과 일자리 창출의 상관관계[10]를 연구한 결과에 따르면, 일자리가 생기면 인구가 유입된다는 '수요 이론'(사람이 일자리를 따른다)과 인구가 유입되면 일자리가 생겨난다는 '공급 이론'(일자리가 사람을 따른다) 중에서 후자가 작동한다는 것이 증명됐다. 즉, 어떤 이유로 특정 지역에서 살고자 들어오는 인구가 있다면, 그에 따라 일자리들이 생겨나는 현상이 확인된 것이다. 반대로, 지방도시로 공기업을 이전시킨다든지, 비어 있는 땅에 큰 공장을 짓는 식으로 일자리를 먼저 만든다고 해서 인구가 유입된다고는 볼 수 없었다.

이런 증거를 제시하더라도 사람들은 여간해서는 기존 생각을 바꾸지 않는다. 지방 청년들이 이런저런 시도를 하는 것은 그대로 두거나 약간 지원을 하면 된다고, 아무래도 더 중점적으로 추진하고 신경을 써야 하는 것은 대기업 대공장, 공공기관과 같은 큰 규모의 전형적인 일자리들을 지역에 만드는 것이라는 사람들이 많을 것이다. 이 생각을 바꾸는 것은 보통 어려운 일이 아니다. 오랫동안 우리 사회를 지배해 온 '좋은 일자리'의 상이 대부분 사람들의 인식 속에 단단하게 자리 잡고 있기 때문이다. 이것은 달리 말하면 '정규직'에 대한 환상이다. 이제부터 그 이야기를 해 보려고 한다.

**2부**   우리가 매여 있던 낡은 것들

# 4

# 정규직이라는 환상

## 정규직이 몇 퍼센트인지 아무도 모른다

일자리들의 질은 어떻게 높일 수 있을까? 무엇을 기준으로 해야 할까? 이 대목에서 '정규직'에 대한 이야기를 본격적으로 시작해야겠다. 나는 우리 일자리의 현실이 이렇게 복잡하게 꼬여 있는 원인 중 하나가 바로 이 '정규직'에 대한 오해, 잘못된 기준에 의한 정책과 제도 때문이라고 생각해 왔다.

"우리 주위의 모든 일자리 중에서 정규직 일자리는 몇 퍼센트나 될까요?"

여러 사람들 앞에서 말할 기회가 있을 때마다 이런 질문을 한다. 그리고 파트타임, 임시직, 공공부문의 재정 일자리를 다 포함하는 임금근로자 전체 중에서의 비중을 묻는 것이라고 부연설명을 한다. 기다려 봐도 여간해서는 선뜻 답이 나

4 정규직이라는 환상  **77**

오지 않는다.

정부 공식 발표에 따른 '정규직' 비율이 67% 정도라는 점을 알려준다. "우리 주위의 모든 일하는 사람 100명 중에서 67명이 정규직이라는 건데, 정말 그런 것 같으세요?" 다들 의아한 표정을 짓는다. 다른 숫자를 하나 더 제시해 본다. 한국노동연구원 연구 중에서 '노동시장 안에서 가장 괜찮은 일자리'라는 기준에 부합하는 일자리 수를 파악해 보기 위해서 정규직(67.0%), 노동조합 있음(25.2%), 300인 이상 대기업(12.6%)이라는 세 항목에 모두 해당되는 일자리(이상 2017년 8월 기준)의 비율을 구해 본 것이다. 그 숫자는 7.2%다.

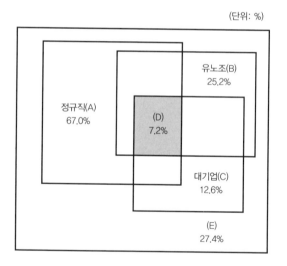

그림1 김복순(2019)이 정규직·유노조·대기업의 교집합으로
집계한 '노동시장 안에서 가장 괜찮은 일자리'(D)의 비율
(2017년 8월 통계청 경제활동인구조사 근로형태별 부가조사 기준)

"67%와 7.2% 중에서 어느 쪽이 진짜 정규직 비율인 것 같으세요?" 이렇게 물으면 비로소 한목소리의 대답이 나온다. "7.2%요!" 어느 때, 어느 자리든지 예외는 없었다. 이는 곧, 사람들이 생각하는 '정규직'이란 '괜찮은 일자리'에 가깝다는 것을 알려준다. 정부가 발표하는 통계청 집계상의 '정규직'은 사실 우리 사회의 정규직 일자리의 숫자를 센 결과가 아니다. 전체 임금근로자 중에서 '비정규직'을 뺀 숫자를 '정규직'으로 간주한다. 왜 이렇게 하느냐 하면, 정규직을 셀 방법이 없기 때문이다. 왜냐하면, 정규직이라는 개념 자체가 모호하기 때문이다.

정규직은 법적 용어가 아니다. 어느 법 조항에도 정규직이라는 단어는 없다. 법에 존재하는 정규직에 가장 가까운 표현은 '기간의 정함이 없는 근로계약' 또는 그런 계약을 체결한 근로자다. 예를 들어 기간제 및 단시간 근로자 보호 등에 관한 법률 4조 2항은 사용자가 만 2년 이상 기간제 근로자를 사용하는 경우 '기간의 정함이 없는 근로계약을 체결한 근로자'로 보도록 한다.

그렇다면 통계청에서는 정규직을 어떻게 집계하고 있을까? 매년 8월 실시되는 통계청 경제활동인구조사 근로형태별 부가조사에서 집계하는데, '정규직' 일자리의 숫자를 직접 세는 방식이 아니다. 비정규직의 수[1]를 센 뒤에 전체 임금근로자 수에서 빼면 정규직이 된다.

여기서 몇 가지 문제가 생긴다. 첫째는 이 기준을 따르더라도 정규직의 수치를 정확하게 알 수 없다는 점이다. 생각해 보자. 사과 100개가 있는데 그중에서 백화점에 납품할 사과를 골라내야 한다. 사장은 직원에게 벌레 먹은 사과, 덜 익은 사과, 멍이 든 사과를 각각 골라내라고 했다. 직원이 그에 맞는 사과를 각각 10개, 15개, 10개 골라냈다면, 나머지 65개가 모두 백화점 납품될 만한 사과라고 할 수 있을까? 세 가지 기준에는 해당되지 않지만 다른 문제가 있는 사과도 있을 수 있다. 껍질 일부가 까진 사과, 크기가 현저하게 작은 사과, 모양의 균형이 안 맞는 사과들도 일부 있을 수 있기 때문이다. '백화점 납품용'이라는 기준에 맞는 사과의 개수를 알고 싶다면, 그 기준을 정해야 한다. 예를 들면 지름 15~16cm 사이의 크기, 좌우·위아래 대칭이 잘 맞는 둥근 형태, 표면의 80% 이상이 붉은색이고, 멍들거나 까진 곳이 하나도 없는 사과라는 식이다. 그렇게 기준을 정하고 그에 맞는 사과 수를 세는 것이 맞다.

그렇게 하지 않았기 때문에 이미 정규직 통계에 대한 문제 제기가 나오고 있었다. 한국노동사회연구소는 매년 별도로 비정규직 규모를 발표해 왔는데, 그 수치는 통계청 집계보다 크다. 같은 근로형태별부가조사 데이터를 사용하는데도 이렇게 결과가 다른 이유는, 통계청 발표에서 비정규직인데도 정규직에 포함되는 그룹이 있다고 보기 때문이다. 이는 상용·임시·일용직 중에서는 임시·일용직이라고 답했는데 한

시적·시간제·비전형 중 하나라고는 답하지 않은 그룹이다. 한국노동사회연구소는 이 그룹을 '장기임시근로자'로 명명하고 비정규직으로 분류했다.

쉽게 설명하면, 어느 지역에 길어도 1년 남짓 진행될 건설 공사 현장에서 일하는 노동자들인데 근로계약상으로 '언제까지' 일하게 된다고 명시되지 않은 경우다. 이들은 누가 봐도 '정규직'이 아니다. 그런데도 지금까지 이런 노동자들은 정규직으로 집계돼 왔다. 한국노동사회연구소가 이렇게 장기임시근로자를 포함시키는 방식으로 집계한 비정규직 규모는 2019년 855만 7,000명으로, 통계청이 집계한 748만 1,000명보다 107만 6,000명 많으며, 비율로 보면 임금근로자 전체의 41.6%를 차지한다.

2019년 10월, 통계청이 비정규직 규모(2019년 8월 기준)를 발표하자 한 차례 논란이 일었다. 비정규직 비율이 전년 8월 기준 34%였던 것이 1년 만에 36.4%로 2.4%p 늘었기 때문이다. 비정규직 비율은 2004년 37.0%, 2005년 36.6%를 기록한 뒤 조금씩 하락해서 2008년부터는 33~34% 사이, 2014년부터 2017년까지는 32%대를 유지했다. 그러다 2018년 34%으로 늘어난 데 이어, 2019년 36.4%로 발표됐기 때문에 비정규직이 늘어나고 있는 것으로 보였다.

통계청은 "과거 경제활동인구조사에서 포착되지 않던 기간제 근로자가 주가로 포착됨에 따라 기간제, 한시적, 비정규직, 정규직 근로자의 규모를 전년대비 증감으로 비교하는 것은 불가"라는 설명을 붙여서 이 결과를 발표했다. 국제노동기구(ILO)가 관련 기준을 강화한 데 따라서 기존 조사에 없었던 항목을 추가했기 때문에 전년도와 다른 결과가 나왔다는 것이다.

구체적으로 달라진 문항을 보면, 기존의 경제활동인구조사의 22항에서는 "지난주의 직장(일)에서 고용계약기간을 정하였습니까"라는 질문에 대해서 1번 "정하였음"을 택한 응답자들을 '기간제 근로자'로 계산했고 이 응답자들에 대해서만 고용 계약 기간이 얼마 동안인지 추가로 답하도록 했다. 이번 병행조사를 통해서는, 22항에서 고용계약 기간을 정하지 않았다고 답한 응답자에게도 '고용 예상 기간'을 답하도록 했다. 여기서 다시 "기간제한 없음(정년제 포함)"이라는 항목을 고른 사람만 제외하고, '1개월 미만'부터 '3년 초과' 등 선택지 중 하나를 고른 사람들은 모두 기간제 근로자로 합산했다. 그렇게 새로 포착된 기간제 근로자는 35만~50만 명이다. 전년 동기(2018.8) 대비 늘어난 비정규직 근로자가 총 86만 7,000명이므로 그중 35~58%를 새로 포착된 기간제 근로자가 차지한 셈이다.

이때 보도된 기사들을 보면 기자들도 이 집계 방식에 대한 이해 자체가 부족하다는 것을 알 수 있다. 자신이 정규직인 줄로 착각하고 있다가 비정규직이라는 것을 자각한 사람들 때문에 결과가 달라졌다거나[2], 질문지 내용이 똑같은데 통계청이 거짓말을 하고 있다는 식의 보도[3]도 있었다. 현 정부의 '공공부문 비정규직 제로' 등 정책이 실패했다고 비판하기 위한 의도가 엿보이기도 하지만, 집계 방식 자체가 워낙 이해하기 어렵기 때문에 이런 해석들이 나온 측면도 있었을 것이다.

## 정규직과 무기계약직이 같다고요?

이와 같은 집계 방법의 또 다른 문제는 '정규직'과 '무기계약직' 간의 차이를 구별할 수 없게 한다는 것이다. '기간의 정함이 없는 근로계약'이라는 정규직의 정의는 '무기계약직'에도 들어맞기 때문이다. 때문에 법을 기준으로 판단하는 사람들은 "무기계약직과 정규직은 같은 것"이라고 딱 잘라서 말하곤 한다.

무기계약직은 이처럼 정규직에 대한 정의에 허점이 있는 것을 이용해서 2000년대 후반에 새로 만들어진 고용 형태다. 김혜진의 『비정규 사회』[4]에 따르면 무기계약직은 우리은행에서 처음 시작됐다. 금융권에서 일반적으로 'FM/CL'(Floor Marketing/Clerk), 즉 창구직에 주로 여성들(97% 이상)을 채용하던 것이 2004년 서울지방노동청 고용평등위원회에 의해 '남녀고용평등법'에 저촉되는 것으로 판명되자 이를 대체하

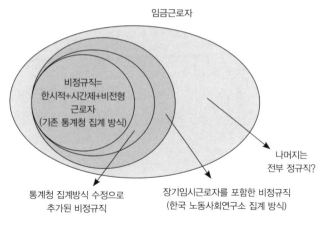

임금근로자

비정규직=
한시적+시간제+비전형
근로자
(기존 통계청 집계 방식)

나머지는
전부 정규직?

통계청 집계방식 수정으로
추가된 비정규직

장기임시근로자를 포함한 비정규직
(한국 노동사회연구소 집계 방식)

그림2　정규직 집계 방식의 문제

기 위해 '발명'됐던 것이다. 은행 안에서는 '공채'를 통해서
선발해서 승진 코스를 밟아가는 엘리트 사원들이 '정규직'인
셈이었는데, 이와는 분명하게 차등을 두고 채용해서 일을 시
켜 온 창구직 여직원들을 하루아침에 정규직과 동일하게 만
들 수 없었다. 때문에 굳이 새로운 직군을 만들어 내서 법의
저촉을 피한 것이다. 그런데도 당시 언론은 '금융권이 먼저
비정규직을 정규직으로 전환했다'며 칭찬하기에만 바빴다고
한다.[5]

2020년 3월, 〈LAB2050〉에서 정규직을 연구하면서 한국리
서치에 의뢰해 설문조사를 했다. 전국 성인 남녀 1,000명에
게 '정규직'이라는 용어를 어떻게 인식하고 있는지 물었다.
응답자의 절반 이상(54.8%)이 "'정규직'은 고용과 관련된 법
률에 사용되는 법적 용어"라고 답했다. "정규직이라는 용어

는 법률상에 존재하지 않지만 그에 준하는 개념이 법적으로 명확하게 규정돼 있다"고 답한 응답자(24.2%)가 뒤를 이었다. "'정규직'이라는 용어는 법률과 상관없고 사람들이 일상생활에서 쓰는 말일 뿐이다"라는 응답(11.9%)이 세 번째로 많았다. 이 설문 문항이 시험 문제는 아니지만, 굳이 말하자면 지금까지 세 문항은 모두 실제와 다른 내용이다. 정확한 내용의 문항은 "'정규직'이라는 용어는 법률상에 존재하지 않으며 그와 유사한 개념만 다소 모호하게 규정돼 있다"는 것인데 이번 설문 응답자들에게 가장 적은 수의 선택(9.1%)을 받았다.

그렇다면 사람들이 생각하는 '정규직'의 개념에 가장 가까운 일자리는 어떤 형태일까? 같은 설문에서는 일하는 형태에 대한 여러 문항을 제시하고 이것이 응답자가 인식하는 '정규직' 용어에 부합하는지를 물었다. 그 결과 '정규직'에 부합한다는 응답이 60% 이상 나온 항목들은 〈표1〉과 같다.[6]

즉, 사람들은 '정규직'이라는 말은 특별한 사유가 없는 이상 정년까지 고용이 보장된 일자리에서 일하는 사람, 승진 기회·사내 복지 혜택 등에서 제외되지 않는 사람, 호봉제 등에 따라 지속적인 임금 상승을 기대할 수 있는 일자리에서 일하는 사람, 그리고 일정한 자격 시험 또는 공개 채용 과정을 통과해서 채용된 후 일하는 사람을 뜻한다고 생각하는 것이다. 이에 더해서, 무기계약직은 정규직과 다르며, 무기계약직은 비정규직에 속한다는 생각도 일반적이라는 것도 알

표1 각 항목에 대한 '정규직' 용어에 부합하는지
여부 질문에 대한 결과

| | '정규직'에 부합한다는 응답 비율(%) |
|---|---|
| 특별한 사유가 없는 이상 정년까지 고용이 보장된 일자리에서 일하는 사람 | 86.6 |
| 승진 기회, 사내 복지 혜택 등에서 제외되지 않는 사람 | 84.6 |
| 호봉제 등에 따라 지속적인 임금 상승을 기대할 수 있는 일자리에서 일하는 사람 | 78.9 |
| 일정한 자격 시험 또는 공개 채용 과정을 통과해서 채용된 후 일하는 사람 | 73.9 |
| 무기계약직과는 다름(무기계약직은 비정규직에 포함) | 69.0 |
| 근로계약을 맺을 때 계약 종료 시점을 기재하지 않은 일자리에서 일하는 사람 | 68.3 |
| 하루 8시간 전일제로 일하는 사람(파트타임과 같이 짧은 시간 일하는 사람은 제외) | 65.4 |
| 노동조합에 가입할 자격이 있는 사람 | 63.0 |

수 있다. 또, 하루 8시간 전일제로 일하는 사람이어야 정규
직이며, 파트타임과 같이 짧은 시간 일하는 사람은 정규직이
아니라는 생각도 나타난다.

이 중에서 정부 및 법률 전문가들이 생각하는 '정규직'의
개념인 '근로계약을 맺을 때 계약 종료 시점을 기재하지 않
은 일자리에서 일하는 사람'이라는 항목은 두드러지게 높은
선택을 받지는 못했다. '노동조합에 가입할 자격이 있는 사
람'은 사실상 '정규직'의 의미와 일치할 이유가 없는데도 응
답자의 63%가 이 용어에 부합하는 내용이라고 답했다.

제시된 항목 중에서 '정규직에 부합하지 않는다'는 응답이 더 높게(51.9%) 나온 것은 '일정 규모 이상인 대기업, 공기업, 정부 기관 등에서 일하는 사람'이라는 내용이 유일했다. 그러나 이 역시 절반에 가까운(44.5%)의 응답자로부터 '정규직'에 부합하는 내용이라고 선택됐다는 점에서는 의미가 있다.

## 이대로는 정규직 제로 사회가 된다

이렇게 일반적인 사람들의 인식과 정부 및 법률 관계자들의 인식이 다른 데 따른 혼란이 어느 정도인지는 2019년 한 해 동안 있었던 일들만 살펴봐도 충분히 알 수 있다.

공공부문 비정규직 총파업 현장을 다룬 "20년 근무했는데 월급 200만 원…"(〈경향신문〉, 2019.7.4.)[7] 기사를 보면 어느 공공기관의 무기계약직으로 14년간 일했다는 노동자는 '같은 일을 하는 공무원들과 비교할 수 없게 월급이 적다'는 점과 나름대로의 전문성이 있는 사람들인데도 무기계약직이라는 이유로 최저임금 수준의 기본급에 근속수당도 주지 않는 처우에 불만을 표한다. 이 기사에서 인터뷰한 사람은 무엇을 불만스러워 하는 것일까? 사실 이 사람은 이미 무기계약직이므로 정부의 관점에서 보면 정규직 전환 대상이 아니다. 그리고 이 사람이 불만스러워 하는 것은 고용형태가 아니라 임금 수준이다. 공공부문 비정규직의 정규직 전환 가이드라인에는 무기계약직의 처우를 개선하는 내용도 담겨 있기는 하지만 임금 자체를 (공무원에 준하도록) 높여주는 내용은 없다.[8]

"7년 버텨 정규직 됐는데… 3개월 만에 자진 퇴사"(《국민일보》, 2019.7.10.)[9] 이 기사는 비정규직으로 7년간 일하다가 '공공부문 비정규직 제로' 정책에 따라 지난해 12월 정규직이 됐지만 곧 사표를 낸 노동자의 사례를 소개한다. 직접고용이 아닌 자회사 채용 방식을 취하는 등 기존의 정규직과는 여전히 차이가 나는 형태의 계약인 것도, 월급이 비정규직 당시의 200만 원 그대로라는 점도 실망스러웠기 때문이다. 이 노동자는 '정규직 전환'의 의미를 '직접고용'으로 이해하고 있다는 점을 알 수 있다.

"누가 이런 정규직화 해달라고 했습니까?"(《프레시안》, 2019.7.1.)[10] 제목의 기사는 자회사 채용 방식의 고용, 무기계약직을 '가짜 정규직'이라고 지칭한다. "정규직이면 당연히 직접 고용해야지, 자회사라니 이게 대체 뭡니까? 이건 그냥 조금 큰 하청업체로 들어가라는 거잖아요? 이럴 거면 왜 정규직화 한다고 사기를 치나요"라는 노동자의 발언을 인용하면서 문재인 대통령이 당선 직후 인천공항을 방문해 약속했던 '공공부문 비정규직 제로'는 이미 빛이 바래 버렸다고 평가한다. 그러나 고용노동부는 자회사 채용 방식도 '정규직 전환'에 해당된다는 입장이다. '공공부문 정규직 전환 가이드라인'을 통해서 정규직 전환 방식으로 직접고용과 자회사, 제3섹터 방식을 제시했으며 관계부처 합동으로 '바람직한 자회사 운영모델안'(2019)을 마련해 배포하기까지 했다.

학교 비정규직 "공무원 연금? 바라지도 않아… 이름 달라는 것"(〈노컷뉴스〉, 2019.7.3.)[11] 기사는 학교 비정규직 노동자 총파업을 앞두고 한 급식 조리사와의 인터뷰를 통해서 "우리는 비정규직을 차별하지 말라는 것이지 공무원을 욕심내는 것이 아니다"라는 주장을 전한다. 여기서는 '차별 받지 않는 것'이 정규직의 의미라는 생각이 드러난다.

그런가 하면 "공무원과 동등 대우 해달라니… 공시생, 비정규직 파업에 '허탈'"(〈문화일보〉, 2019.7.5.)[12] 기사는 공공부문 비정규직 노동자들의 정규직 전환 및 처우 개선 요구에 대해 공무원 시험 준비생 등이 '평등이라는 이름의 역차별'이라 여긴다고 전한다. '치열한 시험을 뚫은 공무원 합격자와 똑같은 보장을 해 달라니 무리'라는 것이다. 여기서 나타나는 것은 정규직이란 일정한 자격 시험 또는 공개 채용 과정을 통과해서 채용된 후 일하는 사람이라는 생각이다.

이와 같은 기사들을 그냥 읽는다면 정부는 나름대로 '공공부문 비정규직의 정규직화'라는 정책을 위해 노력하는데 왜 이렇게 불만들이 많고 갈등이 심한지 모르겠다는 반응도 나올 만하다. 그러나 앞의 설문조사 결과와 같은 일반적인 인식을 감안하고 보면 쉽게 이해할 수 있다. 정부 정책상 '정규직'과 사람들의 인식상 '정규직' 사이에 괴리가 있는 것이다. 정부는 대체로 정규직 전환을 '기간의 정함이 없는 고용' 형태로 전환해 주는 것으로 여기는 반면 일반적인 인식 가운데는 '임금을 포함해서 일자리의 전반적인 질적 수준을 높인다'는 뜻과 '직장 안의 차별적인 제도와 관행을 적극적으로 시정한다'는 의미가 존재한다.

설문 결과에서도 알 수 있듯이, '정규직'이라는 말이 담고 있는 가장 큰 의미가 '고용안정성'인 것은 맞다. 그렇지만 5인 미만 조직이건, 파견전문 회사이건 상관없이 '지속고용'으로 계약을 맺기만 하면 정규직이라고 인식되는 것은 아니다. 꼭 대기업, 공기업, 정부기관까지는 아니어도[13] 어느 정도 규모가 있는 조직에서 일해야 고용안정성이 있다고 보는 시각이 분명히 있다. 예를 들어서 명절에 만난 친척이 "너 취업했다며? 정규직이니?" 하고 묻는 경우의 예다. 물론 여기에는 그와 같은 조직에 '공채'라는 경로로 취업한 경우만 정규직이라고 보는 시각도 들어 있다. 공채와 차등이 있는 직군으로 취업했다면 이 질문에 "네, 그렇습니다"라고 답하기가 애매하다.

이는 상당히 현실적인 인식이다. 대기업 하청 구조에 종속돼 있는 중소기업이라면 정규직이어도 안정성이 충분하지 않다. 어떤 경우에는 대기업 직원과 하는 일에 큰 차이가 없어도 임금 차이가 많게는 서너 배까지 나기도 한다.[14] 같은 조직에서 일하는 경우에는 '차별 받는다'고 느낄 만한 정황이 있는지 없는지가 중요하다. 승진에 있어서 한계가 분명하고, 각종 기업복지 혜택에서 제외되고, 상대적으로 덜 중요하다고 여겨지는 업무를 담당하는 직원이라면 그 명칭이 무엇이건 비정규직이라고 인식될 것이다.

이와 같은 인식에서 보면, 정규직이 전체 임금근로자의 60%가 넘는다는 통계는 현실과는 동떨어져 있다. 보편적인 의미의 정규직 비율이 얼마인지 정확하게 밝혀진 바는 없지만, 노동 전문가들 가운데서는 앞서 소개한 '노동시장 안에서 가장 괜찮은 일자리' 연구 결과와 같이 10% 미만일 것이라고 보는 시각도, 10~20% 사이일 것이라고 보는 시각도 있다.

이 차이는 상당히 중요하다. 정규직이 전체 노동자의 60%가 넘는다고 볼 때와 10% 안팎이라고 볼 때의 정책적 대응은 완전히 달라질 것이기 때문이다. 정책 목표를 세울 때 고용율 70%를 '완전고용'에 준하는 것으로 본다는 점에서, 정규직 60%대라는 상태는 "정책 수단을 사용해서 정규직 비율을 조금만 높이면 '비정규직 제로'라 할 수 있는 상태"라 할 수 있다. 그것이 지금 현 정부가 취하고 있는 전략이다.

그런데 정규직이 전체의 10~20%라면, 즉 '비정규직'이 전체의 80~90%라면 어떨까? '비정규직 제로'라는 정책 목표가 말이 될까? 정규직 비율을 높이는 노력을 계속하더라도, 그와 별개로 비정규직들의 임금과 처우, 차별받는 상태를 개선하는 것이 더 중요한 정책 목표여야 할 것이다.

그와 동시에, 전체의 10~20% 정도를 차지하고 있는 정규직 일자리들에 대해서도 다시 생각해 봐야 한다. 과도하게 높은 안정성과 소득, 상대적으로 높은 권한과 기회를 독점하고 있는 일자리들을 그대로 둔 채로는 나머지 일자리들의 수준을 높이는 데 한계가 있을 것이기 때문이다. 공채 시험, 자격 시험 등의 과정을 통과해서 정규직의 자격을 얻은 사람들에게는 물론 일정한 능력이 있겠지만, 그것이 꼭 조직이 원하는 능력 그대로는 아닌 것이 사실이다. 비정규직일 때 능동적이고 헌신적으로 일하던 사람이 정규직으로 전환된 뒤에는 수동적으로 변하고 개인의 삶을 우선시하더라는 얘기도 흔히 들린다. 비정규직으로 일하는 동안 정규직 자격을 따기 위해 개인적인 일들을 뒤로 미루고 얼마나 노력했을까 생각하면 이해도 된다. 그러나 이런 인력들이 대부분인 조직이라면 경쟁력이 떨어질 수밖에 없다.

이미 여러 기업들이 기존의 정규직의 고용은 보장하되 신규 인력은 되도록 정규직으로 뽑지 않는 식으로 정규직의 비율을 줄여 가고 있다. '안정된 직장'의 표상과도 같은 은행 중에도 신입사원 전체를 무기계약직으로 뽑는 곳이 나왔을 정도다. 어쩌면 '비정규직 제로'가 아니라 '정규직 제로'가 우리 사회가 가고 있는 방향인지도 모른다.

지금까지 나온 모든 문제들을 개선해 나가는 출발점은 어디여야 할까? 일단은 통계청이 60%대라고 발표해 온 정규직이 우리 사회가 '좋은 일자리'라고 믿고 있는 그 정규직이 아니라는 사실부터 정부가 인정할 필요가 있다. '비정규직 철폐', '공공부문 비정규직 제로'라는 말들은 구호일 뿐 현실적목표가 될 수 없다는 점도 인정해야 한다. 정부도 노동계도,

실체도 없는 정규직을 계속 지향하기보다는 노동의 최저선을 높이는 데 더 노력을 기울여야 한다.

가장 먼저 할 수 있는 일은 '정규직', '비정규직'이라는 말부터 사용하지 않는 것이다. 부정확한 용어가 현실을 규정하고 좌우하지 않도록 해야 한다. 우리 사회가 지향해야 하는 '좋은 일자리'의 개념을 다시 분명히 하고, 최저선 이하의 노동이 허용되지 않도록 법을 엄밀하게 집행한다면 굳이 '정규직', '비정규직'이라는 용어를 계속 쓸 필요는 없을 것이다. 물론 그것으로 충분하지는 않다. 우리 사회가 이런 용어를 쓰게 된 데는 그럴 만한 맥락이 있기 때문이다. 바로 일상화된 차별이다.

# 차별이 문제다

## 하찮은 일은 정규직이 해야 한다

인간이 가장 견디지 못하는 것은 차별이다. '머리 검은 짐 승은 거두는 게 아니다'라는 말은 왜 나왔을까? 불쌍한 사람 에게 선의로 갖은 도움을 주고, 거의 내 자식이나 다름없이 잘해 주더라도 그 사람은 불만을 가질 가능성이 높다. 자식 과 '거의' 다름없다는 것이지 결코 똑같을 수는 없기 때문이 다. 그 차이를 견디지 못하는 것이 사람이다. 그 정도라도 받 아들이고 감지덕지하느니 다 걷어차고 떠나야만 직성이 풀 리는 것이 인간이다. 이런 본성이 사람들로 하여금 혁명을 일으키고, 노예제도를 없애고, 지금도 숱한 차별과 제약들에 맞서 싸우도록 하고 있다.

나쁜 일자리를 만드는 핵심도 차별이다. 사회 문제로 주로 다뤄지는 것은 대기업과 중소기업 간의 근로 조건 차이와 같 은 직장 밖 차별이지만, 사실 더 중요한 것은 직장 안에서의 차별이다. 일하는 우리의 하루하루, 일상을 좌우하기 때문이다. 지금 직장에 다니는 사람들이라면 다 같이 한번 생각해 보자. 우리 팀에 일손이 부족해서 한 명의 직원을 뽑기로 했을 때, 인사팀에서 이렇게 물어 온다면 어떤 생각이 들겠는가?

"정규직으로 뽑을까요, 비정규직으로 뽑을까요?"

만일 '정규직으로 뽑기에는 그렇게 중요한 일은 아닌데'라는 생각이 든다면, 당신은 그렇게 뽑은 사람을 차별할 준비가 돼 있는 것이다. 너무 심한 말이라고 억울해하기 전에 그동안 젖어 있었던 고정관념부터 되짚어 보자. 정규직 직원들과 같은 시간에 출퇴근하고, 주어진 일을 성실하게 하고, 적극적인 태도를 보이더라도 계속 고용하지는 않을 사람, 정규직 직원들이 하기에는 하찮고, 귀찮아 보이는 일을 몰아줘도 괜찮은 사람을 뽑고 싶은 것이 아닌가? 설사 정규직 직원들보다 '덜 좋은 대학'을 나왔다 하더라도, 혹은 경력이 모자라거나 나이가 어리다고 하더라도 그런 식으로 일을 시켜서는 안 된다. 그것은 차별이기 때문이다.

비정규직은 상대적으로 중요한 일, 덜 중요한 일을 구분해서 시키라고 만들어진 직군이 아니다. 그렇게 정해진 바가 어디에도 없는데 한국 사회에서 유독 그렇게 사용하고 있는 것이다. 그러면 보통 '비정규직'에게 돌아가던 일을 누구에게 이렇게 시키라는 것인가? 아웃소싱을 하라는 것인가? 그럴 수도 있다. 그렇지만 아웃소싱의 목적이 외부 업체에서 일하는 사람을 싼 가격에 편하게 쓰려는 것이라면 그 역시 차별이다. 외부 업체에서 파견 나와서 특정 업무를 담당하는 사람들은 그 나름대로의 전문성과 숙련도가 있기 때문에 그 일을 하는 것으로 인식해야 한다. 정규직으로, 혹은 직접 고용으로 일을 시키기에는 조건이 모자라서, 또는 너무 하찮은 일을 해야 하기 때문에 파견을 받는 것이어서는 안 된다. 그것은 차별이기 때문이다.

예를 들면, 우리 기업 내에 청소만 전문으로 하는 사람을 두기에는, 그 사람이 청소에 대한 전문성을 가지고, 안전수칙을 지키면서 일하도록 적절히 교육하고 관리할 만한 인력이 없어서 어렵다면 외부 청소 전문업체에서 파견을 받을 수 있다. 그러는 편이 비용도 절감된다면 충분히 그럴 수 있다. 그렇게 파견 받은 노동자는 전문업체와의 계약 내용 및 해당 업체의 지침에 따라 일한다는 점을 존중하고, 그 범위를 벗어나는 일을 예고 없이, 무리하게 요청하지 말아야 한다. 그런 이유가 아니라 '청소'는 우리 기업의 정직원에게는 시킬 수 없는 일이어서 파견직으로 뽑는다면 그게 바로 차별이다.

아웃소싱도 하지 않는 경우, 그 하찮고 귀찮은 일을 사내에서 누군가가 꼭 하긴 해야 한다면? 그렇다면 정규직 직원들이 나눠서 하는 것이 맞다. "이 무슨 천지개벽할 말인가?"라고 생각할 수도 있겠지만 그 고정관념 역시 되짚어 봐야 한다.

　가장 중요한 질문은 이것이다. '정규직'이라는 것은 신분인가? 설사 좋은 학력과 스펙, 높은 입사 경쟁률을 뚫은 실력까지 있다고 하더라도 정규직이 된 순간 신분이 높아져서 다른 사람을 차별할 자격이 생기는 것이 아니다. 단지 그 직장에 안정적으로 오래 다닐 수 있게 됐다는 것뿐이다. 오래 다닐 사람이기 때문에 기업 입장에서는 더 편한 사람, 세세한 부분까지 소통이 가능한 사람으로 여길 수도 있다. 정규직 직원 입장에서도 오래 다닐 것이기 때문에 더 애사심을 가질 수 있다. 회사에서 꼭 필요로 하는 일이라면 동료들을 위해 희생하는 자세로 자청하는 사람도 있을 것이다. 그렇기 때문에 불가피하게 하찮고 귀찮은 일이 생겼다면 정규직이 하는 것이 맞다.

　그렇다면 비정규직은 어떤 경우에 채용하라는 말인가? 답은 이렇다. 지속 고용을 할 수 없는 업무에 특화된 사람이 필요할 때만 채용해야 한다. 예를 들면 이런 상황이다. 영미권 기업들을 주로 상대하는 무역회사가 있다고 하자. 대부분 직원들은 영어에 능통하다. 그런데 물건을 사고파는 과정에서 불가피하게 스페인 문화권에 팔 수밖에 없는 물건을 떠맡았다. 이 물건을 제값에 다 팔아야만 회사는 적자를 면할 수 있다. 그런데 당장 사내에 스페인어 능통자가 없다. 그렇다고 그 인력을 정식 채용할 수는 없다. 그 물건을 다 파는 데 1년 정도밖에 걸리지 않을 것이고, 이후에는 스페인어권과 무역을 할 계획이 없기 때문이다.

면접을 거쳐서 스페인 유학을 준비 중인 사람이 1년 계약직으로 채용됐다. 그가 첫 출근을 했을 때 직원들은 어떤 반응을 보일까? "스페인어 어디서 배우셨어요?", "스페인 어디로 유학갈 예정이신가요? 저도 언젠가 여행 가고 싶은데, 부럽네요" 등등 관심을 표하며 예우할 것이다. 그리고 본래 예정돼 있던 스페인어 관련 업무만 하도록 안내할 것이다. 누구도 그 사람에게 "계약직이시죠? 오늘부터 저희 사무실 화분에 물 주시고요. 이런저런 잡일도 눈치껏 도맡아 하시면 됩니다"라고 하지 않을 것이다. 그 사람이 1년 후 관련 업무를 마치고 퇴사할 때, "계약이 연장될 줄 알았는데 억울하다"고 할까? 처음부터 계약 연장에 대해 회사도, 당사자도 기대가 없었는데 그럴 리가 없다. "언젠가 스페인 가면 놀러가도 되죠?", "그럼요" 하는 얘기를 나누며 동료들과 기분 좋게 헤어질 것이다.

차별만 없다면 일하는 형태가 남들과 다르더라도 그저 '차이'로 인식될 뿐이다. 글로벌 커피 브랜드 S사의 한국 지사에 일하는 여성과 얘기를 나눈 적이 있다. 지점에서 바리스타로 일하다가 관리자가 된 분이었다. 이 브랜드는 전 지점을 직영으로 운영하고, 전 직원을 아르바이트로 쓰지 않고 무기계약직 또는 정규직으로만 채용하는 것으로 유명하다. 그가 담당한 부서의 업무 중 하나는 경력단절을 경험한 여성 바리스타를 관리하는 것이었다. 그들은 출산과 육아 등을 위해 퇴사를 했더라도 원하기만 하면 하루 4시간 근무 조건으로 복귀할 수 있었다. 그런데 어느 날 지사장으로부터 "이들 중에서 하루 8시간 근무로의 전환을 원하는 사람이 있는지 조사해 달라"는 요청이 왔다. 외국인인 지사장이 어느날 한국인 임원에게 이런 이야기를 들었다는 이유였다. "한국은 파트타임에 대한 인식이 좋지 않기 때문에, 육아 중인 여성이라 하더라도 하루 4시간 근무만 가능하게 하면 차별받고 있다는 불만이 쌓일 수 있습니다."

지사장은 "그러면 큰일이니 조사해 보고 원하는 사람은 누구든지 하루 8시간 근무로 전환해 주자"고 했다. 그런데 실제 조사해 봤더니 4시간 근무자들 중에서 8시간 근무로 전환을 원하는 사람은 아무도 없었다. 혹시 차별을 느끼지 않았느냐고 물었을 때는 "그런 생각은 들지 않았다"는 답이 대부분이었다. 4시간 근무자여도 무기계약직이라는 근로계약 (그 기업에서는 부점장부터 정규직 계약으로 전환된다), 시간당 임금과 부가적인 복지혜택 등이 아무런 차이가 없기 때문에 차별이라고 느끼지 않는다고 했다. 그러니까 일반 기업에서 '파트타임'을 정규직과는 여러 가지 면에서 대우가 다른 계약직으로 채용하는 것과 달리 이곳의 '하루 4시간 근무'는 말 그대로 근무시간의 차이였을 뿐이었다.

만일, 일반 기업의 파트타임 근무자에게 정규직과의 차별을 느끼느냐고 묻는다면 어땠을까? 당연히 그렇다는 답이 나왔을 것이다. 그리고 이번 기회에 정규직으로 전환해 준다는 제안에는 어떤 반응이 나왔을까? 아마 하루 4시간 근무를 선호하는 사람이었더라도 전환을 받아들였을 가능성이 높다. 두 직급 간의 차이가 여러 가지 측면에서 너무 크기 때문이다.

그러나 다른 조건에 차이가 없다고 한다면, 하루 4시간이냐 8시간이냐 중에서 단순히 고르기만 해도 된다면 어떨까? 주위 사람들에게 이런 질문을 해본 적이 있다. 다른 조건은 모두 똑같고, 다만 기본급은 지금의 절반을 받게 될 것이고, 승진도 다소 느려질 수 있지만 '하루 4시간' 또는 주 2.5일만 근무할 수 있다면 어떻게 하겠느냐고 말이다. 나이가 젊을수록 '좋다'를 넘어서 '꼭 그렇게 일해 보고 싶다'고 답하는 사람이 많았다.

다시 되짚어 보자. 한국 사회의 여러 직장마다 생기는 계약직 채용에서의 잡음은 무엇 때문인가? 직군에 따라, 채용 형태에 따라 사람을 '차별'할 수 있다는 인식과 관행 때문이다. 말로만 '직업에 귀천이 없다'고 할 뿐, 우리는 특정한 경로로 '자격'을 얻은 사람은 신분이 높고, 그렇지 못한 사람은 신분이 낮다고 생각하고 있는 것이다. "정규직이 하기에는 덜 중요하고 하찮은 일에 비정규직을 쓴다"는 그 관행이 없어지지 않는다면 우리 사회의 비정규직 문제를 본질적으로 해결할 수 없다.

## 엘리트에게 부여된 과도한 권력

왜 우리 사회에는 이렇게 같은 직장 안에서도 직군에 따라 신분이 나뉜다고 할 만큼의 차이가 존재할까? 그런 관행과 인식은 왜 생겨났을까? 가부장적 문화, 남존여비 사상, 나이에 따른 위계를 중시하는 문화 등의 영향이 있겠지만 그보다 더 주목해야 할 것이 있다. 바로 '엘리트'에 대한 인식이다. 『20대 80의 사회』의 저자 리처드 리브스가 명문대 학력에 부여되는 '자격'이 불평등을 강화하고, 격차를 강화하는 핵심이라고 지적한 것을 보면 이는 분명 한국만의 현상은 아니다. 그렇지만 그 어디보다 한국에서 강력하게 작동하는 것도 사실이다. 조선시대 과거제도의 영향이 더 큰지, 경성제국대학 출신만 제한적으로 고위직에 진입할 수 있었던 일제 강점기 영향이 더 큰지는 몰라도 한국 사회에서는 '공부를 잘해서 명문대를 나온 사람이라면 사회적 특권을 누릴 자격이 있다'는 인식이 유독 강하다.

문제는 그 특권이란 것이 '더 중요한 위치에서 열정적으로 일해서 성취를 누리고 사회에 기여할 특권'이라기보다는 '꼭 중요한 일을 하지 않더라도 승진 기회와 정년을 보장받으면서 편하게 지낼 수 있고 휘하의 직원들이 노력한 결과를 자기 공로로 삼아도 되는 특권'에 가깝다는 것이다. 이에 따라 한국 기업들, 그리고 정부 기관들조차도 '승진 기회가 보장된 엘리트 직군'을 따로 뽑아 왔다.

경제가 성장하던 시절에는 그 외의 직군 사원들에게도 일정한 시험 등 절차를 거치면 승진하거나 직군을 전환할 기회가 좁게나마 열려 있었다. 물론 처음부터 엘리트 직군으로 입사한 사람들보다는 한참 늦게 뒤따라가야 했지만, 직원들 스스로도 '나는 명문대를 나오지 못했으니까'라고 자조하면서, 그 정도 기회라도 감지덕지했다.

그런데 저성장이 '뉴 노멀'이 되면서 몇 가지가 달라졌다. '엘리트 직군'에 부여되는 보장과 특혜는 그다지 달라지지 않았다. 반면 비정규직으로 입사한 사람이 정규직으로 전환되거나 승진할 수 있는 기회는 거의 사라져 버렸다. 이제 한 직장 내에서 비정규직은 어떻게 해도 계속 비정규직이다. 마치 전근대 사회에서 신분을 바꿀 수 없었던 것처럼 말이다. 그런 조직에서 혹시나 하고 성실하게 일하는 것보다는 오래 걸리더라도 '9급 공무원'과 같은 자격을 획득하는 것이 훨씬 낫다. 차별받지 않는 직군에서 일하고 싶다면 말이다.

차별을 방치하는 것은 인간의 존엄성을 훼손하는 일이다. 차별 앞에서 무기력함을 느낀 개인들은 살아갈 의지를 잃기도 한다. 2019년, 직장에서의 차별 때문에 세상을 떠난 두 사람의 이야기를 떠올려 보자. CJB청주방송에서 (심지어 비정규직도 아니고) 프리랜서 PD로 14년간 일하던 고 이재학 PD는 임금 인상 문제로 관리자와 갈등을 빚던 중 목숨을 끊었다. PD가 하는 업무는 정규직 공채 출신이나 프리랜서나 크게 다르지 않았을 것이다. 그러나 정규직 공채로 입사한 PD는 높은 연봉을 받고, 정년을 보장받고, 승진해서 국장이 되고 임원이 되는데, 공채를 거치지 않은 프리랜서 PD에게는 아무것도 없었다. 소폭이나마 임금을 높여갈 수 있는 방법도, 자기 의견을 말할 권리조차 전혀 없었다. 이것이 신분에 따른 차별이 아니라면 무엇일까?

고 문중원 기수의 경우도 비슷하다. 경마 산업의 꽃은 기수라고 하는데 그는 한국마사회의 공고한 피라미드 구조 속에서 아무 권한도 없고 권리도 없이 일해야 했다. 기수라는 직군을 떠나 '조교사' 자격을 얻어서라도 길을 찾아보려다가 좌절하고 생을 마감한 그를 생각하면 이 사회가 잘못됐다는 확신이 더욱 강해진다. 익히 알려졌다시피 한국마사회는 대졸자들이 선망하는 직장이다. 높은 연봉 때문이기도 하지만, 일단 들어가면 큰 어려움 없이 편하게 다닐 수 있다는 이유로 '꿈의 직장'으로 불린다. 그렇기 때문에 학력과 스펙이 최고 수준이어야 공채로 입사할 수 있다고 한다. 아무리 그렇다 한들 그 직원 및 임원들의 권한이 그렇게까지 절대적이어야 하는 이유는 대체 어디에 있을까? 기수도 나름대로의 자격을 갖춰야만 선발되는데, 그 자격은 왜 명문대 출신 '엘리트' 공채 자격에 비교하면 그렇게도 보잘것없었을까? 이것이 신분에 따른 차별이 아니면 무엇이라는 말인가?

법과 제도와 정책보다 더 중요한 것은 사람들의 생각이다. 사람들이 '정규직'을 신분으로 여기고 매일의 일상을 그 생각에 따라 행동하는데 '노동 존중'이 가능할 리 없다. 정부가 나서서 '비정규직을 정규직화'한다는 데 대해서 "자격 없는 사람을 정규직 시켜 주는 건 불공정하다"는 불만이 나오는 것도 당연하다.

따라서, 지금 대한민국에서 가장 시급한 것은 '정규직'이라는 신분제를 깨트리는 것이다. 자신도 모르게 그 생각에 젖어 있다면 되돌아보고 부끄러움을 느껴야 한다. 책 『선량한 차별주의자』의 저자는 서문에서 비정규직으로 근무하던 당시의 경험을 말한다. 그의 사무실 문에는 보라색 종이를 코팅한 명패가, 정규직 직원 사무실 문에는 나무색 바탕에 흰 글씨의 명패가 붙어 있었다고 한다. 2년 반쯤 일하다가 정규직 동료에게 이 차이를 말했는데, 그 동료는 명패가 다르다는 사실조차 모르고 있었다. 저자는 "생각해 보면 차별은 거의 언제나 그렇다"면서 "차별을 당하는 사람은 있는데 차별을 한다는 사람은 잘 보이지 않는다"고 했다. 비정규직이라는 자각 속에 일해야 했던 시간이 저자의 차별에 대한 감수성을 키웠다고도 할 수 있겠다. 지금도 많은 사람이 차별받고 있다는 자각 속에서 일하고 있지만 차별하고 있다는 자각을 하는 사람들은 많지 않아 보인다. 겉으로 보면 대체로 평화롭지만 그 속에서 어떤 사람들은 고 이재학 PD나 문중원 기수처럼 삶을 포기할 만큼 괴로워하고 있다. 몰랐다는 말이 면죄부가 될 수는 없는 것이다.

## 공부 지상주의와 정규직

최근 한국 사회에 공정성에 대한 논란이 자주 일어났는데, 일자리 문제와 관련해서는 입장이 복잡하게 나뉘곤 한다. 비정규직을 줄여야 한다는 데에는 대체로 공감하던 사람들이 공공부문 또는 학교에서의 비정규직을 정규직화하는 데 있어서는 '자격을 취득한 적 없는 사람들에게 왜 희소한 좋은 일자리를 줘야 하느냐'고 반대하는 경우가 대표적이다.

이 책을 읽는 독자 중에서도 쉽게 이해하지 못하는 사람들이 있을 것이다. '좋은 일'을 할 수 있는 직장이 희소하고 거기 들어가려는 사람은 많다면 능력도 있고 성실하게 노력한 사람들이 들어갈 자격을 획득하는 것이 당연하지, 다른 어떤 기준이 있을 수 있단 말인가? 이런 의문이 드는 것도 당연하다.

능력주의(meritocracy)는 어느 사회에서나 나타나고, 신분과 계급에 따라 자원을 차지하는 것보다는 공정한 원칙으로 보이기도 한다. 그러나 능력주의라는 말 자체는 긍정적인 의미가 아니다. 영국 사회학자이자 사회 운동가였던 마이클 영(1915~2002)이 1958년 발표한 풍자소설 『능력주의』(*The Rise of the Meritocracy*)에서 처음 이 말을 사용했을 때부터 지능검사 결과, 업무 성과 등으로 사람을 구분해서 차별하고 억압

하는 사회를 경고하기 위한 의미였다.

다시 말하면, '공부를 잘한다'는 기준도 원래부터 존재했던 것은 아니다. 어느 시점에, 그 시대의 필요에 의해서 만들어진 자원 배분의 새로운 규칙일 뿐이다. 그 기준이 작동된 첫 시기에는 모두가 똑같은 출발점에서 공정하게 경쟁했다고도 할 수 있다. 경쟁의 승리자에게 주어진 보상도 적정했을 것이다. 그러나 시간이 지나면 여러 가지 문제가 생긴다. 이미 자원을 많이 가진 사람들이 자기 자녀들을 공부 잘하게 만드는 방법을 찾아낸다. 또 공부를 잘한 사람들에게 주어지는 자원이 과도하게 많아진다. 이 정도가 심해지면 이는 더 이상 공정한 기준으로 작동할 수 없게 된다.

2019년을 뜨겁게 달궜고 2020년 현재도 여전히 진행 중인 '조국 사태'는 여러 가지 사회문제를 복합적으로 드러낸 일이었지만 그중에서 조국 전 법무부 장관 딸의 입시와 관련된 부분은 바로 이 '공부'에 기반한 능력주의가 어디까지 왔는지를 보여줬다. 대학 및 전문대학원 입시제도가 엘리트가 자녀에게 그 기득권을 넘겨주기 위한 제도로 어떻게 활용돼 왔는지를 일깨웠기 때문이다. 이에 대한 문제의식이 커지자 "입시제도를 더 엄정하게 운영하라"는 목소리도 커졌다. 그중에서도 수능시험 성적만을 반영하는 전형인 '정시'를 확대하자는 주장이 가장 설득력을 얻는 것처럼 보였다.

사실 학력고사가 수학능력시험으로 바뀌고, 수시 전형이

새로 도입된 것 등은 모두 문제 한 개 더 맞고 틀린 결과로 대학이 결정되던 예전 입시제도가 잘못됐다는 것을 교육 당국이 인정하고 반성한 결과였다. 그런데 이제 와서 다시 과거로 돌아가자는 목소리가 힘을 얻고 있는 것이다. 특히 학력고사 세대에서 "그래도 정시가 공정하지 않나?"라는 의견이 많이 나왔다. 여전히 '한 문제라도 더 맞힌 사람'이 더 능력 있는 사람이라고 생각한다면 맞는 얘기다. 그런데 여기서 '능력'이란 무엇이고, 그에 따라 주어져야 하는 결과물은 어디까지여야 할까.

원칙적인 얘기부터 다시 해 보자. 더 높은 수준의 교육을 받을 수 있는 교육기관에 들어가기 위한 관문으로 '문제를 푸는 시험'을 두는 것은 일견 당연해 보인다. 그런데 지금 우리가 단지 '더 높은 수준의 교육'을 받는 데 대한 얘기를 하고 있는 것은 아니지 않나. 한국에서 대학은 교육만을 위한 기관이 아니다. 대학에 따라서(때로는 전공까지 합쳐서) 그 사람의 직업이 좌우된다. 실상은 직업만이 아니라 대기업이냐 아니냐, 정규직이냐 아니냐까지 좌우된다.

그런 희소한 일자리에 들어가면 엘리트 네트워크에도 더 단단하게 소속되기 때문에 사회의 자원을 더 많이 누릴 수 있다. 이런 권력이 부모로부터 자녀에게로 상속되는 것도 문제지만, '능력주의'에 따라서 이전되는 것 역시 문제다. 10대 후반의 나이에, 단 하루의 시험으로 그렇게 많은 권한을 가진 수 있는지가 결정된다는 것이 과연 옳은가? 수십 년간 이런 반성과 개선의 노력이 있어 왔지만 그 노력은 단지 '그러면 어떻게 다른 입시 제도를 도입할까?'라는 수준에 멈춰 있었다. 그러다 보니 새로 도입한 제도에 허점이 드러날 때마다 '예전이 낫다'는 식의 회귀 추동이 일어난다.

총체적인 시각으로 다시 보자. 입시의 결과로 얻을 수 있는 최대한은 '다음 단계의 교육을 수준 높은 기관에서 받을 수 있는 권리' 정도여야 한다. 즉, 공부에 흥미를 가지고 열심히 잘한 학생일수록 다음 단계에서 더 깊은 수준의 '공부'를 할 수 있게 하고, '공부' 자체로 성과를 내도록 해 줘야 한다는 것이다. 이것이 사실상 '수월성 교육'이라는 목표가 뜻하는 전부다. 그런데 우리는 공부를 잘한 학생이면 '출세'해야 한다고, 논리적이지 않은 중간 단계를 넣어서 생각해 왔다.

그렇기 때문에 우리 사회 전체가 그렇게도 입시제도에 대해 예민하다. 사회학자 오찬호의 책 『우리는 차별에 찬성합니다: 괴물이 된 이십대의 자화상』을 보면, 그가 'KTX 여승무원 철도공사 정규직 전환 요구'를 주제로 진행했던 대학 강의에서 한 학생이 "지금 대학생들이 왜 이렇게 고생을 합니까? 정규직이 되기 위한 것이 아니겠습니까?"라고 토로했다고 한다. 많은 대학생이 정규직이 되기 위해 이렇게 고생하고 있는데 계약직으로 들어간 KTX 여승무원들이 "정규직을 날로 먹으려고 하면 안 된다"는 요지였다.

나는 그 책을 읽고서야 왜 그렇게 많은 대학생들이 '과잠'

(학교 및 학과 로고가 들어간 단체 점퍼)을 입고 다니는지 깨달았었다. 중고생은 어떻게든 교복을 안 입고 싶어 하고, 학교 로고를 가리고 싶어 하는데, 대학생들은 왜 대문짝만 한 학교와 학과 이름을 등판에 걸어 놓고 다니는지 그 전까지는 늘 의문이었다. 이 책에는 그 이유가 학생들이 자신들보다 '커트라인'이 낮은 학교 및 학과 학생들과 자신들을 구별 짓기 위해서'라고 설명돼 있었다. 어느 대학 위에 어느 대학, 어느 학과 밑에 어느 학과라는 식으로 서열을 세세하게 매겨 놓고, 자신이 그중 어디에 있는지를 끊임없이 확인해야 하는 문화가 만들어져 있는 것이다. 왜 이렇게까지 됐을까? 이 서열이 인생 전체를 좌우할 정도로 강력하게 작동하기 때문이다.

그 때문에 '조국 사태'에서도 어떤 사람들은 그 부모가 '실력이 모자란 딸'에게 갖은 특전을 줘서 명문대에 입학시킨 것이 사실이라면 그것이 가장 큰 문제라고 여겼다. 때문에 조국 전 장관을 지지하는 사람들은 그 딸이 실제로 '실력이 있었다'는 점을 밝히려고 노력하기도 했다. 비슷한 시기에 다른 정치인의 아들이 비슷한 특전을 입시에 활용한 의혹이 불거졌는데, 그 아들이 고교 시절 공부를 상당히 잘했다는 점이 명확해지자 비판이 확 줄기도 했다. 이런 측면에서 이 사안은 '공정성'의 문제라기보다는 '공부 지상주의'에 따른 논란이었다고도 할 수 있다.

'공부 지상주의'가 문제인 것은 청년 세대는 물론 청소년들 사이에서도 강력하게 작동하기 때문이다. 2017년, 한 시사주간지에서 청소년을 대상으로 개최한 진로캠프에 강사로 참여했다. 그날의 주 강연자는 유튜브 크리에이터로 성공한 20대 청년이었다. 청소년들 사이에서 인기가 높다더니 강연장에 앉은 백여 명의 중고생들이 그 사람의 말 하나 하나에 열띤 호응을 보였다. 그때까지 유튜브 크리에이터의 위상을 미처 몰랐던 나는 그 장면을 보면서 '직업에 대한 청소년들의 가치관이 많이 바뀌었구나'라고 생각했다. 그런데 바로 다음 순간에 깜짝 놀랐다. 그 강사가 'SKY'라고 불리는 대학 중 하나를 졸업했다고 하자 청중에서 지금까지 중 가장 큰 탄성이 나왔던 것이다. 그리고 이어진 질의응답 시간에는 "어떻게 공부해서 그 대학에 갔느냐?"는 질문이 주를 이뤘다.

유튜브 크리에이터로 성공한 사람에게 어느 대학 나왔다는 간판이 왜 필요할까? 한국에서는 필요하다. 1998년작 영화 〈여고괴담〉에서 여고생(박진희)이 "왜 서울대에 가려고 하니?"라는 선생님(이미연)의 질문에 "떡볶이집을 해도 서울대 나오면 더 잘 되더라고요"라고 한 말은 여전히 유효하다.

실제로 그 유튜브 크리에이터는 이후에 한 방송 프로그램에 고정 출연하면서 대중적 인지도까지 얻었다. 명문대를 나왔거나 지능지수가 높다는 인증을 받은 연예인과 아나운서들이 모여서 퀴즈를 푸는 프로그램이다. 공부 잘하면 연예인 중에서도 더 잘 나가는 곳이 바로 대한민국인 것이다.

그래서 이 시대를 사는 청소년과 청년들은 더 힘들다. 명문

대 나와 봐야 예전처럼 취업이 보장되는 것도 아닌데도 일단
은 나와야 한다. 그래야 전통적인 인식에 따라서 능력이 있
는 것으로 인정받기 때문이다. 그런데 대학을 졸업하면 다시
시작이다. 다시 한 문제라도 더 맞추려고 몸부림을 치지 않
으면 아무런 문도 통과할 수 없게 된다. 두 가지 형틀 아래
눌려 있는 셈이다.

그런 그들에게 '정규직'이라는 표상이 어떻게 보일지 돌아
보자. 이 청년과 청소년들이 그대로인데, 사회가 그대로인데
'비정규직을 정규직화'한다는 것이, 정규직과 비정규직 간의
차별을 없앤다는 것이 과연 가능할까?

# 출세주의

## 정실자본주의와 출세주의의 결합

몇 년 전 돌아가신 아버지께서 생전에 내게 말씀해 주신 귀한 인생의 교훈 몇 가지가 있다. 나만 알고 싶기도 하지만 이 책을 읽어주는 분들에 대한 감사의 표시로 하나만 소개하자면 이것이다.

"어떤 사람이 다가와서 '돈 벌 수 있는 좋은 정보가 있는데 너에게만 알려주겠다'고 하면 이렇게 답해라. '그렇게 좋은 정보라면 당신의 형제자매 또는 사촌에게 알려주시면 되지 왜 저에게 이러세요'라고."

곱씹어 볼수록 옳은 말이다. 아버지가 살아오시는 동안 경험하기로 실제로 대부분의 '알짜배기' 사업들은 그렇게 가족들끼리 하더란다. 처음 사업에 뛰어들 때는 혈혈단신이었던 사람도, 거기에서 파생된 돈 벌 기회가 하나라도 보이면 바로 형제자매, 배우자의 형제자매, 조카, 그도 아니면 일가친척에게라도 얼른 넘겨주려 한다. 재래시장에서 잘되는 점포들을 유심히 보면 한데 모여 있는 유사 업종의 가게들 모두가 한 일가친척들 소유인 경우가 흔하다.

하긴 유심히 볼 필요도 없다. 재벌 대기업들의 계열사들이 누구 소유인지만 봐도 알 수 있으니까. 이런 식의 자본주의를 '정실자본주의'¹라고 한다. 정실자본주의하에서는 학연과 지연도 강해진다. 가족과 일가친척 다음으로 기회를 넘겨줄 만한 대상이 같은 학교 출신, 같은 지역 출신 등의 순서로 확대되기 때문이다.

이북에서 피난 와서, 홀어머니 슬하에서 이곳 저곳 옮겨 다니며 자랐고, 이름 있는 고등학교를 나오지도 4년제 대학을 나오지도 못한 아버지가 사회생활을 하며 이런 세상을 마주했을 때 얼마나 좌절감이 심했을까 싶다. 그래서인지 젊었을 적 애기를 하며 "나도 아버지나 형이 있었더라면"이라는 말씀을 종종 하셨다. 내가 대학 졸업하던 시점에 하필 IMF 외환위기 영향으로 취업 한파가 닥쳤고, 서류에 합격하더라도 면접에서 줄줄이 낙방을 했다. 나중에 들으니 그때 부모님께서는 "부모 빽이 없어서 면접에 떨어지나 보다" 하면서 마음 아파하셨다고 한다. 정작 나는 그런 데 신경 쓰지 않았다. 주위 선후배 중에 진짜 실력 있는 사람은 그래도 바늘귀를 뚫고 합격하는 것을 봤기 때문에, 세상이 전부 그런 식으로 돌아가지는 않는다고 믿었다. 그것도 그 시절까지만 가능했던 이야기일 수도 있지만 말이다.

어느 신문사 면접에 갔는데 면접관들이 노골적으로 "부모님이나 가까운 친척 중에서 고위 공직자나 대기업 임원, 계열사 사장 등이 있으면 말하라"고 한 적은 있다. 내 왼쪽 끝부터 한 명씩 답하는데 쟁쟁한 집 자제들이 꽤 있었다. 그때만 해도 면접관들이 굉장히 '어른'처럼 보이고 그 권위에 눌려서 "이게 지금 뭐 하자는 거냐"라고 쏘아 주지 못했다. 내 답변 순서에 이르자 생각이 꼬이고 말도 꼬여서 어버버 하고 말았던 것이 지금도 아쉽다. 면접장을 나오면서 '나도 당신들에게 실망이다'라고 혼자서 생각했던 것 정도가 마지막 자존심이었달까. 다행히 얼마 후 다른 신문사에 최종 합격했다. 합격하고 나자 아무 '빽'도 없었다는 바로 그 점이 나의 온전한 자산으로 여겨졌다.

그런 일들을 잊고 지냈는데 최근에 하나씩 떠올리게 된다. 하나의 계기는 활력을 잃어 가는 지방 도시에서 살아온 청년들과 이야기를 나눈 것이다. 어느 청년은 "말은 제주도로 보내고 사람은 서울로 보내라는 말을 대체 누가 만들었는지, 찾아내서 뭐라고 좀 해 주고 싶어요"라고 했다. 지방 도시에서 성장하는 동안, 조금이라도 능력이 있는 사람들은 수도권으로 가야 한다는 압박을 계속해서 받아 왔다고 한다. 지역에 남고 싶다고 하면 "네가 남들보다 뭐가 부족해서?"라는 말을 듣고, 심지어 부모님으로부터 "네가 여기 남아 있으니

꼭 실패한 사람인 것 같아서 민망하다"는 말을 듣는다고도
했다.

이 이야기를 처음 들은 것은 2019년에 경남 지역 20대 청
년들과 집단심층면접(FGI)을 한 자리였는데, 그 뒤로 제주도,
충청도, 강원도 등 다른 지역에서 만난 청년들도 똑같은 얘
기를 했다. 최근에 지역마다 청년 인구의 감소를 막기 위해
'청년 정책'이라는 것을 만들고 있는데, 이렇게 지역의 청년
들에게는 '어서 떠나라'는 압력이 작동하고 있는 것이다. 심
지어 지자체마다 예산을 투입해서 청년들을 수도권으로 밀
어내는 장학제도를 운영하고 있다. 지역 고등학교 졸업생 중
에서 서울의 소위 '명문대'에 들어간 순서로 장학금을 주고,
서울에 지어놓은 장학관 기숙사에 들어갈 특전을 주는 것이
다. 지역 안에 있는 대학에 진학하고, 지역 내에서 계속 일하
고 살아갈 사람들에게는 돌아가는 것이 거의 없다.

너무 오랫동안 이렇게 살아왔기 때문에 기성세대는 무엇이
문제인지 모를 수도 있다. 잘난 사람일수록 지역을 떠나서
서울로 가도록 하는 것이 지역에도 더욱 도움이 되지 않느냐
고 반문할 것이다. 젊은 사람들은 그게 왜 지역에 도움이 되
는 건지를 알 수가 없다.

그 간극은 바로 '출세'라는 개념에서 나온다. 최근에 일부
러 여러 세대의 사람들에게 이 '출세'라는 말을 어떤 어감으
로 이해하는지를 물어봤다. 50대 이상의 사람들은 여전히 이

말을 긍정적인 것으로 쓰고 있었다. "열심히 노력해서 출세해야지", "그래, 너도 이제 출세할 때가 됐지", "나중에 출세하면 잊지 말고 후배들도 챙겨주고 그래"와 같이. 40대 전후인 사람들 중 일부는 여전히 그랬지만 대체로는 약간의 조롱하는 투를 담아서 쓴다. "너 이제 출세했다 이거냐?", "그 선배 아직도 그렇게 출세하려고 애쓰냐?" 이런 식이다. 30대 이하의 세대는 어떨까? 출세가 긍정적인 말이었다는 자체를 모르는 사람들이 태반이다. '출세주의자'라는 식으로, 자기 이익을 위해서 물불 안 가리는 사람들을 지칭하는 데만 쓰이는 줄 아는 사람이 대부분이다.

왜 이런 간극이 생겼을까? 본래 출세라는 개념 자체가 '정실자본주의'에 기반하고 있기 때문이다. 40~50대가 살아오는 동안 한국사회에서는 출세와 관련해서 다음과 같은 명제가 모두 인정됐다. 첫째, 출세한 사람은 부와 명예를 누릴 자격이 있다. 둘째, 출세하는 데는 집안과 친지와 학교 및 지역 사람들의 조력이 어느 정도 있었으니, 출세를 통해서 얻은 자원을 이들과 나눠야 한다. 예를 들어 일자리, 사업 기회, 투자 기회 등이 생기면 이를 적극적으로 배분해야 하는 것이다. 셋째, 출세해서 그런 기회가 눈에 보이는데도 나누지 않고 원칙대로만 처리한다면 지극히 자기밖에 모르는 사람, 은혜도 모르는 사람이다.

왜 기업과 정부 조직들에 공채 기수에 따른 입사자들을 우대하는 문화가 그렇게 강한지, 그 가운데서도 학연과 지연에 따른 끼리끼리 문화가 그렇게 강한지도 이 '출세' 키워드로 보면 알 수 있다. 그 기업 및 조직의 진짜 경쟁력보다는 자신의 출세, 그리고 그 네트워크의 승승장구를 더 중요하게 여기는 문화가 이어져 오고 있기 때문이다. 그들은 그것이 해사(害社)행위라고 생각하지 않는다. 그들이 속한 진짜 공동체는 그 조직이 아니라, 출세 네트워크이기 때문이다.

이렇게 이해하고 보면, 지역에서 왜 청소년과 청년들을 왜 잘난 순서대로 서울로 보내며, 그들에게 각종 지원까지 하는지도 알 수 있다. 그들이 높은 지위에 오르면 지역 사람들을 취직시켜 주고, 사업 및 투자 기회가 생길 때마다 지역으로 밀어 줄 것이기 때문이다. 그렇게 서울에서 오는 자원을 나눠서 먹고 사는 편이 지역 안에 있는 자원만 가지고 잘살려고 애쓰는 것보다 효과적이라는 것이 지금까지의 상식이었다.


## 출세주의가 이미 깨졌다는 신호

이제 그런 상식은 유효하지 않다. 어떤 권한을 가진 사람이건, 일자리와 사업과 투자 기회 같은 것들을 공정한 절차 없이 가까운 사람들에게 나눠 줘서는 안 된다. 오히려 가족과 지인들에게 그런 기회가 돌아가지 않도록 조심해야 한다. 이것이 21세기의 상식이다. 왜 이렇게 뒤바뀌었을까? 서양 문화권을 포함해서 외국에서 공부하고 일해 본 사람들이 많아지면서 공정성에 대한 인식이 바뀌었기 때문이다.

강원랜드, KT 등 부정 채용 청탁 사건으로 국회의원들이 줄줄이 재판을 받고, 금융권 채용 비리로 신한금융지주 회장이 유죄를 선고받는 등 최근의 사건들을 보면 시대가 변한 것은 분명하다. 내가 입사 시험을 보던 2000년대 초만 하더라도 국회의원에 청탁할 정도의 집안 자제들이면 기업 신입 사원으로 들어가지도 않았다. 당시 사회생활 초기 직장인들 사이에 쓰인 '똥돼지'라는 은어가 그 증거다. 집안 '빽'으로 낙하산을 타고 갑자기 팀장, 본부장 등으로 부임하는 사람들을 일컫는 말이었다. 이들이 어떻게든 제자리를 지키도록 해 주기 위해서 경영진은 능력 있는 젊은 직원들을 팀원으로 붙여 주곤 했다. 그 팀원들 입장에서는 능력도 없이 권한만 가진 상사 비위를 맞추며 일은 일대로 하는 것이 보통 스트레스 받는 일이 아니었기에 그런 은어라도 쓰면서 풀었던 것이다.

그런데 이제는 안정적인 조직의 공채 신입사원으로 자녀들을 입사시키기 위해서는 국회의원, 금융지주 회장 인맥까지 동원해야 하는 시대가 됐다. 그만큼 안정된 일자리가 희소해졌다는 것이고, 그렇기 때문에 공정한 채용이 이뤄졌는지 감시하는 시선들도 강해졌다. 지금까지 쭉 살던 대로 살아오던 많은 사람 중 몇몇이 이렇게 바뀐 시대의 첫 번째 주자로 법의 심판을 받게 된 셈이다. 모르기는 몰라도 당사자들은 자신들이 왜 '이만한 일'로 이런 취급을 당하는지 이해할 수 없을 것이다.

『불평등의 세대』라는 책을 통해서 386세대의 사회 자원 독점을 화두에 올린 이철승 서강대 교수의 비판 지점도 이 간극에서 나온 것이다. 한때 나라를 위해서 안정된 직장을 뒤로한 채 민주화 운동에 뛰어들었고 퇴학과 수배, 고문까지 감수했던 386세대였지만 그들에게도 출세주의, 그리고 정실 자본주의의 문화는 내재돼 있었다. 어느덧 민주화가 이뤄지고, 언론과 대학, 정치권과 기업들의 권력 중심부에 그들의 '동년배', 그리고 '친구의 친구'가 즐비하게 됐다. 이 네트워크를 통하면 무엇이든 이룰 수 있게 된 것이다. 그렇게 된 이상, 일자리와 사업, 투자 기회가 보이면 네트워크 안에서 나누는 것이 당연하다. 자녀의 대학 입시를 위해서 인턴, 실습 기회들을 나누는 것도 포함된다. 입시 제도에 허점이 크게 존재했던 시기에 이런 네트워크가 최대한 작동됐었다는 사실이 '조국 사태'를 계기로 드러난 것이다.

일반화할 수는 없는 이야기이기는 하지만, 왜 도덕성을 중요시한 386세대 안에서도 '미투'의 대상이 되는 사람들이 나올까 하는 의문도 이 지점에서 조금 풀린다. 출세한 '남자'가 누릴 수 있는 것 중에는 성적(性的)인 욕망을 풀 권한도 있다는 것이 암묵적인 상식이었던 것이다. "남자가 그러려고 출세하지, 뭐 하러 출세하겠나?"라는 농담이 한때 별 거부감 없이 오가곤 했으니까 말이다. 그 욕망은 혼자 푸는 것이 아니라 상대방이 있어야 하고, 출세로 획득한 '권한'을 이용해서 쉽게 풀려고 하면 성폭력이 되고 마는데, 그 사실을 어떤 사람들은 이제야 알게 된 것이다.

성폭력으로 인정받은 사건들, 부정 청탁 등 명백히 불법으로 판명된 사건들로부터 이 '출세주의'가 깨졌다는 신호가 선명하게 들려오지만 여전히 감지하지 못하는 사람들이 있다. 지방 도시의 기성세대들이 특히 그럴 것이고, 때문에 고교 졸업생들을 성적 순으로 서울로 밀어 올려야 한다는 생각은 여전하다.

얼마 지나지 않아서 이 출세주의도 점점 사라질 것이다. 그렇지만 과도기를 사는 청년들은 괴롭다. 더이상 '출세'라는 것이 가능하지도 않은데 부모님을 비롯해서 일가 친척들은 '네가 잘 돼야 우리 모두 잘 된다'고 믿으며 부담을 준다. 출세를 못 하더라도 서울에 가서 붙어 있는 것이 부모를 위하는 길이라고 하고, 아예 동네로 돌아올 생각은 하지도 말라고 한다. 이것은 현재 지역에 남아 있는 청년들만의 불행이 아니다. 영화 〈리틀 포레스트〉에서 주인공이 그랬던 것처럼 힘들 때 고향으로 돌아가서 콕 박혀 지낼 수 있는 것, 그것이 '실패를 용인하는 사회', '회복 탄력성이 있는 사회'의 모습이라는 말을 들었다. 그런데 고향으로 가면 오히려 '실패자'라는 낙인이 찍히는 사회라니, 서울 가서 사는 '인재'들조차도 얼마나 힘들겠는가.

그러는 동시에 지역에서는 아기 울음소리가 안 들린다며, 청년 세대 유출이 심하다며 '청년 정책'이라는 것을 만든다.

무엇을 만들든 효과가 있을 리 없다. 어차피 만드는 쪽에서도 효과를 기대하지 않는 것인지도 모르겠다. 어차피 자신들의 자녀와 손주들은 서울에서 살 것이니까, 지역 땅값이 들썩일 기회만 있으면 얼른 부동산을 팔아서 서울로 보내 줄 생각뿐일 수도 있다. 바로 자신의 자녀들 중에서도 원하는 삶을 선택할 자유가 없어 불행한 사람이 있을지도 모르는데 말이다.

## 직무급 전환이 답이라고?

정규직이라는 실체도 없는 개념이 만들어 낸 신종 신분제도, 엘리트에게 과도한 부여된 과도한 권력, 그리고 정실자본주의와 결합한 출세주의, 이 모든 것들은 한데 엉킨 채로 우리가 일하며 살아가는 이 현실의 바탕에 깔려 있다. 이 문제를 풀기란 여간 어렵지 않다. 왜냐하면 사회를 바꿀 만한 권한이 있는 사람들은 대체로 이 바탕 위에 서 있기 때문이다. 그들의 눈으로 볼 때 이 사회는 크게 잘못된 것이 없다. 자기 자신이 일하고 살아온 방식을 돌아봐도 마찬가지다.

공부 지상주의와 능력주의에 따라서 자격을 얻은 뒤에 그에 더해서 과도한 권력까지 부여받은 엘리트는 그 권력을 자신만을 위해서가 아니라 가족과 친지, 학연과 지연 네트워크를 위해서 쓴다. 이를테면 고향 부모님이 "네 사촌 그 아이가 참 똑똑하고 성실한데 취업을 못 해서 삼촌이 걱정이 많으신데 어떡하냐"고 하소연하시는 것도 들어 드려야 하고, 대학 동창이 "우리 같이 활동했던 OOO가 고생 많이 하다가 겨우 사업 하나 차렸는데 어떻게든 도와줘야 하지 않겠냐" 하는 말도 무시할 수 없다. 그런 것들을 소홀히 했다가는 부모님이 일가친척들에게 나쁜 말을 들으실 것이고, 동문들 사이에서 '자기밖에 모르는 놈'이라고 욕을 먹을 것이다. 그래서 나름대로 신경을 써서 사촌 취직자리도 소개해 주고, 동창의 사업체가 납품할 만한 데도 알아봐 준다. 이것이 바로 정실 자본주의이고 출세주의의 모습이지만, 이 사람은 그런 문제의식을 가질 리 없다. 나 정도면 충분히 주변 사람들을 도와주면서 사는 사람이라고 자부할 가능성이 높다.

그러는 동안 같은 조직 내에서 성실하게 일하는 비정규직 또는 별도 직군의 직원이 자신들의 네트워크와 비교하면 현저하게 낮은 임금을 받다가, 낙하산으로 밀고 들어오는 인사에 밀려서 이유도 모르고 해고된다는 사실까지는 관심을 가질 겨를이 없다.

앞에서 사회 전반적으로는 출세주의가 깨지고 있다고는 했지만 민주주의도 회사 문 앞에서는 멈추듯이[2] 직장 안으로 시각을 돌려서 보면 현존하는 구조를 깨는 것이 쉽지 않다. 그런 가운데, 문재인 정부는 공공기관을 중심으로 직무급 도입을 강하게 추진하고 있다.[3] 얼마 전 고 이재학 PD의 사망과 관련해서 방송사들의 구조적 문제를 파헤쳐 오던 분을 만났는데 그는 "방송국 비정규직, 프리랜서 노동자들에 대한 고질적인 착취 문제를 풀어내려면 방송사들에 직무급 제도를 도입해야 한다"고 했다. 높은 연봉에 하는 일도 별반 없는 고연령자들의 기득권을 낮추고, 이 자원을 비정규직과 프리랜서들에게 돌려야 한다는 것이다. 그렇게 보면 정부는 이미 맞는 방향을 택해서 나아가고 있으므로 곧 해묵은 문제가 풀리기 시작할 것 같기도 하다. 하지만 그렇게 단순한 상황은 아니다.

직무급은 업무의 난이도, 강도, 책임 정도 등에 따라서 임금을 지급하는 제도[4]를 말한다. 우리나라 기업들은 그동안 연공서열에 따른 임금 체계를 개별 계약에 따른 연봉제 체제로 바꾸려는 노력을 해 왔는데, 이 역시 결국은 연공서열과 직급에 따른 차등을 반영하는 형태가 돼 버렸다. 그렇기 때문에 정부는 연공서열을 무시하고 성과를 강조하는 방식의 직무급제 도입을 권고하고 있다. 현재 고용구조에서는 나이 많고 직급이 높은 직원들은 업무 강도는 낮은데 연봉은 높고, 일을 많이 하는 젊은 직원들은 연봉이 적기 때문에 이를 개편해야 생산성이 높아지고 임금 부담이 줄어든다고 여기는 것이다.

그렇지만 지금과 같은 직무 체계를 만든 것은 바로 기업, 즉 경영자들이다. 기업의 임원들부터가 업무 강도는 낮고 임금은 일반 직원들보다 몇 배, 많게는 몇십 배 이상 가져가는 사람들이다. 그런데 이 체계를 진정한 의미의 '직무급'으로 바꿀 수 있을까? 설마 임원들은 그대로 두고 신입사원부터 중간급 관리자들 사이에서만 직무급을 도입하자는 것일까?

그럴 수도 있다. 직무급제에서 직무를 평가할 때 업무의 강도만이 아니라 난이도, 책임 권한 정도 등을 반영한다고 보면 말이다. 여기에서 바로 앞에서 논했던 여러 문제들이 난맥상처럼 얽혀 든다. 이 제도가 도리어 청년 세대, 비정규직 등 불평등한 구조의 아래쪽에 있던 사람들에게 더 큰 반발을 살 가능성도 여기 있다.

어느 대기업 직원에게서 들은 사례를 가지고 얘기해 보자. A라는 임원은 부사장에게 결재 받을 기안서를 점검하고 확인하는 게 주된 업무다. 직원들이 야근해 가며 만든 기안서를 부장이 가지고 들어가면 휙휙 넘겨보고는 "핵심이 없어, 핵심이!"라면서 돌려준다. 다시 만들어 가도 또 "핵심이 없잖아!"라면서 던지다시피 한다. 뭐가 문제인지 부장이 좀 더 물어보려고 하면 "당신은 회사생활 몇 년 차인데 일일이 설명해 줘야 알아들어?"라면서 역정만 낸다. 그러면 부장은 직원들에게 기안을 돌려주면서 "다시 잘 만들어 봐"라고 하고 먼저 퇴근한다. 그렇게 고치고 고치다가 한번은 이전 버전과 차이가 전혀 없는 기안을 다시 제출했다. 그런데 A 임원은 이번에는 천천히 넘겨보더니 "그래, 이번에는 핵심이 있네!"라고 좋아하면서 통과시켰다. 부장이 그 말을 전하고 퇴근한 뒤에 직원들끼리 모여서 "뭐가 달라졌다는 거지?" 하고 궁금해하자 담당자는 이렇게 말했다고 한다. "기안서 각 페이지의 바탕에 아주 흐릿하게 워터마크로 '핵심'이라는 글자를 넣었어요."

이 에피소드가 어떤 특이한 조직에만 국한된 이야기가 아니라는 것을 한국사람들은 다 안다. 아주 평범하고 일반적인 조직 이야기다. 여기서 알 수 있는 것은 한국적 조직문화는 사람들을 객관적인 직무 능력과 성과로 평가하지 않는다는 것이다. 그보다는 윗사람의 심기를 불편하게 하지 않고, 일일이 물어보지 않고도 알아서 어지간한 일은 처리하고, 성과가 생기면 상사의 것으로 잘 포장해 주는 식의 행동이 '능력'으로 통한다. 이런 식이라면 어제까지는 멀쩡하던 사람이 오늘은 팽 당할 위험이 있지만 실제로는 조직이 그렇게 굴러가지는 않는다. 왜냐하면 몇 년 차 이상만 돼도 직원들은 어느 줄에 서 있어야 편하게 직장생활 하고 승진할 수 있을지 꿰고 있으며, 윗사람들도 정말 위기가 닥칠 때까지는 자기 라인의 직원들을 보호해 주기 때문이다. 이는 대체로 직원들이 왜 부당하다고 생각되는 조직 문화를 어느 정도까지 참고 넘기는지에 대한 설명도 된다.

이 상황에 직무급을 대입해 보자. 임원과 관리자는 중요한 일을 하는 사람이고 책임도 크고 (직원들이 만들어 준) 성과도 크다. 직원들은 하는 일이 없고 책임도 없으며 성과도 (윗사람에게 돌렸기 때문에) 별로 없다. 비정규직 직원들이라면 더 말할 것도 없다. 여기에 직무급을 도입하면 어떻게 달라질까? 임금 구조가 공평하게 바뀔 수 있을까? 그저 경영자가 볼 때

별로 안 중요한 사람들의 임금을 자의적으로 깎는 수단으로 만 악용될 수 있지 않을까?

한편, 노동계는 직무급에 반대하면서 숙련급을 대안으로 제시하기도 하고, 기본급의 비중을 더 높여야 한다는 주장을 한다. 또한, 호봉제 등 연공서열에 따른 급여 체계는 복지 안전망이 약한 사회에서 노동자의 생애주기에 따른 필요 소득을 감안해서 짜인 것인데 대안도 없이 이를 흔들어서는 안 된다는 주장도 한다. 그러니까 20대 초중반에는 부양가족이 없거나 있더라도 큰 돈이 들지 않기 때문에 급여가 낮아도 괜찮지만 40대 중후반쯤 되면 자녀의 교육비, 노부모 부양 부담 등으로 돈이 많이 들기 때문에 급여가 높은 것이 맞다는 논리다. 현재의 40대 이상 노동자들을 놓고 보면 그런대로 설득력이 있다.

20~30대 노동자들로서는 다르게 볼 수 있다. 비혼 또는 아이를 낳지 않는 선택을 하는 사람들도 적지 않고, '초단기 근속국가'[5]라 할 만큼 단기근속 경향도 강해져 있는데 연공서열에 따른 임금체계하에서의 손해를 감수할 이유가 있을까? 또한 저성장이 일반화된 '뉴노멀 사회'에서, 아니 코로나19 사태 이후로는 마이너스 성장이 일반화될 수도 있는 사회에서, 앞으로 연봉이 오를 것을 기대하면서 젊은 시절 적은 임금을 감수한다는 게 어리석은 일인 것도 사실이다. 차라리 다니는 동안이라도 자기 업무의 강도와 중요도를 객관적으로 평가받고, 그에 맞는 기본급과 성과급을 받는 쪽을 선호

할 수 있다. 단, 몇 년 후면 선배들처럼 관리자, 임원이 될 것이 거의 확실한 소수의 엘리트, 공채, 정규직 사원들이라면 기존 제도를 더 선호할 수도 있다.

민주노총과 한국노총을 비롯한 노동조합들은 대부분 정규직 조합원 중심이고, 의사결정 구조상 정규직 조합원들의 임금과 처우가 낮아지는 방향은 반대할 수밖에 없다. 임금체계 개편을 반대하는 이유가 정말 사회보장 제도가 미비하기 때문이라면, 차제에 사회보장 제도를 개편하자는 주장을 강력하게 할 수도 있는데 그렇게는 하지 않는다는 대목에서도 직무급에 대한 소극적 태도를 엿볼 수 있다.

즉, 직무급 도입은 노사 양쪽 다 어느 정도 기득권을 내려놓아야 가능한 일이다. 역설적으로, 바로 그렇기 때문에 우리 사회 전체를 위해 그리고 다음 세대를 위해서라면 시작해봄직한 사회적 대화의 주제이기도 하다.

그런데 만일 문재인 정부가 지금 하는 것처럼 공공기관을 필두로 직무급제 도입을 밀어붙인다면 어떻게 될까? 전문가들과 노동계에서 우려하듯이 구체적으로 어떤 방식으로 직무를 나누고 임금을 조율할지 연구와 토론, 사회적 합의가 이뤄지지도 않았는데 말이다.

이미 몇몇 공공기관은 이를 도입한다고 발표한 바 있다. 이렇게 정부의 뜻에 맞춰서 먼저 의사결정을 한 그 공공기관에서 '좋은 평가'를 받는 것은 누구일까? 윗사람(청와대 및 정부

부처)의 뜻에 맞춤하게 빠른 일처리를 한 기관장, 그리고 그의 뜻에 맞춤하게 내부 단속을 잘한 임원과 관리자가 아닐까? 이렇게 마음에 딱 들게 일을 했으니 그들은 이제 승진, 그리고 네트워크 중심부로의 더 단단한 결속으로 보상을 받을 것이다. 그런데 충분한 토론과 합의 없이 도입된 제도에 따라서 손해를 본다면 그것은 누구일까? 그 조직에서 가장 힘 없는 사람이 아니라고 할 수 있을까? 이렇게 본다면 지금의 직무급 도입 과정이야말로 우리가 매여 있던 낡은 것들을 낱낱이 드러내는 현장이라고 할 수 있다. 다른 어떤 제도였어도 똑같은 일이 벌어졌을 테니 직무급은 죄가 없지만 말이다.

# 3부

# 어떤 일이 '좋은 일' 일까

# 단순한 질문으로는 알아낼 수 없다

## 그때는 좋았어도 지금은 아닐 수 있다

청년 세대가 원하는 '좋은 일'의 기준이 예전과 같지 않다고 얘기할 때 늘 호응을 얻는 것은 아니다. 그래봐야 '월급이 얼마냐'를 이길 만한 기준이 어디 있겠느냐는 반응이 가장 많다. 또 다른 것은 '대기업 정규직'이 한국 사회에서 가지는 절대적인 위치를 상기시키면서, 여기에 들어갈 수 없으니 다른 기준이라도 찾아보자는 것 아니냐는 반응이다. 대기업 정규직이 정말 '신 포도'라서 이런 연구를 하고 있는 것일까, 나도 다시 생각해 볼 때가 있다.

사실 '좋은 일' 연구를 하면서 만난 청소년, 그리고 대학 신입생 등 20대 초반 청년들은 대부분 '대기업 정규직'과 같은 일자리를 선망했다. 부모님 세대의 영향을 받아서일 수도 있지만, 사회 초년기에는 되도록 큰 조직에 들어가서 일하고 싶은 게 자연스럽기도 하다. 자기 혼자서는 사회 안에서의 정체성을 분명히 할 수가 없기 때문에, 큰 조직 안에 들어감으로써 그 조직과 자신의 정체성을 동일시하고 싶은 것이다.

또, 열정적이고 바쁘게 일하는 삶을 선망하기도 한다. 의사·경찰·기자 등 전문적인 일을 하는 사람들이 며칠 동안 집에 가지 못할 정도로 바쁘게 일하고, 개인 용무를 보다가도 전화가 오면 급히 일터로 뛰어들어 가야 하는 것에 대해서 '멋있다'고 생각하기도 한다. 드라마 속의 의사나 경찰이 그런 모습으로 자주 그려지는 것도 그 때문일 것이다.

나도 그랬다. 첫 직장으로 되도록이면 큰 조직에 들어가서 바쁘게 일하고 싶었다. '글 쓰는 일'을 업으로 삼고 싶다고 어릴 때부터 생각했기 때문에 기자가 된다면 신문 또는 시사잡지 쪽에서 일하고 싶었다. 그렇지만 언론사 중에서 큰 조직은 주로 방송사다. 특히 2000년대 초까지만 해도 지상파 3사의 위상이 어마어마했다. 엄청난 경쟁력을 뚫고 그런 방송사에 입사한 선배들은 그야말로 대단해 보였다. 그 큰 조직 안에서 소속감을 느끼고, 다양한 경험을 할 수 있다는 것이 부러워서 마음 한구석에서 방송기자를 꿈꿔보기도 했다.

결과적으로는 다행스럽게도 적성에 더 맞는 신문사에 입사를 했다. 그와 거의 동시에 규모가 다소 작은 방송사의 라디오 PD로도 합격했다. 작다고는 하지만 나름대로 영향력이 있는, 안정적인 방송사였다. 부모님께서는 내가 그쪽으로 가기를 원하셨다. 신문기자라는 직업이 딸이 하기에는 너무 험한 직업이라고 생각하셨던 것 같다. 게다가 내가 그 PD 면접을 보고 와서 전한 이야기가 큰 영향을 미쳤다. 같이 면접을 본 응시자의 지인이 그 방송사 라디오 PD였던 덕분에 면접 순서를 기다리는 동안 직접 들을 수 있었던 이야기다. 오후 10시쯤 시작하는 음악 프로그램을 담당하는 그 PD는 오후 늦게 출근해서 방송사에 차를 주차해 놓고 인근의 야트막한 산을 한 바퀴 조깅하고 온다고 했다. 저녁을 먹은 뒤 방송을 준비해서 마치면 자정쯤이다. 음악을 들으면서 한산해진 도로를 운전해서 집에 돌아오는데 그 일상이 꽤 마음에 든다고 했다.

나는 그냥 이런 경우도 있구나 하고 말씀드린 것인데, 아버지께서는 그 내용을 기억하고 계셨다가 최종 합격 통지가 오자 "네가 꼭 그렇게 직장생활을 했으면 좋겠다"고 여러 번 진심을 담아서 말씀하셨다. 그런데 나는 부모님 말씀대로 하는 편이 아니었다. 부모님께서도 그냥 바람을 말씀하실 뿐, 늘 내가 결정하는 대로 믿고 응원해 주시는 편이었다.

당시에 나는 신문사에 수습기자로 출근한 지 한 달쯤 됐었다. 매일매일 닥치는 부서별, 공채 기수별 환영회 때문에 술이 무서울 지경이고, 경찰서 기자실에서 먹고 자고 하는 '하리꼬미'라는 것을 곧 시작해야 한다는 것도 겁이 났다. 그렇지만 스물네 살이었던 나에게는 그런 일상, 압도적일 정도로 새롭고 바쁜 세계가 더 매력적이었다.

또 다른 매력은 강력한 소속감이었다. 같이 입사한 동기들 사이에서도, 수습교육을 맡은 사회부 선배들에게서도, 연일 닥치는 환영회에서 만나는 선배들에게서도 신기하리만큼 금방 결속감을 느꼈다. 이 세계에 분명히 속해 있다는 느낌을 받을 수 있었고, 그것은 굉장한 안도감을 줬다. 앞으로 이 조직에서 일하면서 여러 가지 일을 겪겠지만 이렇게 든든한 사람들이 같이 있다면 잘 이겨낼 수 있을 것이라고 안심을 했다. 실제로 그랬다. 이후로 11년간 기자로 일하면서 여러 일이 있었지만 때로는 조직이, 때로는 선후배 동료들이, 때로는 노동조합이 나를 보호하는 울타리가 돼 줬다.

그러는 동안 많은 것을 배우기도 했다. 이미 배워 온 것만 쥐어짜서 일하도록 시키는 게 아니라 비용을 들여서 교육을 보내 주기도 하고, 신입 한 명당 선배 기자 한 명이 붙어서 1대 1로 가르쳐 주기도 했다. 더 넓은 의미로 그랬다. 일하는 내내 조직 밖에서 배울 수 없는 것을 배우고, 경험할 수 없는 것을 경험하고 있다는 실감이 있었기 때문에 10년 넘는 시간 동안 그곳에서 일할 수 있었다.

그럼에도 지금까지도 그때 그 방송사 PD가 해 준 이야기를 선명하게 기억하고 있는 이유는 뭘까? 그런 식으로 일하는 삶은 어떨까, 그 직장을 선택했으면 내 삶은 어떻게 달라졌을까 하는 궁금증이 내내 남아 있었다. 결혼하고 아이들을 낳고 내 몸이 온전히 내 것이 아닌 시기가 왔을 때 특히 그랬다. 다른 패턴의 삶을 살아 보고 싶은 갈망이 커졌다. 출근하는 데만 1시간이 넘게 걸리고, 늘 바쁘고, 전화가 쉴 새 없이 울리고, 주말에도 출근하고, 회식하는 날이 안 하는 날보다 많은 이 직업을 선택한 사람은 다른 누구도 아니라 바로 나였지만, 그걸 알면서도 하루하루 힘에 부쳤다. 그러니까 나는 여전히 나이지만 계속 같은 사람이지는 않았던 것이다.

그뿐만이 아니다. 나는 대학을 졸업하던 당시에 분명히 기자가 되고 싶었지만, 은퇴하는 시점까지 기자이고 싶지는 않았다. 기자가 되고 싶었던 여러 이유 중에는 이 세상을 더 빨리, 더 넓게, 더 많이 경험할 수 있는 직업이어서였다. 그렇게 세상을 알게 되면 내가 그다음에 무엇이 될 수 있는지, 무엇이 되고 싶은지도 선명하게 알 수 있으리라고 기대했다. 예상보다 빨리 기자를 그만두기도 했고 기자를 했다고 내 다음 진로가 선명하게 보이는 건 아니었다. 다행히 바로 다음에 하게 될 일에 대해서는 옳은 방향으로 가고 있다 느꼈다. 그렇게 몇 번 직업과 조직을 바꾸고, 기자를 그만둔 지 7년이 된 지금은 앞으로의 진로에 대해 보다 정리된 시각을 가질 수 있게 됐다.

이 말을 듣고, 사회생활을 시작한 지 거의 20년이 됐는데, 나이가 마흔이 넘었는데 아직도 진로를 고민하면서 찾아가고 있다는 내 말에 놀라는 이도 있을 것이다. 진로라는 것이 학교를 최종적으로 졸업하는 시점, 아니면 대학이나 고교의 전공을 정하는 시점에 거의 정해지는 것이라고 여기는 사람들도 있을 것이기 때문이다.

그런 시대도 있었을지 모르지만 지금, 21세기 한국 사회에서는 그렇지 않다. 일하는 사람이면 대체로 다음에 할 일에 대한 생각을 품고 살아간다. 입사 경쟁률이 높은 대기업, 공기업 등에 입사한 사람이어도, 고시 또는 그에 준하는 어려운 시험을 통과해서 직업을 가지게 된 사람이라 해도 마찬가지다. 한 직업 안에서도 전문성은 갈래갈래 나누어지고, 그에 따라 택할 수 있는 일의 형태는 수도 없이 많고, 또 사람이 건강하게 활동할 수 있는 시기는 예전보다 길어졌고, 무엇보다도 생애주기와 가족의 구성, 주변 환경의 변화, 그리고 자기 자신의 내면의 변화 등으로 인해서 하고 싶은 일이 계속 달라지기 때문이다. 그렇기 때문에 사회생활을 처음 시작하는 시기의 '나'와 한참 후의 내가 전혀 다른 진로를 원하더라도 이상할 게 없다. 나는 달라졌는데 진로를 바꿀 수 없다면 그게 문제일 뿐이다.

## 작은 것 하나도 바꿀 수 없다면

진로가 아예 달라져서 직장을 그만두고 새로 공부를 하기로 결심하는 등, 큰 변화의 시점에는 오히려 고민이 덜하다. 더 고민이 되고 힘든 것은 직장을 계속 다니면서 조금씩 여건을 바꿔야 하는 상황이다. 사람마다 다르지만, 아무리 늦어도 사회생활 시작 후 7~8년쯤 된 시점에는 그런 상황이 한 번쯤 생긴다. 그쯤 된 사람들은 '소속감'이라든지 열정적이고 바쁜 삶에 대해서는 거의 매력을 느끼지 못한다. 대신 다른 것들에 대한 열망이 커져 있다.

2016년 〈희망제작소〉에서 일할 때 '당신이 하고 있는 일을 '좋은 일'이라고 생각한다면 어떤 이유 때문입니까?'라는 질문의 설문조사를 했다.[1] 여러 단계의 객관식 질문들도 있었지만 원하는 사람은 주관식으로 답을 적을 수 있는 항목도 있었다. 여기에 남겨진 답을 분류해 보니 가장 많은 수의 단일 응답은 '일터와 집의 거리가 가까워서'라는 것이었다.[2]

그때 자세한 이유까지 집계하지 못했다. 왜 많은 사람이 '집에서 가까운 일터'를 중요하게 생각했는지에 대한 해석은 여러 가지로 할 수 있다. 출퇴근 지옥철 또는 만원버스가 싫었기 때문일 수도 있고 단순히 출퇴근에 들어가는 시간이 아까워서일 수도 있다. 육아 또는 부모님을 돌봐야 하는 이유 때문에 집에 한 시라도 빨리 가야 하는 사람도 있었을 것이고, 출퇴근 시간을 아껴서 취미생활을 하거나 새로운 것을 배우고 싶은 사람, 혹은 부업을 해야만 하는 사람도 있었을 것이다. 물론 이런 답을 한 사람들이 큰 대표성을 가지는 것은 아니다. 다른 조건이 만족스럽다면 집과 일터의 거리 같은 것은 상관 없다고 생각하는 사람도 여전히 많다.

그렇지만 그동안 한국 사회에서 별로 주목하지 않았던 부분이라 나는 더 관심이 갔다. 우리는 '일을 하고 싶어서 하는 사람이 어디 있어?', '하는 일 없이 돈만 많이 받는 일이 제일 좋은 일이지'라고 쉽게 생각하면서도, 일하는 사람들이 빨리

퇴근해서 개인 시간을 가지고 싶어 하는 것, 한시라도 빨리 집에 가서 가족들과 시간을 보내고 싶어 하는 것, 취미나 새로운 배움에 시간을 쓰고 싶어 하는 것에 대해서는 괘씸하게 생각하는 경향이 있다. 어떤 직종에서는 '열정과 헌신'을 강요하기도 한다.

어느 쪽이 맞다 틀리다는 식으로는 말할 수 없다. 다만, 같은 사람이라 하더라도 라이프 사이클에 따라서, 인생의 어느 시기를 지나고 있느냐에 따라서 일에 대한 태도, 원하는 일의 형태가 달라질 수 있다. 직장생활 7~8년차를 지나면서 급격히 개인 시간에 대한 필요를 크게 느끼게 된 사람도, 일정 시간이 지나서 새로운 열정이 생긴다면 다시 밤낮없이 일에 몰두할 수도 있다. 그렇다면 그런 변화에 따라 일의 양을 조절하며 살 수 있어야 행복할 텐데, 우리 사회에서는 그러기가 지극히 힘들다. 약간의 조절만 가능하다면 계속 일할 수도 있었는데 그만큼이 안 돼서 아예 일을 그만둬야 하거나, 그 업종을 떠나야 하는 경우들도 생긴다.

같이 일했던 동료 중에서는 출근시간 30분을 조정할 수 없어서 직장을 그만둔 사람도 있었다. 서울의 어느 초등학교 운동장 안에서 초등학생이 유괴를 당할 뻔한 일이 일어난 뒤로 초등학교들이 등하교 시간 전후로 교문을 잠그기 시작한 즈음이었다. 자신도 남편도 출근에 걸리는 시간이 긴 편이어서 딸을 조금 일찍 학교에 데려다 주곤 했던 그 사람은, 이런 조치가 취해지자 딸을 집에 두고 먼저 나올 수밖에 없었다. 딸이 30분 정도 집에 혼자 있다가 문을 잠그고 학교에 가야 하는데 그 사이에 무슨 일이 생길까 봐 영 불안해했다. 그러나 당시 우리가 일했던 직장에는 출퇴근 시간을 당기거나 늦추는 제도가 없었다. 그리 큰 조직도 아니었기에 공론화를 해 볼 수도 있었지만 그는 얼마 후 직장을 그만두는 쪽을 택했다. 물론 그 이유 한 가지로 그만둘 결정을 한 것은 아니었겠지만, 그 이유도 적잖이 작용한 것으로 보였다. 직원 개인의 사정에 따라서 조직의 체계가 바뀔 수 있다고는 생각하지 않았던 것 같다. 그런 경험을 해 본 적이 없었기 때문이었을 것이다.

또 다른 직원도 출퇴근 시간 때문에 어려움을 겪었다. 임신을 해서 배가 부르기 시작했는데 출퇴근 때 이용하는 버스는 늘 초만원 상태였기 때문이다. 배가 눌리거나 모서리에 찍힐까 봐 도저히 그 버스를 이용할 수 없었던 그는 버스가 비교적 한산한 이른 시간에 출근하고, 사무실에 남아 있다가 늦은 시간에 퇴근했다. 임신한 상태에서 그렇게 더 많은 시간 동안 집 밖에 있어야 한다는 것은 여간 힘든 일이 아니었다. 다행히 얼마 후 '임신 기간 근로시간 단축 제도'가 시행돼 근무시간이 하루 6시간으로 단축된 덕분에 만삭이 되도록 그렇게 고생하지는 않을 수 있었다.

일하면서 자은 것 하나도 바꿀 수 없을 때 사람은 큰 절망감을 느끼게 된다. '나를 사람으로 대하지 않고 조직의 부품처럼 여기는 것이 아닌가' 하는 식으로 생각이 확대되기도 한다. 내가 그만두더라도 다른 사람으로 쉽게 대체되는 조직이기 때문에 작은 것 하나도 바꾸기 어렵다고 여기기도 한다.

실제로 그렇기도 하다. 직원들 한 명 한 명의 전문성이 아주 중요하다면 그렇게 경직된 조직 문화를 유지하기는 어렵다. 최근에 접한, 건축 분야의 M 기업에는 놀랄 만큼 다양한 형태의 근무자들이 있었다. 주 3일 또는 4일만 일하는 사람, 하루에 몇 시간만 일하는 사람 등 근무 형태가 제각각이었다. 육아를 하기 위해 아예 그만두고 나갔던 직원을 몇 년 후 예전 자리로 다시 채용한 일도 있었다. 그리 큰 조직은 아니었지만 흔히 볼 수 있는 형태가 아니어서 어떻게 이럴 수 있느냐고 물어봤다. 본부장에게서 들은 답은 "다른 이유가 아니라 그 직원 한 사람 한 사람이 꼭 필요해서"라는 것이었다.

전문성과 경험을 가진 직원들의 능력이 성과를 크게 좌우하는 업종이기 때문에 직원 한 명이 나가면 대체할 사람을 찾기 힘들다는 것이다. 그래서 직원이 육아나 학업 등에 사정이 있다고 하면 조직에서 그 조건을 맞춰 주는 수밖에 없다. 그렇게 하는 편이 새로운 사람을 뽑아서 다시 그 정도 수준에 이르게 하는 것보다는 쉽다고 했다. 또, 새로 들어온 사람도 어차피 몇 년 지나면 이런 저런 사정이 생길 텐데, 그때 가서 조직을 바꾸느니 오래 같이 일한 사람과 다시 일하는 게 낫지 않냐고도 했다.

이 설명을 들으니 비로소 왜 한국의 수많은 조직에서 일하는 사람들이 이렇게 힘든지, 자기가 선택해서 들어간 직장을 다니면서도 불행해하고, 조직을 왜 그렇게 자주 옮기는지 알 수가 있었다. 나를 나로 살 수 있게 해 주는 직장, 나의 삶과 같이 갈 수 있는 일을 우리 대부분은 찾지 못하고 있는 것이다.

## 재미, 성장, 나의 시간, 그리고 자유

어떤 일이 '좋은 일'인지에 대해서 〈희망제작소〉와 〈LAB2050〉에서 일하며 진행했던 설문조사들을 놓고 이야기해 보겠다. 첫 번째는 앞에서 말한 2016년 〈희망제작소〉의 서베이[3]다. 네이버 해피빈재단과의 협력으로 2015년 말부터 2016년 초까지 진행한 웹 서베이로, 연령과 직업별로 숫자를 맞춘 패널 조사가 아닌, 인터넷 이용자들이 자유롭게 참여하도록 한 조사였다. '좋은 일, 공정한 노동'이라는 주제하에서 좋은 일의 기준에 대한 기획 스토리를 연재하면서 그 글 하단에 좋은 일의 기준을 각자 택해 볼 수 있도록 구성한 설문조사 링크를 붙여 놓았는데 총 15,000명 이상이 참여했다.

이 결과에서 눈에 띄는 점은 짧은 근무시간과 개인 삶에 대한 존중, 스트레스 강도가 적은지 여부 등을 뜻하는 '근로조건'이 가장 중요한 조건이라고 꼽은 사람이 전체 응답자의

48%에 달했다는 것이다. 고용안정성(16%), 임금(12%)을 꼽은 응답자보다 훨씬 많았다.

또 재미있는 결과 하나는, "만일 본인이 중요하다고 생각되는 측면(임금 제외)에서 지금보다 나은 직장으로 옮길 수 있게 되었다면, 임금이 어느 정도 변동되는 범위에서 옮기기로 결정하겠습니까?"라는 질문에 대한 응답이다. 이직에는 위험부담이 따르는 만큼 현재보다 임금이 오르거나 최소한 현재와 동일하게 유지되지 않으면 옮기지 않는 것이 일반적이지만, 이번 응답에서는 '임금이 하락하더라도 옮기겠다'는 응답(39.9%) 비율이 가장 높았다. 그다음이 '현재와 동일한 수준이면 옮기겠다'(33%), '임금이 올라야 옮기겠다'(26%)는 응답이었다. 심지어 임금이 지금의 절반 수준으로 줄더라도 다른 조건이 충족되면 옮기겠다고 답한 사람(4%)도 소수지만 있었다.

2017년 실시한 2차 설문조사 결과는 또 다른 측면을 보여준다. 역시 네이버 블로그를 통해서 '좋은 일' 주제의 글을 연재하면서 실시한 조사(2016년 7월 21일~12월 31일)는 2,686명의 20~30대가 참여[4]했다. 응답자들에게 현재 하고 있는 일의 만족도를 6가지 요건(고용안정/임금·사내복지/노동시간/스트레스/적성(업무 만족도)/개인의 발전 가능성), 총 25개 세부요건으로 질문한 뒤, '전반적 만족도'에 대한 응답 결과와의 상관관계를 분석했다. 그 결과, '업무 자체에 재미를 느낄 수 있다', '현재 업무 및 조직에서 배울 점이 많다'는 세부요건이 전반적 만족도에 미치는 영향이 가장 큰 것으로 나타났다. 즉, 지금 하는 일이 재미있고, 배울 점이 있다고 생각할 때 그 일에 대한 만족도가 높았던 것이다.

이와 같은 결과들은 일반적으로 직업을 선택할 때 임금과 고용안정성을 가장 중요하게 여긴다는 통념과는 차이가 있다. 2016년 조사의 응답자 연령 비율에서 20대가 40%, 30대 42%를 차지했다는 점, 2017년 조사는 아예 20~30대를 대상으로 했다는 점을 감안해도 일반적이지는않다. 고용노동부가 2016년 1,600명의 청년들을 대상으로 조사한 결과, 중소기업에 취업할 의사가 있다고 답한 응답자(77.3%) 중에서 가장 중요하게 생각하는 조건은 '임금과 복지 수준'(30.9%)이라고 답한 비율이 가장 높았다.[5] 한국고용정보원이 2020년 5월 5일 발표한 '2019 청년 사회생활 실태조사' 보고서를 봐도 대학생인 응답자에게 일자리 선택 시 가장 중요한 기준을 물었을 때 급여(51.4%)와 높은 고용 안정성(34.6%)이 복리후생(27.6%)이나 직무 적정성(19%), 출퇴근 시간(17.8%)보다 훨씬 높은 선택을 받았다.

〈LAB2050〉에서 진행한 설문조사 중에도 이와 같은 결과가 나온 적이 있다. 〈한겨레〉, 〈공공의창〉과 공동으로 2018년 9월 12~13일에 전국 성인 남녀 850명에게 실시한 모바일 웹조사를 통해서 '가장 중요하다고 생각하는 일자리 조건'을 두 개씩을 택하도록 한 결과, '안정적인 근무여건'(71.3%)

과 '연봉수준'(39.6%)이 가장 높은 비율의 선택을 받았다. 20대에서는 '적당한 근무시간'(49.7%)이 두 번째로 높게 나왔지만 역시 '안정적인 근무여건'(50.3%)보다는 낮았고, 30대에서는 '안정적인 근무여건'(57.4%)과 '연봉수준'(53.5%)이 차례로 높은 응답을 받았다. '개인의 전문성·성장'이라는 항목은 20대에서는 19.7%, 30대에서는 30.4%의 응답을 받았고, '수평적 직장문화'와 같은 항목도 20대에서 19.3%, 30대에서 16.0%의 응답을 받았을 뿐이다.

그런데 왜 〈희망제작소〉의 설문조사에서는 짧은 근무시간, 재미, 성장 등 다른 조건들이 더 많은 선택을 받았을까? 2016년 〈희망제작소〉의 조사는 앞서 설명한 것처럼 '좋은 일'을 구성하는 다양한 측면들에 대한 기획연재 스토리를 읽은 사람들에게 글 하단에 첨부된 설문에 자발적으로 참여하도록 했다. 아무래도 '어떤 일이 좋은 일일까'라는 주제에 평소 관심이 있었던 사람들이 참여했을 가능성이 높다. 그리고 질문하는 방식도 달랐다. '좋은 일'을 구성하는 조건들에는 여러 가지가 있음을 앞의 설문 문항들을 통해서 인지하도록 한 다음에 위의 항목을 질문했기 때문에, 임금과 고용안정성이라는 보편적인 기준 외에 다른 답을 할 가능성이 높았다.

2017년 조사 역시 '좋은 일'에 대한 관심이 높은 사람들이 참여했고, "현재 하고 있는 일에 대한 전반적인 만족도"를 묻기 전에 6개 카테고리의 25개 항목에 대한 만족도를 하나씩 답하도록 했다. '좋은 일을 구성하는 요건' 25가지에 대해 하나씩 생각해 볼 기회를 준 셈이라고 할 수 있다.

어떤 관점에서는 이 두 가지 조사의 측정 방법은 정확도가 떨어진다고 평가할 수 있다. 혹은 다르게 볼 수도 있다. 초·중·고교 교육 과정에서도, 대학교에서도, 직장을 다니면서도 '어떤 일이 좋은 일인지'에 대해서 배우거나 진지하게 생각해 볼 기회가 없었던 우리나라 사람들에게 아무런 사전 정보나 지식 없이 '어떤 일을 중요하게 생각하느냐?'고 물었을때 나온 결과를 정확하다고 할 수 있을까? 아니면, 좋은 일의 구성하는 요건에 여러 가지가 있다고 알려주고 잠시라도 생각해 볼 시간을 준 뒤에 물어보는 것이 더 정확할까?

〈LAB2050〉에서 2020년 3월에 실시한 설문조사[6] 결과도 비슷하다. '중요하게 생각하는 좋은 일의 요건'을 물었을 때 하나만 선택하게 했을 때는 전체 응답자나 20대(18~29세)의 응답 결과가 같았다. 양쪽 모두 '지금부터 정년퇴직 시점까지 안정적으로 다닐 수 있는 직장인지 여부'라는, 고용안정성에 해당하는 항목을 택한 비율이 가장 높았다. 그러나 3순위까지 택하게 하자 20대에서 가장 많은 선택을 받은 항목은 '연차 및 휴일 보장, 정시 퇴근 등으로 직장 밖 개인 시간이 보장되는지 여부'로 바뀌었다.

표2 '중요하다고 생각하는 좋은 일의 요건'에 대한
설문조사 결과(3순위까지 집계, %)

| '중요하다고 생각하는 좋은 일의 요건' 항목 | 전체 | | | 18~29세 | | |
|---|---|---|---|---|---|---|
| | 1순위 | 1+2순위 | 1+2+3순위 | 1순위 | 1+2순위 | 1+2+3순위 |
| 한 번 고용계약을 맺으면 주기적으로 갱신할 필요 없이 원하는 만큼 계속 다닐 수 있는 직장인지 여부 | 20.9 | 29.4 | 34.4 | 15.4 | 21.7 | 26.0 |
| 지금부터 정년퇴직 시점까지 안정적으로 다닐 수 있는 직장인지 여부 | 39.9 | 54.6 | 62.0 | 28.2 | 43.2 | 46.8 |
| 직장 내에서 같은 일을 하는 다른 직원에 비해 '차별'을 받을 가능성이 있는지 여부 | 4.1 | 8.0 | 12.5 | 5.1 | 9.1 | 13.8 |
| 절대적인 임금 수준 | 9.8 | 21.6 | 29.3 | 14.5 | 31.0 | 36.6 |
| 임금이 지속적으로 오를 수 있는지 여부 | 5.0 | 21.7 | 32.4 | 7.4 | 25.7 | 36.1 |
| 4대 보험 가입 여부 | 5.3 | 15.4 | 25.9 | 5.7 | 11.6 | 18.7 |
| 연차 및 휴일 보장, 정시 퇴근 등으로 직장 밖 개인 시간이 보장되는지 여부 | 4.6 | 18.7 | 38.1 | 9.1 | 25.2 | 52.7 |
| 개인 사정에 따라 출퇴근 시간 조정 및 단축, 재택근무, 휴직 등을 선택할 수 있는지 여부 | 1.3 | 5.1 | 12.7 | 1.5 | 5.8 | 14.9 |
| 집과 직장 사이의 거리가 가까운지 여부 | 1.4 | 4.4 | 8.8 | 2.1 | 4.0 | 11.3 |

| | | | | | | |
|---|---|---|---|---|---|---|
| 불합리한 점이 있을 때 개선 의견을 제시해도 불이익이 없고, 그 의견이 반영될 수 있는 구조인지 여부 | 1.8 | 5.8 | 14.4 | 4.8 | 8.3 | 18.6 |
| 내가 전문성 또는 숙련도를 획득할 수 있는 환경 및 구조인지 여부 | 3.1 | 7.1 | 12.9 | 4.2 | 8.3 | 14.5 |
| 업무에 있어서 나의 재량과 자율성, 창의성 등이 반영 가능한 구조인지 여부 | 2.8 | 8.3 | 16.5 | 2.2 | 6.0 | 10.1 |
| | 100 | | | 100.2 | | |

왜 이렇게 여러 차례에 걸쳐서, 계속해서 '어떤 일을 좋은 일이라고 생각하는지'를 물어보고 있을까? 사람들의 생각은 단순하지 않다고 여기기 때문이다. 그 단순하지 않은 생각을 알아내야 다른 시각으로 문제를 볼 수 있고, 다른 해법을 찾아낼 수 있다고 믿기 때문이다. 앞으로도 기회가 될 때마다 다른 방법으로, 그러면서도 궁극적으로는 같은 질문을 계속할 작정이다.

이번 〈LAB2050〉 조사에서는 이런 질문도 해 봤다. "만일 아래와 같은 일의 조건이 존재하고, 그것이 강제적으로 주어진 것이 아니라 귀하가 선택할 수 있는 것이라면, 귀하는 해당 조건을 어떻게 판단하십니까?"라면서 여러 가지 일의 형태를 제시했다. 그 결과는 〈표3〉과 같다.

표3 선택할 수 있는 일의 조건들에 대해
긍정적으로 본다는 응답 비율(%)

| 선택할 수 있는 일의 조건 | 전체 | 18~29세 | 60~69세 |
|---|---|---|---|
| 프리랜서 또는 1인 사업자로 일하는 것 | 80.6 | 76.3 | 89.3 |
| 하루에 4~5시간 동안만 일하는 것 | 71.9 | 86.5 | 56.1 |
| 투잡, N잡 등으로 한 번에 여러 가지 일을 하는 것 | 70.2 | 75.8 | 59.5 |
| 1년 중 1개월은 쉬는 형태로 일하는 것 | 69.5 | 77.5 | 59.5 |
| 주 3일 또는 4일만 일하는 것 | 68.6 | 83.4 | 48.4 |
| 직장의 필요에 따라 1년 중 몇 달 정도 야근을 하고, 나머지 몇 달 동안은 그만큼 단축근무를 하거나 1~2개월 동안 유급휴가를 받는 형태 | 68.5 | 80.2 | 53.9 |
| '플랫폼 노동'과 같이 여건에 따라 불규칙적으로 선택해서 하는 일 | 49.2 | 56.3 | 43.5 |

이를 보면 자율적으로 선택할 수 있다는 전제하에서는 전형적이지 않은 다양한 일의 형태들이 대체로 긍정적으로 인식된다는 것을 알 수 있다. 그리고 그 경향은 청년층에서 더 강하게 나타났다. '하루에 4~5시간만 일하는' 형태에 대해서는 18~29세 응답자는 86.5%가 긍정적인 반면 60~69세 응답자는 56.1%만 긍정적이었다. '주 3일 또는 4일만 일하는 것'에 대해서는 18~29세는 83.4%의 높은 긍정 비율이 나타

났지만, 60~69세는 48.4%만이 긍정적이었다. 절반을 넘는 (51.6%) 비율로 '부정적'이라고 답한 것이다. 또 '1년 중 1개 월은 쉬는 형태로 일하는 것'에 대해서도 18~29세(77.5%)와 60~69세(59.5%)의 긍정 비율에 차이가 컸다.

이런 차이에 대해서 우리는 좀 더 주목해야 한다. 왜 이런 차이가 나타나는지, 그리고 그것 못지 않게 왜 이 정도밖에 차이가 안 나타나는지에 대해서까지도 더 알아봐야 한다. 단 순하게 질문하고, 곧이곧대로 해석해서는 중요한 흐름을 알 아채지 못할 가능성이 높다. 일에 대한 생각은 이토록 복잡 한 것이다.

# 8
# 진짜 안정성에 대해서

## 과거 위기 때와 다른 점

2020년, 우리는 전에 없던 세계를 경험하는 중이다. 수능 시험 듣기평가 시간에 비행기가 안 뜨는 걸 당연하게 알고 살아온 한국 사람들에게 한 학기가 다 지나가도록 초·중·고교가 정상적인 수업을 하지 못한다는 것은 보통 낯선 광경이 아니다. 영원히 성장할 줄 알았던 항공, 관광, 호텔업이 문 닫을 걱정을 하게 됐고, 그에 따라 어떤 일자리가 안정적인지에 대한 사회 통념에도 대혼란이 오고 있다.

서방 선진국들이 우리의 방역 시스템과 높은 시민의식을 칭찬하는 게 자랑스러운 한편, 우리가 늘 따라가려 했던 그 나라들이 이토록 우왕좌왕하고 무너지는 모습을 보는 것은 낯설다 못해서 공포스럽다.

사회학자 조한혜정 연세대 명예교수가 말한 것처럼, 한국은 특유의 속도감으로 빨리빨리 잘사는 나라가 됐다가 남들보다 앞서서 망하기 시작한 선망국(先亡國)이 맞는 모양이다. 내리막길을 가는 행렬의 맨 앞에서 더듬어서 길을 찾아야 하는 역할을 이제 막 본격적으로 시작했다고도 볼 수 있겠다.

그런데 예전 위기 때와는 다른 점들이 보인다. '일'과 관련해서 우리사회에서 어느새 몇 가지가 달라져 있었다. 첫째는 '해고'가 이 위기를 타개하는 첫 번째 수단이 아니라는 점이다. IMF 외환위기 당시를 기억하는 사람이라면 그때 TV 뉴스에서 가장 많이 나오던 단어가 뭐였는지 떠올릴 수 있을 것이다. 바로 '구조조정'이다. 이 말은 그 자체로는 '기업의 경쟁력을 높이기 위해 사업 및 구조를 개선하는 것'이라는 의미지만, 그 당시부터 지금까지 한국에서는 유독 노동자를 대량으로 해고한다는 뜻으로 사용된다. 그때를 기점으로 많이 쓰인 말 중에는 '고용유연성'도 있다. 이 말도 본래 그런 의미만은 아닌데도 우리나라에서는 '쉬운 해고'와 같은 뜻으로 쓰인다. 이때 이후로 노동자 해고를 쉽게 해 줘야 기업이 살 수 있다는 주장이 경영계뿐 아니라 언론과 학계에서도 계속해서 쏟아져 나왔다.

그 근거가 된 선진국 사례가 미국이었다. 1970년대 오일 쇼크 이후의 위기를 거치면서 미국은 노동자 해고가 쉬웠던 덕분에 기업들이 경쟁력을 회복하고 다시 일자리가 늘어났는데, 유럽은 해고가 어려워서 경제가 정체됐고 일자리 수가 늘지 않았다는 식의 주장이 계속됐다.

2008년 금융위기로 그렇게도 우리가 선망(羨望)해 온 미국도, GM 같은 글로벌 기업들도 허점 투성이라는 것을 알게 됐지만, 그럼에도 '고용유연성'이 있어야 '기업하기 좋은 나라'가 된다는 주장은 거의 그대로 반복됐다.

2020년, 우리는 또 위기를 맞았다. 그런데 이번에는 그런 말이 거의 들려오지 않는다. 한국경영자총협회(경총)가 3월 국회에 전달한 건의안에 어김없이 '쉬운 해고'가 포함돼 있기는 했지만, 거의 회자되지 않았다. 총선을 앞둔 정치인들 중에도 이 주장을 앞세우는 사람을 찾아볼 수 없었다. 그보다는 각 가정과 개인들이 위기를 잘 넘기게 할 수 있는 방안, 즉 재난기본소득 또는 긴급재난지원 제도에 대한 토론이 더 많이 이뤄진 것이 사실이다.

정부는 노동자를 해고하지 않는 기업에게 휴업 또는 휴직수당 일부를 지원하는 고용유지지원제도의 대상과 범위를 발 빠르게 확대했다. 대기업들에게는 고용을 유지하라고 강력한 메시지를 보냈고, 소규모 업체들의 무급휴직자, 특수형태고용노동자, 프리랜서 노동자들을 지원하는 방안도 마련했다.

물론 코로나19 사태가 길어지면서 일자리를 잃은 사람들의 소식은 점점 더 많이 들려온다. 그렇더라도, 적어도 이번에는 노동자들에게 가장 먼저 희생을 요구하는 분위기는 없다. IMF 사태 당시를 기억하는 사람들에게는 이것 하나만으로도 세상이 달라졌다는 실감이 들 만하다.

두 번째로 '일'과 관련해서 우리 사회가 예전과 달라진 점은 소득을 꼭 노동의 대가로만 보지 않는다는 것이다. 그동안 우리에게는 "주된 소득은 반드시 일에서 나와야 한다"는 암묵적인 원칙이 있었다. 바로 '노동 윤리'가 강하기 때문이다. 그래서 정부의 지원을 받아야 하는 사정이 있는 경우에도 미성년자와 장애가 있는 사람의 경우만 제외하고는 하루 대부분의 시간에 '일'을 해야 한다. 스스로 일을 못 찾으면 정부가 지정한 일, 즉 공공근로라도 해야 한다. 만일 그런 일도 마땅히 없으면 어딘가 지정된 장소에 나와서 앉아 있기라도 해야 한다. 실업자라면 정부가 지정한 교육을 받거나 이력서 쓰고 면접 보는 데 시간을 써야 한다. 그러지 않고 자기 시간을 자유롭게 쓰면서 소득 보조를 받는다는 것은 그동안 우리 사회에서 용납되지 않는 일이었다.

그런데 코로나19로 인해 처음 지급된 긴급재난지원금에는 그와 같은 '노동 조건'이 없었다. 물론 이례적인 상황하에서의 한시적인 지원이어서였을 수도 있다. 그렇더라도 이런 사회적 경험이 생긴 것은 의미가 있다. 왜냐하면, 사실상 그와 같은 '노동 조건'이 실제로는 사람들이 진짜 원하는 일, 잘할 수 있는 일을 찾는 데 제약이 돼 왔기 때문이다. 그럼에도 현존하는 일자리 지원 제도인 청년내일채움공제, 근로장려금 등은 '지금 하는 일을 계속 해야 정부도 지원해 준다'는 전제를 가지고 있으며 취업성공패키지, 청년구직활동지원금도 '성실하게 노력해서 최대한 빨리 취업하라'는 메시지를 준다.

이번 위기에 이뤄진 긴급재난지원제도에 대한 논의를 보면 그저 '부족한 소득을 채워 주겠다'는 메시지만 보였다. 지금 하는 일을 계속 해야 할지 접어야 할지, 지금 하는 일이 없으면 바로 취업을 시도해야 할지 나중에 할지 등은 개인들이 알아서 판단할 문제다. 정부는 그저 누구도 최저선 밑으로 떨어지지 않도록 떠받쳐 줄 뿐이다. 비유하자면 일일이 간섭하고 지시하는 '헬리콥터 부모'가 아니라, 엇나가지 않을 정도의 울타리만 쳐 주고 그 안에서 자유롭게 자라게 해 주는 부모 같은 태도다. 후자의 부모에게서 자란 자녀가 더 독립적이고 자기주도적이라고 하듯이, 이런 정부를 경험한 시민들도 그렇게 더 성숙한 태도로 자기 삶을 개척할 수 있다.

비록 코로나19 바이러스는 폭탄처럼 떨어졌지만, 그로 인해서 사회가 뒤집어졌다기보다는 땅 밑에 차근차근 쌓여 오던 작은 변화들이 이런 큰 충격을 계기로 쑥 지표를 뚫고 올라온 것이라 할 수 있다. 그동안 우리는 지난 경험에서 교훈을 얻고, '일'에 대한 의미를 찾아오고 있었던 것이다. 노동자는 단지 경제를 구성하는 한 단위로 필요에 따라 줄였다 늘였다 하는 대상이 아니라, 일하는 우리 모두를 의미한다는 것, 그리고 일하는 우리 모두는 바로 이 사회에서 행복하게 살 권리가 있는 시민이라는 것이다.

이번 긴급지원이 이례적인 일이 아니라 정부의 역할을 바꿔나가는 첫 단계로 남았으면 좋겠다. 그럴 수 있다면 한국이 정말 선진국들보다 앞서서 해법을 찾아가는 선망국(先亡

國), 아니 선망국(羨望國)이 될 수도 있지 않을까?

## 일자리 없어져도 덜 충격받는 사람들

"어차피 없어질 직업 아닙니까?"

2019년, 한국도로공사 고속도로 톨게이트 수납 노동자들이 공사 측에 직접 고용과 및 정규직 전환을 요구하면서 고공농성을 이어 가고 있던 시기에 청와대 고위 관계자가 했다고 알려진 말이다. '하이패스 보급 등 기술의 발전에 따라서 요금 수납원 업무는 없어질 수밖에 없는데 노동자들을 정규직으로 전환하고 그 자리를 정년퇴직까지 보장하는 것이 맞느냐?'는 취지의 비판은 이미 인터넷 댓글로도 적잖게 볼 수 있었다. '공사 정규직 되기가 얼마나 어려운데 시험도 안 치고 그냥 되려고 하느냐'는 비판도 기사마다 달려 있었다.

한국도로공사 톨게이트 수납원들이 요구한 정규직은 대졸 공채 신입사원과 동일한 직군이 아닌 '실무직'이었고, 임금과 처우 수준을 공채 직원들과 동일하게 해 달라고 요구한 것이 아니라, 직접 고용을 해 달라고 요구한 것뿐이었다. 따라서 이 사안을 놓고 '정규직 일자리가 희소해지는 문제' 전체를 다룰 수는 없다. 그런데 사실 그 문제와 이 사안이 전혀 관련이 없는 것은 아니다. 크게 보면 '안정된 일자리를 원하는 사람들'과 '안정된 일자리를 제공할 수 없는 사회' 간의 갈등을 보여주는 현상이기 때문이다.

이 사안에는 이명박 정부 당시 '공공기관 선진화' 정책에 따라 (나중에 불법파견으로 판결 받을 정도로) 무리하게 진행한 외주화의 문제, 자회사 고용 형태의 직접 고용이 '정규직 채용' 요구에 부합하느냐의 문제, 그 밖에도 도로공사 임원 출신 용역업체 사장들의 이권 독점과 갑질 등의 문제가 복잡하게 얽혀 있었다. 그렇지만 그 핵심은 도로공사가 톨게이트 수납원으로서의 고용을 보장해 주려 하지 않는다는 데 있다. 노동자들에게 계속 수납원으로 일하고 싶으면 자회사 채용을 받아들이고, 아니면 청소나 쉼터 정비 등의 업무 전환을 받아들이라는 두 개의 선택지를 제시했던 것을 보면 알 수 있다. 수납원이라는 업무는 언제든지 없어질 수 있는 '시한부'라는 점을 명백히 한 것이다. 어렵게 대법원까지 가서 '직접 고용' 판결까지 받아 온 노동자들로서는 받아들이기 어려운 제안이었다. 이럴 거면 대통령은 왜 '공공부문 비정규직 정규직화'라는 정책을 펴서 헛된 희망만 줬나 하는 원망이 터져나올 만도 하다. 또 대부분이 학력이 높지 않은 중년 여성들인 이 노동자들이 사회적 무시와 차별을 당한다고 여기는 것도 무리가 아니다.

그런 노동자들의 처지와 입장에 공감하더라도 다음의 질문에 답하기는 어렵다. 이 노동자들에게 도로공사가 '톨게이트 수납원'이라는 업무를 정년퇴직까지 그대로 보장해 주는 것이 현실적으로 가능한가 하는 것이다. 안타깝지만 사회 전체, 산업화 이후의 노동의 역사 전체를 놓고 볼 때 어떤 일자리가 기술 발전에 의해 줄어들거나 사라지고, 다른 일자리가 생겨나는 현상은 자연의 법칙처럼 이어져 왔기 때문이다.

그런 가운데서 어떻게 사회의 안정성을 유지하고, 개인들의 삶이 최소한으로 영향을 받게 할 것인지가 2018~2019년 민간독립연구소인 〈LAB2050〉에서 일하며 내가 담당했던 연구 주제였다. 2018년 5월 군산 GM 자동차 공장 폐쇄로 실직한 노동자, 호주 애들레이드의 GM 및 그 하청업체 실직 노동자들, 그리고 스웨덴 말뫼 조선업 쇠락으로 1980년대 말 실직을 경험한 노동자들을 인터뷰한 것도 그 때문이다.

세 도시에서 만난 노동자들의 공통점은 모두 자신들이 하던 일을 "내 인생 자체"라고 할 만큼 중요하게 여겼다는 것이다. 가족들을 부양할 소득을 줬고, 자신의 사회적 쓸모를 알려줬으며, 동료들과 오랜 시간 함께할 수 있게 해 준 소중한 직장이었다. 때문에 그 일을 잃은 충격은 누구에게나 컸다. 은퇴 시점까지 그 일이 지속되도록 정부와 기업주가 더 애써 주기를 바란 것도 같았다.

그 밖의 다른 측면에서는 차이가 확연했다. 군산의 노동자들은 공장 폐쇄일로부터 불과 3개월여 전에 그 사실을 공식 통보 받았고, 그 전후의 상황들에 대해 정부와 경영진에 강한 불신을 가지고 있었다. 때문에 다른 직장 또는 직업을 알아볼 만한 물리적, 심리적 여유가 없었다. "정부는 우리에게 도움 준 것이 없고, 관심도 없다"고 생각했고, 일자리에 대한 제한된 정보와 조바심 때문에 동료들과의 마음의 거리도 점점 멀어져 갔다.

호주 노동자들도 정부에 대한 원망을 꽤 가지고 있었다. 본래부터 호주는 자국 브랜드 없이 미국, 일본 등 글로벌 자동차 기업의 생산 기지 역할을 해 왔다. 인센티브를 더 주지 않으면 공장을 빼 가겠다는 기업 본사들의 요구에 시달려 오던 호주 정부가 '자동차 산업과의 결별'을 선언했고, 이에 따라 공장들이 연달아 폐쇄되자 노동자들의 불만이 정부로 향한 것이다.

그렇지만 객관적인 상황은 군산보다는 훨씬 나았다. 이미 2008년 미쓰비시 공장 폐쇄 때부터 경험이 쌓인 터여서 2017년 GM 공장 폐쇄는 3년 전에 노동자들에게 공식 발표됐다. 이 3년의 기간 동안 노동자들은 정부와 GM이 함께 조성한 펀드에서 1인당 2500호주달러(한화 약 200만 원)의 훈련비를 사용하며 이직 훈련을 받을 수 있었다. 또 호주는 사회보험 시스템이 아니라 전액 정부 예산으로 실업급여를 지급하는 실업부조 시스템을 가지고 있다. 적용 범위도 다른 어떤 나라 제도보다도 넓다. 전업주부가 다쳐서 입원을 해도 실업급여가 나올 정도다. 다치지 않았을 때에 비해서 자녀 돌봄 등 비용이 더 들어가게 되기 때문이다. 또한 호주는 영국과 유사하지만 질적 수준은 더 높은 무상의료 시스템을 갖췄고, 주거비 부담도 크지 않은 나라다. 그 덕분인지, 연구 과정에서 만난 세 명의 노동자들 모두 "실직으로 상심했고 새 일에 적응하기도 쉽지 않았지만 가족들의 삶은 이전과 크게 달라지지 않았다"고 했다.

복지국가인 스웨덴에서도 마찬가지였다. 30년 전이지만 노동자들이 누린 실업급여, 이직 훈련 및 지원 등의 수준은 지금의 한국보다 훨씬 높았다. 그렇기에 "실직 후 생활수준과 자녀 양육에 부정적 영향이 있었습니까?"라고 질문했을 때 모두 당연하다는 듯이 고개를 저었다.


## 공장 문 닫아도 격렬한 저항이 없었던 이유

정작 스웨덴 사례에서 놀랄 만한 측면은 다른 데 있다. 강력한 산별 노동조합과 투쟁의 문화를 가진 스웨덴인데도 전국 조선소들이 문을 닫는 가운데서 격렬한 저항이 일어나지 않았다는 것이다. 2019년 10월 말뫼에서 만난, 코쿰스 조선소 폐쇄 당시 노동조합 위원장이었던 욘-에릭 울손 씨에게 그 이유를 물어봤다. 그는 "정부도, 조선소 경영진도 위기를 헤쳐 나가 보려고 최선을 다했다는 것을 노동자들이 알고 있었기 때문"이라고 했다.

울손 씨 자신이 노동이사제에 따라 이사회 일원으로 참여했기 때문에 경영상의 결정 과정을 잘 알고 있었다. 조선소 폐쇄 결정을 앞두고 스웨덴 총리가 두 번 노조 사무실로 찾아와서 면담을 한 일을 회상할 때는 훈훈한 미소를 지어 보이기도 했다. "그래도 경영진에 대한 원망은 있지 않으냐?"고 물었더니 이렇게 답했다.

"아, 그때 사장은 코쿰스 집안 사람인데, 지역사회를 위해서 좋은 일을 많이 해 왔어요. 어떻게든 조선소를 더 유지해 보려고 백방으로 뛰어다녔고, 우리와도 많은 대화를 했지요. 정말 고생 많이 했어요."

이렇게 상황을 충분히 이해했고, 누구도 노동자들에게 정보를 숨기거나 속이지 않은 것을 알기 때문에 격렬하게 저항할 필요가 없었던 것이다. 달리 말하면 '사회적 신뢰'가 있었고, '사회적 대화'가 가능했다. 그랬기 때문에 이후 말뫼시가 제조업과의 결별을 선언하고 환경 · 생명과학 · IT 산업 등 중심 도시로 전환을 꾀했을 때도 시민 전체의 지지를 받을 수 있었다.

이 이야기를 들으면서 어쩔 수 없이 그로부터 한 달여 전에 만났던 군산 GM 자동차 노동자들이 떠올랐다. 그리고 예전 기자 시절 만났던 쌍용자동차 노동자들도 겹쳐서 어른거렸다. 그들에게 진짜 문제는 일자리가 없어졌다는 그 자체가 아니었다. 어쩌면 없어지지 않아도 됐을 일자리인데 경영진과 정부가 노동자를 속였고 언론도 한통속이었기 때문에 결국 빼앗기고 말았다는 억울함이 더 컸다. 그 억울함이 커지면 울화가 되고, 삶을 더 이어갈 수 없을 만큼의 절망이 되기도 한다.

스웨덴의 실직 노동자들이 기댈 수 있었던 복지국가 시스템이라는 것에 대해 좀 더 자세히 살펴보자. 말뫼에서 만난 네 명의 전직 조선소 노동자들은 70~80대 나이에 이르도록 안정되고 행복한 삶을 살았다는 것이 얼굴 표정에서부터 드러났다. 그때만 하더라도 기차, 잠수함 등을 만드는 중소 규모 제조업들이 아직 남아 있었고, 그쪽으로의 직업 전환이 그렇게 어렵지 않았기 때문에 그랬을 수도 있다. 그렇지만 실직 노동자 중 상당수는 은퇴 연령이 되기까지 다시는 일자리를 찾지 못했다. 이 넷 중 한 명도 "조선소를 그만둔 뒤 다시는 그렇게 안정된 일자리에서 일하지 못했다. 세제 외판원을 하는 등 여러 일자리를 전전했다"고 했다. 그러나 이들과 그 가족들의 삶은 크게 흔들리지 않았다.

이 분들에게 한국에는 '해고는 살인이다'라는 말이 있다고 말했더니 그 뜻을 바로 이해하지 못했다. 한국에서는 한 직장에서 오래 일하던 사람이 해고되면 다른 직장에 들어간다는 것이 지극히 어렵고, 이전과 비슷한 임금을 받는 일자리는 더더군다나 찾기 어려우며, 가족들의 의료보험이 없어질 수도 있고, 자칫하면 주택담보대출 연장이 안 돼서 살고 있던 집을 떠나야 할 수도 있고, 자녀들은 대학 진학을 포기해야 할 수도 있다는 등등으로 한참 설명을 했다. 그제서야 그들은 이해했다는 듯이 고개를 끄덕였고, 이렇게 답했다.

"여기에는 그런 문제는 없어요."

다시 한국의 상황을 보자. 우리 노동자들은 이런 사회적 신뢰를 가지고 있거나, 진정한 의미에서의 사회적 대화를 해 본 적이 있을까? 또 실직하더라도 가족들의 삶이 유지될 수 있도록 안정성을 보장해 주는 국가에서 살고 있나? 그렇지 못한데도 "기술 변화에 따른 일자리 변화는 어쩔 수 없는 현상"이라며 노동자들로 하여금 적당히 물러나라고, 기업과 정부에 부담을 주지 말라고 하는 것이 과연 옳은지 다시 생각해 봐야 한다.

물론 사회적 신뢰라는 것이 어느 한쪽만의 노력으로 생기는가, 하루아침에 만들어질 수가 있겠는가, 그리고 한국이 갑자기 복지국가가 될 수 있겠는가 등등 현실적인 반론도 나올 수 있다. 그렇지만 천리 길도 한 걸음부터라고 할 때, 이제부터 할 수 있는 것은 무엇인지 생각해 볼 수는 있다. 한국도로공사 상황을 놓고 보면 의외로 간단하다. 경영진은 톨게이트 수납원의 규모를 언제까지, 어느 정도로 줄이고 어느 시점에 없애려고 하는지 최대한 합리적으로 예측해서 투명하게 공표해야 했다. 그리고 그 과정에서 줄어들 수밖에 없는 인력을 어떤 식으로 재배치하고, 이에 따른 훈련은 어떻게 진행할 것인지에 대한 방안을 노동자들의 의견을 최대한 수렴해 만들어야 했다.

무엇보다도 이처럼 노동자들에 대해 지속적인 관리와 지원을 하려면 직접고용부터 해야 한다. 그렇게 신뢰를 보여준다면 다른 업무로의 전환배치가 불가피한 상황이 오더라도 격렬한 저항이 터져 나오지는 않을 것이다. 공공기관인 한국도로공사가 고용에 대해서 이렇게 무책임한 모습을 보여야 했던 이유는 대체 무엇이었을까?

민간 기업들이라 해도 사회적 책임을 어느 정도는 같이 져야 한다. 사회 전체가 고용의 문제를 이토록 고민하는데, 단지 이윤을 더 남기고 주주에게 더 많은 배당을 하기 위해 고용 비용을 줄이기만 한다면, 그런 기업을 한국 사회의 중요한 구성원이자 이해관계자로 볼 수는 없다. 산업 환경 변화, 기술 변화, 코로나19와 같이 예기치 않은 위기 속에서 불가피하게 노동을 줄여야 하는 기업은 있을 수 있다. 그렇다면 경영진은 그런 상황을 노동자들과 투명하게 공유하면서 대책을 마련해야 한다. 정 고용을 책임질 수 없다면 노동자들을 위한 이직 훈련 기금이라도 쾌척해야 한다. 그런 책임은 다하지 않으면서 기업들이 사회공헌이라며 연탄 나르고 김치 담가 봐야 사회적 신뢰는 전혀 얻을 수 없을 것이다.

이상의 논의가 가능하려면 중요한 전제가 있다. 노동의 상황이 바뀔 수 있고, '평생 직장'도 사라질 수 있다는 데에 노동자와 시민들이 동의해야 한다는 것이다. 사실 그런 동의는 이미 오래전에 강제로 이뤄졌다. IMF 구제금융 사태 이후 신자유주의 바람, 2008년 금융위기를 거치면서 대부분은 평생직장, 장기 근속에 대한 기대를 버렸다. 그래도 능력 있는 사람이라면, 차별 없는 직장에서라면, 부당한 힘이 개입되지 않는 조직에서라면 가능하지 않을까 하는 일말의 기대가 남았을 뿐이다. 한편으로는 '어차피 조직은 나를 책임져 주지 않는다'는 깨달음하에 개인의 전문성을 키우고, 그럼으로써 더 궁극적인 안정성을 확보하려는 경향도 강해졌다.

말뫼에서 들으니 한때 대형 조선소 하나에 의존했던 이곳은 이제 새로운 기업들이 수없이 창업되고 망하고 또 창업되는, 작은 기업들의 도시가 돼 있었다. IT, 친환경, 생명공학 등 분야 기업들이 많다고 알려지기도 했으나 최근에는 게임과 미디어 산업의 창업이 더 많다고 했다. 그 이유는 단지 청년 세대가 그쪽에 관심이 많기 때문이다. 말뫼는 사람들이 배우고 싶은 대로 일하고, 일하고 싶은 대로 일하고, 살고 싶은 대로 살 수 있도록 지원하는 도시가 돼 있었다.

이제 우리사회에서는 톨게이트 노동자처럼, 군산 GM 자동차 노동자들처럼 일자리를 잃는 사람들이 점점 더 많아질 것이다. 이럴 때 국가의 역할은 무엇일까? 가장 필요한 것은 노동자들이 어떤 변화에 직면하더라도 가족들의 삶은 크게 바뀌지 않도록, 어린 자녀들은 꾸던 꿈을 계속 꿀 수 있도록 해 주는 안전망이다. 그리고 노동자에게 앞으로 어떻게 살고 싶은지, 그에 따라 필요한 지원과 교육은 무엇인지 진지하게 관심을 가져 주고 필요한 것을 제공해 주려는 정부의 자세다. 이 두 가지를 다른 말로 하면 '존중'이다. 이 존중이 없어서 노동자들이 자꾸 높은 곳으로 올라간다는 점을 정부는 기억해야 한다.

# 기준은 달라지고 있다

## 다르게 살아도 잘살 수 있다면

"워라밸이라는 건 저희와는 어울리지 않는 말이에요." 이런 말을 들었다. 언감생심 그런 생각을 어떻게 하겠느냐는 맥락이 아니었다. 그런 단계는 이미 지나갔다는, 아니 처음부터 그와 다른 차원의 고민을 하면서 살아왔다는 말이었다.

앞에서도 설명한 2019년 11월 제주도에서 열린 '제이커넥트데이'(J-Connect Day)에서, 예닐곱 명의 '로컬 크리에이터' 청년들과 둘러앉아 한 시간 반 남짓 대화를 나눈 자리에서 들은 말이었다. 이 대화의 주제는 '지역에서 일하려는 청년들에게 좋은 일자리의 의미는?'이었다.

서울의 대학에서 그래픽디자인을 전공하고 큰 회사에서 인턴 생활도 했지만 고향에서 살고 싶어서 강릉에 디자인 회사를 차렸다는 여성은 지역에서 필요로 하는, 강릉의 특징을 담는 디자인 작업들을 하고 있다. 그는 "큰 회사에 다니는 것보다 여기서 일하는 것이 나만의 경력과 경쟁력을 쌓는 데 더 도움이 된다"고 말했다. 부산과 거제도에서 또래 청년들과 도시재생, 커뮤니티를 주제로 다양한 사업을 벌이고 있는 여성은 "우리는 일을 하기 위해 지역에서 사는 게 아니라 '지역에서 살아가기'를 일로 만드는 사람들"이라고 설명했다.

제주도에서 청년 협동조합을 만들어서 일해 온 남성은 "제주도에는 이미 일년 중에 몇 달만 일하는 사람, 일주일에 며칠만 일하는 사람, 하루에 몇 시간만 일하는 사람, 직장에서 떨어진 곳에서 '리모트 워크'를 하는 사람들이 많다"고 전했다. 어떤 관점에서는 불안정 노동이라고도 할 수 있지만, 그는 "그런 말로는 정의할 수 없다"면서 "다양한 삶의 방식을 선택한 사람들이 그에 따라 다양한 형태로 일하는 것뿐"이라고 말했다.

이 사람들이 말하는 '내가 지금 하는 일을 선택한 이유', '내가 지금 있는 지역을 선택한 이유' 등을 듣다 보니 이야기는 한 방향으로 수렴됐다. '일과 삶은 구분되지 않는다'는 것이다. 어떻게 살고 싶은지에 대한 생각이 어떤 일을 어떻게 할지, 어디에서 살지와 자연스럽게 연결된다는 의미다. 이것은 소수의 특수한 사람들에게만 해당되는 이야기일까? 그렇지 않다는 증거는 많다.

한때 우리는 정장을 입고 지하철을 타고 시내 중심지 큰 건물의 직장에 출근하는 사람들을 가장 멋지다고 생각했다.

언제부터인지는 확실하지 않지만 드라마 〈TV 손자병법〉이 인기를 끌던 시절이 그 정점이 아니었을까. 1987년부터 6년여 동안 KBS에서 방영됐던 이 드라마는 종합상사를 무대로 부장, 과장, 대리, 사원 등 구성원들이 겪는 일상을 보여줬다. 그들이 무슨 업무를 하는지는 잘 드러나지 않았다. 그저 '회사'라는 크고 안전한 세계의 질서와 규칙, 인간관계에만 집중하며 살아가는 사람들로 그려졌다.

그런 이미지는 오랜 시간 우리 사회를 지배했다. 그런 직장에 취업이 잘되는 학과의 커트라인이 높아지고, 그런 학과에 학생들을 더 보내기 위한 방식으로 공교육이 재편됐다. 기업들은 서울의 종로, 여의도, 강남 등에 높은 건물을 지어서 본사로 삼았고, 이를 중심으로 주택가가 방사형으로 서울 외곽까지 뻗어 나갔다. 그리고 통근자를 실어 나르기 위한 목적으로 대중교통망이 발달했다. 그 세계 속에서 일하며 살아가기를 꿈꾸는 사람들에게 지방 소도시나 농어촌에서의 삶, 동네에서 일하는 사람들이나 기술자, 농부, 이런저런 소일을 하며 살아가는 사람들은 실패자, 패배자로 보일 수밖에 없었다.

그러나 언제까지나 이어질 것 같던 구도는 조금씩 깨져 왔다. 모순적이게도 사람들을 매혹시키던 점들이 거꾸로 사람들을 짓눌렀다. 조직이 커질수록 그 안에서 일하는 사람들은 업무에 대한 결정권, 선택권을 가지기 어려워졌다. 매뉴얼대로 일하는 직원들은 쉽게 다른 직원으로 대체될 수 있었다.

아웃소싱 업체와 파견업체 인력으로 대체되거나 아예 기계로 대체되기도 했다.

대기업은 지금도 높은 임금과 안정성, 부모님을 만족시켜 드릴 수 있다는 점 등으로 볼 때 독보적인 우위를 가진 직장이다. 그러나 청년들의 시각은 좀 다르다. 큰 조직은 신입사원이 기본적 업무 능력을 가지도록 교육해 줄 자원과 여력이 있기 때문에, 일단 들어가서 어느 정도 성장한 뒤에 다른 길로 가겠다는 식으로 지원하는 경우가 적지 않다. 심지어 공기업, 공무원을 지원하는 청년들에게서도 비슷한 이야기를 듣는다. "경쟁률 높은 시험에 통과했다는 자체가 하나의 '자격'이기 때문에", "일반 기업은 어떤 기준으로 뽑는지 알 수가 없으니 일단은 시험으로만 뽑는 조직에 들어가서 숨을 돌린 다음에 다른 길을 찾으려고" 지원한다는 것이다.

그러고 보면 〈TV 손자병법〉과 같은 업종인 종합상사를 무대로 한 다른 드라마도 있다. 2014년 tvN에서 방영된 〈미생〉이다. 그 주인공 '장그래'는 신입사원으로 입사해 어느 정도 성장한 뒤에 회사를 그만뒀고, 그 뒤에야 비로소 자신감과 전문성을 가지고 일하는 사람으로 그려졌다.

직장 밖에서의 삶에 대해서도 같은 흐름이 있었다. 서울 도심 기업에 다니는 사람들은 야근도 잦은 데다 서울 외곽이나 수도권 집으로 출퇴근하는 데 길게는 하루 네 시간을 써야 한다. 그러다 보니 집에 많은 시간을 들일 수 없다. 그들에게 최적의 주거 공간이 바로 아파트다. 대부분 관리사무소의 서비스로 해결되기 때문에 사는 사람이 크게 손댈 곳도, 시간 들일 일도 없다.

아파트는 그렇게 대한민국 사람이면 누구나 살고 싶어 하는 공간으로 자리매김한 것 같지만, 가만히 보면 꼭 그렇지는 않다. '사려면 서울의 아파트를 사라'는 말은 주거 공간으로서의 아파트를 지칭하는 것이 아니다. 되팔 때 손해를 보지 않는, 도리어 돈을 더 벌 수 있는 '투자처'로서의 아파트를 지칭하는 것이다. 승용차도 중고차 시세를 생각해 흰색, 검은색만 사는 것처럼, 한국 사람들은 되팔 때를 위해 소유한 기간의 만족도를 희생하는 데 익숙해져 있다. 수도권의 아파트를 본따서 지방 도시들마다 수백 수천 세대의 아파트들이 지금도 지어지고 있지만, 주거 공간으로서 아파트의 매력은 상당히 줄어들었다. 단적으로 보여주는 것이 〈구해줘! 홈즈〉라는 MBC 예능 프로그램이다.

집 구하는 사람을 대신해서 예능인들이 집을 찾아다니는 이 프로그램이 호응을 얻는 이유는 뭘까. 나도 이 프로그램을 즐겨 보는데 집 안의 여러 공간들을 진행자들이 하나씩 소개할 때마다 그곳을 어떻게 활용하면 좋을지 상상하는 것이 즐겁다. 가족들이 모여서 함께 책을 읽으면 좋을 공간, 혼자서 시간을 보내기 좋을 다락방, 날씨 좋은 날 머물고 싶은 옥상과 마당, 널찍한 발코니 등, 모두 어느 정도 여유를 가지고 느긋하게 살 때 의미가 있는 공간들이다.

프로그램을 통해서 '숲세권', '팍(park)세권'이라는 신조어도 널리 퍼졌다. 집이 숲이나 공원 근처에 있다는 것이 강점으로 소개되는 것이다. 직장에 출퇴근 하는 것만 생각하면 도심지, 역세권 집들만 인기 있어야 하겠지만 그보다는 자연을 즐길 수 있는 위치에 있는 집들이 더 관심을 끈다. 이유가 뭘까? 이제 사람들은 직장에서 너무 많은 시간을 쓰고 싶지가 않다. 또 판에 박힌 똑같은 집에서 똑같은 형태로 살고 싶지도 않다.

물론 하루, 일주일의 대부분을 직장에서 보내고 출퇴근에 많은 시간을 쓰는 사람이라면 그런 집에 이사하더라도 많은 공간을 먼지 쌓이도록 방치해야 할지 모른다. 집 바로 앞의 숲이나 산책로조차 나가 볼 힘이 없을지 모른다. 마당이나 테라스가 넓은 집은 언감생심이다. 관리사무실에서 대부분 다 알아서 해 주는 아파트나 빌라에 사는 것이 제격이다.

그러면 그냥 꿈으로만 남겨 두거나, 은퇴 후를 노려 봐야 할까? 아직은 소수의 이야기이기는 하지만 이런 삶을 원해서 지방으로 옮겨가는 청년들이 있다. 목포의 '괜찮아 마을', 충남 서산의 '삶기술학교'처럼 그런 청년들이 지방살이를 체험하고 새로운 네트워크를 만들 수 있도록 지원하는 거점들도 생겨나고 있다.[1]

제주도는 이렇게 일보다 '삶'을 우선시하는 사람들을 특히 더 많이 볼 수 있는 곳이다. 해변이나 카페에 노트북을 놓고 일하는 리모트 워커도 제주도에서는 흔한 풍경이라고 한다. 앞서 제주도의 '자유노동' 경향을 설명해 준 로컬 크리에이터에게 들으니 일 년 중 한두 달은 쉬는 조건으로 근로계약을 하는 사람들은 그 나머지 시간에 귤밭에서 일을 하기도 하고, 취미생활도 하고, 그냥 여행을 다니며 쉬기도 한다. 일단 그런 문화가 만들어지자 점점 더 많은 사람이 이런 라이프 스타일에 관심을 가지고 있다. 여전히 우리에게, 그리고 우리 사회에서 '일'의 비중이 절대적이기는 하지만 그것이 전부는 아니라는 생각이 퍼지고 있는 것이다.

이런 흐름을 염두에 두고 최근 한국 사회에서 고용 및 노동과 관련해서 중요하게 다뤄지는 워라밸(Work & Life Balance) 증진, 최대 52시간 근로제, 탄력근로제 등 주제들을 다시 보면 아귀가 딱 맞지 않다는 것을 알 수 있다. 여전히 대기업 체제를 위한 해법이기 때문이다.

물론 주 5일 전일제로 일하는 편이 월급도 더 많이 받고, 고용도 더 안정적일 것이다. 그런 점을 알면서도 이렇게 다르게 살고자 하는 사람들이 많은 것은 뭘까? 삶의 다른 측면에서의 충족감이 있기 때문이다. 제주에서 만난, 전국에서 온 로컬 크리에이터들을 보니 이들은 대체될 수 없는 사람이 되기 위해서, 자기만의 감성과 가치관을 담은 방식의 일과 삶을 위해 노력하고 있었다. 아직은 그 수가 많다고 할 수 없고, 한국의 제도와 환경이 적잖은 걸림돌이 되고 있지만, 그런 가운데서도 희망의 싹을 틔우는 사람들이 분명히 존재하고 있었다. 이들의 노력이 커질수록 비정상적일 정도로 수도

권에 쏠린 대한민국의 중심축을 바로잡을 수 있겠다는 희망
도 가져 봄 직하다.


## 단기근속자들의 시대가 왔다


"도무지 이해가 안 돼요. 하도 주관이 뚜렷하니까 이제 반
대까지는 하지 않지만, 실망감을 숨길 수가 없어서 대하기가
영 껄끄러워요. 대체 왜 편하고 좋은 길을 놔 두고 힘들고 불
안정한 길을 가려고 하는 걸까요?"


20~30대가 원하는 '좋은 일'의 기준에 대해서 연구하고
『자비없네 잡이없어』라는 책을 낸 이후로, 20~30대 자녀를
둔 지인들과 얘기를 나누다가 위와 같은 식의 고민을 들은
일이 여러 차례 있었다. 그들의 공통점은 대한민국 사회에
서 나름대로의 사회적 성취를 경험한, 그러니까 학창시절 공
부를 잘해서 좋은 대학을 나왔고, 좋은 직장에 들어갔고, 50
대 후반쯤의 나이에 이르도록 큰 어려움 없이 사회생활을 해
온 사람들이라는 것이다. 그리고 그들이 이해할 수 없어 하
는 자녀들 역시, 어려서 크게 부모 속 썩인 일 없는, 제 할 일
알아서 잘 하는 모범생들이었다. 그래서 '좋은 대학' 가는 것
까지는 부모가 만족할 만한 성취를 했는데, 이상하게도 '좋
은 직장'의 대목에 이르러서는 이해할 수 없는 선택을 한다

는 것이다.

한 사례를 약간 각색해서 설명한다면 이런 식이다. 전문직 자격증을 따낸 딸이 누구나 부러워할 만한 대기업에 입사했기에 부모는 이제 걱정할 일이 없겠다고, 곧 좋은 사람 찾아 결혼하고 안정된 가정을 꾸릴 것이라고 생각했다. 그런데 딸은 2년 남짓 다니더니 미련 없이 사표를 냈다. '번아웃(burn out)'이 됐다는 이유였다. 그리고 모아 놓은 돈으로 여기저기 여행을 다니고, 운동을 시작하고, 동호회 활동을 열심히 하기도 했다. 부모는 걱정이 됐지만 그 전까지 모범생으로만 살아온 딸이어서 선택을 존중해 주려고 했다. 아나 다를까, 1년쯤 쉰 뒤에는 다시 취직을 했다. 자격증 덕분에 재취업이 어렵지는 않았지만, 부모의 관점으로 볼 때는 처음 들어갔던 대기업보다는 못한 곳이었다. 그래도 이번에는 잘 적응해서 오래 다니기를 바랐다. 그런데 이번에도 딸은 2년 정도 다니고는 다시 사표를 냈고 1년 가까이 쉬었다. 이런 일이 반복되자 부모의 잔소리도 늘었다.

"그런 식으로 직장을 짧게 짧게 다녀서 어떻게 인정을 받고 승진을 하겠느냐? 끈기 없이 직장을 옮겨 다니는 사람이라는 인상을 주면 갈수록 좋은 기업에 취직하기는 힘들어질 텐데 언제까지 이렇게 살 작정이냐?"

아마도 여기에는 '그래서 언제 결혼하고 아이 낳고 살겠느냐?'라는 잔소리도 암묵적으로, 혹은 명시적으로 포함돼 있었을 것이다. 그러나 부모와 달리 딸은 불안해하는 기색이 없고, 이렇게 반문할 뿐이다. "저는 제가 원하는 대로 살고 있는 거예요. 앞으로도 어떻게 살아야 할지 잘 알고 있어요. 그런데 엄마 아빠는 왜 불안해하세요?"

이 이야기를 들었을 때, 막 40대에 접어든 입장에서 반쯤은 부모의 마음이 이해됐다. 그런 한편, 20~30대가 원하는 노동에 대해서 몇 년간 연구한 입장에서는 딸이 선택한 삶의 방식이 멋지고, 그가 참 현명한 사람이라는 생각이 들었다. 주변의 20~30대 몇 명에게도 같은 이야기를 들려줘 봤다. 한결같은 답이 돌아왔다. "와, 진짜 멋지게 사는 분이네요. 저도 딱 그렇게 살고 싶은데, 부러워요."

이 밖에도, 그 어렵다는 공기업 공채에 합격하고도 미련 없이 그만뒀다는 사람, 비정규직으로 일하다 능력을 인정받아 정규직 전환 기회가 왔는데도 거절하고 1~2년 단위로만 일한다는 사람, 오래 공부해 온 유망한 전공을 뒤로하고 요리사가 되기 위해 바닥부터 다시 시작했다는 사람 등, 최근 1년 안에 들은 사례들만 꼽아 봐도 이 정도다. 이 사례들이 의미를 가지는 이유는, 한국 사회에서 충분히 '안정되게', 엘리트이자 기득권으로 살아갈 수 있는 사람들이 선택한 삶의 모습들이기 때문이다. 이들에게는 꽤 좋은 대학 출신이라는 등의 '스펙'이 있고, 입사 경쟁률을 뚫고 좋은 직장에 들어가 본 경험이 있다. 이 두 가지는 한국 사회에서 상당히 중요하게 작용하는 '자격'이다.

그리고 이들에게는 또 한 가지 중요한 자산이 있다. 자녀의 진로를 이토록 걱정하면서 믿어 주고 실패할 경우에도 어느 정도 지탱해 줄 수 있는 부모라는 자산이다. 즉, 한국 사회에서 원하는 일을 선택할 자유가 있는 청년들일수록 '단기 근속자'가 되는 선택을 하고 있다는 것이다. '장기근속 후 정년퇴직'을 가장 바람직한 직장 생활의 상으로 여겨 온 부모 세대와 갈등이 생길 수밖에 없다.

왜 부모와 자녀 세대의 생각이 이토록 다른 것일까? 가장 큰 이유는 안정성에 대한 생각의 차이다. 부모 세대가 볼 때, 안정성이란 크고 확실한 조직에서 오래 일할 때 얻어지는 것이다. 이를 위해서는 채용시장에서 가치가 제일 높을 때 최대한 큰 조직에 들어가야 한다. 이후에도 '조직에 필요한 사람'이라는 인정을 받아야 하고, 적절한 시기마다 뒤처지지 말고 승진도 해야 한다. 그래야 조직이 어떤 위험에 직면하더라도 밀려날 위험이 덜하다. 그렇게 한 직장에 오래 다녀야만 집도 사고, 결혼도 하고, 아이도 낳고 살아갈 토대를 마련할 수 있다. 궁극적으로는 그렇게 '정상 가정'을 꾸리는 것이 진짜 안정성이라고 부모 세대는 믿고 살아왔다.

그렇지만 사실은 부모 세대도 알고 있다. 그 믿음이 완전하지는 않다는 것을 말이다. IMF 외환위기 이후로 한국 사람들은 '절대로 망하지 않는 기업'이란 없고, 기업이 위기에 빠지면 대규모 정리해고부터 한다는 것도 경험했다. 그럼에도 그 믿음에 매달리는 것은, 다른 길을 알지 못하기 때문이다. 그래도 그런 풍파 속에서 어떻게든 조직에서 밀려나지 않고 버틴 사람들이 지금 자산도 있고 연금도 있는 채로 안정된 노후를 맞이한 것을 봐 왔기 때문일 수도 있다. 반면, 같은 현상을 보고도 그 자녀 세대는 다른 것에 주목한다. 바로 '선택할 수 있는 자유'가 있는가이다. 학교를 졸업하자마자, 어떤 일을 하게 될지 자세히 알지도 못하고, 채용시장에서 값이 떨어지기 전에 서둘러서 들어간 직장에서 정년퇴직까지 일 해야 하는 삶은 얼마나 자유로울 수 있을까?

가족들을 부양해야 하기 때문에, 주택담보대출 이자를 내야 하기 때문에 적성에 맞건 안 맞건, 가치관에 부합하건 아니건 계속 일해야 하고 어떻게든 조직에서 밀려나지 않도록 버티고 견뎌야 하는 삶은 얼마나 부자유스러운가? 그렇게 버티던 조직에서 끝내 나가야 할 일이 생긴다면, 그때 가서 다른 일을 시작할 수 있는 가능성과 선택지는 얼마나 있을까?

이런 점들을 진지하게 생각하는 사람일수록 하나의 '조직'에 과도하게 의존하지 말아야겠다고, 스스로 선택할 수 있는 여지를 적극적으로 만들면서 살아가겠다고 결심하는 것이 자연스럽다. 직장을 그만뒀다가도, 한동안 쉬었다가도 다시 일할 수 있는 능력 또는 자격을 갖추는 것이 진짜 '안정성'이라고 여길 만도 하다. 그리고 경제적 여유가 있는 사람들부터 적극적으로 그런 삶을 개척해 보이고 있다는 것을 위에서 나열한 사례들을 통해 알 수 있다.

문제는 그런 여유가 없는 사람들의 경우다. 도처에 널린 '취업률 1위 대학', '취업률 100% 보장 자격증' 등 정보 속에서 하나를 선택해야 하고, 가진 자원을 대부분 쏟아 넣어야만 그 자격 하나를 획득할 수 있는 청소년과 청년들은 과연 그 결과로 좋은 일자리들을 찾고 있을까? 어렵사리 찾아 들어간 직장이 생각과 다르다는 것을 깨달아도, 혹은 자신의 육체나 정신을 파괴할 정도로 위험하다고 여겨져도, 다른 선택을 하기에는 가진 자원이 부족해서 그만두지 못할 가능성이 높다. 즉, 나쁜 일을 거절할 자유가 없이 살아가고 있는 것이다.

이런 점을 생각할 때 우리 사회가 지향해야 할 방향은 어쩌면 '단기근속 사회'인지도 모르겠다. 앞에서도 말했듯이 이미 한국은 OECD 국가들 중 손꼽히는 '초단기근속국가'다. 그런데도 한국의 일자리 관련 제도들은 대부분 단기근속자들에게 지극히 불리하다. 경력이 단절되면, 또는 '동네노동'으로 한번 진입하면 다시 되돌아 갈 수가 없다는 점도 이야기했는데, 실상은 직장을 자주 옮기기만 해도 손해를 본다.

예를 들면 이런 점이다. 근로기준법상 연차휴가는 장기근속을 해야 쌓인다. 그나마 지난해 '신입사원에게도 휴가를'이라는 입법 캠페인 덕분으로 입사 후 2년 동안 휴가가 7~8

일에 불과했던 점은 개선됐다. 그래도 3년 이내에 직장을 몇 차례 옮긴 사람이라면 사회생활을 한 지 10년 가까이 되더라도 연간 최대 15~16일밖에 휴가를 못 쓴다. 한 직장에서만 10년 이상 다녀야 비로소 연차 휴가가 20일을 넘어간다.

물론, 근로기준법 상의 연차휴가라는 것은 어디까지나 법정 최저선이다. 법으로 최저임금 정했다고 모든 임금을 거기에 맞출 필요는 없듯이, 연차휴가를 법정 최저선에 맞출 필요는 없다. 조직마다 노사가 협의해서 휴가를 늘리거나, 휴가 부여 방식을 바꿀 수 있다. 예를 들어서 신입사원부터 대표까지 차별 없이 누구나 연간 25일의 휴가를 쓰도록 하는 식이다. 실제로 그런 사례들이 조금씩 생겨나고 있다. 그러나 노동조합 조직율이 10%대에 불과하고, 노사가 근로조건 개선을 위해 협의하는 문화가 거의 없는 한국에서 쉽지 않은 일이다. 때문에 장기간의 휴가를 간절히 원하는 사람들이 '휴가 가기 위해 사표를 내는' 현상도 나타난다. 일정 기간 쉬기 위해서 이직을 선택하는 것이다. 그렇게 되면 다음 직장에서 연차휴가를 새로 쌓아야 하므로 또 휴가가 모자라는 악순환이 생긴다. 그 밖에 실업급여, 국민연금에 있어서도 단기근속자의 경우 손해를 볼 수밖에 없다. 단기근속자들은 자발적으로 퇴직하는 경우가 대부분이므로 실업급여를 받을 수 없다. 국민연금을 꾸준히 내지 못해 노후도 불안해진다.

최근 논의되는 '정년 연장'도 단기근속자들이 많은 사회에서는 다른 의미를 가진다. 현재 정년 연장은 노인 빈곤 문제와 연결돼 있지만, 연공서열에 따른 고연봉자들에게 지나치게 유리한 제도라는 비판도 있다. 청년기에 한 직장에 들어가서 30~40년 다닌 후에 정년퇴직 하는 사람들만을 놓고 보면, 이미 상당한 연봉과 근로조건을 누리고 있는데 그 기간을 연장해 주는 것이 되기 때문이다. 임금피크제를 도입한다고 해도 큰 차이는 없다. 그렇지만 단기근속자들이 많은 사회에서라면 연공서열만으로 퇴직 직전에 높은 연봉을 받는 사람의 수는 많지 않을 것이다. 따라서 정년을 법으로 정하는 것은 단순히 일반적인 조직에서 직원들이 몇 세까지 일할 수 있는지를 정하는 기준이 될 뿐이다. 따라서 정년 연장을 논하려면 현재 우리 사회에서 그 의미가 어느 쪽에 가까운지 파악부터 제대로 해야 한다. 그렇지 않으면 서로 다른 이야기를 하는 갑론을박만 이어질 뿐이다. 무엇보다도 중요한 것은, 장기근속을 하건 단기근속을 하건 차별이 없어야 한다는 것이다.

사실 우리 사회에서 일과 관련된 법과 제도 개선은 상당히 빠르게, 다방면으로 이뤄지고 있는 편이다. 그 지향점이 분명하지 않다는 것이 문제일 뿐이다. 이미 현실에서는 장기근속 사회에서 단기근속사회로의 전환이 상당부분 이뤄져 있고, 특히 앞으로 수십 년 일하며 살아갈 청소년, 청년 세대의 지향이 단기근속사회에 가깝다. 그런데도 제도를 그에 맞게 바꿔가지 못한다면 많은 사람들이 그 틈에 끼어 고통받을 수밖에 없다. 그중에서도 경제적 여유가 없는 사람들, 부모가 특권층이 아닌 사람들에게 그 고통은 더 집중될 것이다. 그러므로 더 늦기 전에 큰 틀의 변화를 위한 사회적 논의를 시작해야 한다.


## 좀 쉬면 어때서

후배 한 명이 잘 다니던 직장을 그만두고 스위스에 간다고 해서 놀란 적이 있다. 아는 분이 스위스 인터라켄에서 민박집을 하는데 3개월 정도 도와줄 사람이 필요하다는 말을 듣고 과감하게 사표를 냈다는 것이다. 예정대로 3개월을 그곳에서 일한 뒤 유럽 여러 나라 여행까지 하고 돌아온 그를 나중에 만나 보니 "이번 경험으로 가치관이 많이 바뀌었다"고 했다.

민박집에서 장기 유럽 여행 중인 한국사람들을 만나서 이야기를 나눴는데 이 대부분이 사표를 내고 온 사람들이었다. 그런데 다른 나라에서 온 사람들은 그렇지 않았다. 장기 휴가를 냈을 뿐이고 돌아가면 다시 원래 직장에서 일할 수 있다고 했다. 그는 '왜 우리나라 사람들만 휴가를 길게 쓰지 못하고 꼭 이렇게 사표를 내야만 하는 걸까?' 하는 의문을 가지게 됐다.

그는 이후에 유럽을 여행하면서 만난 사람들에게도 "당신

직장의 휴가 제도는 어떻습니까?"라고 묻곤 했다. 대부분 1년에 4~5주의 휴가는 쓸 수 있다고 답했다. 그중 한 독일인의 대답이 인상적이었다. 휴가가 1년에 1개월 정도인데 만일 그 기간 중에 가족이 아파서 입원을 하는 바람에 제대로 쉬지 못했다면, 그 병원 기록을 제출하기만 하면 그만큼 더 쉴 수 있다고 했다. 독일에서는 대부분 기업들이 단지 직원이 며칠을 출근하지 않았는지를 따지는 게 아니라, 그 직원이 충분한 휴식을 취했는지를 기준으로 휴가 제도를 운영한다는 것이다.

이런 경험을 한 뒤로 후배는 새로 들어간 직장에서 적극적으로 의견을 제시해서 연간 5주 휴가 제도를 만들었다. 5주 동안의 휴가는 전부 붙여서 한꺼번에 쓸 수도 있다. 물론 직원 수가 몇 명 안 되는 작은 조직이고 그 후배가 조직 관리를 책임지는 사무국장이었기 때문에 가능한 일이었지만, 유럽에서의 경험이 없었다면 이런 시도를 하지 못했을 것이다.

한국 기업들은 왜 이렇게 휴가에 인색할까? 그리고 노동자들은 왜 휴가를 늘려 달라고 적극적으로 요구하지 못할까? 혹시 근로기준법에 명시된 연차휴가 기준이 '나라가 정해놓은 휴가 기준'인 줄로 사람들이 오해하는 것이 아닐까 하는 의문조차 든다. 근로기준법 60조에서 일년의 80% 이상 출근한 노동자에게 그다음 해에 15일의 유급휴가(연차)를 주라는 것은 어디까지나 최저선을 정해 놓은 것이지 거기에 맞추라는 것이 아니다. 이 기준대로 휴가제도를 두는 것은 어느 기업이나 최저임금에 맞춰서 임금을 주는 것과 같다. 설마 이것을 모르겠나 싶지만 실제로 그런 정황들도 간혹 보인다.

내가 몇 년 전 일했던 조직에서 있었던 일이다. 어느 날 총무팀에서 "현행 휴가 제도가 근로기준법 기준보다 높게 정해져 있어서 바로잡습니다"라면서 세부사항 한 가지를 수정한다는 공지를 직원용 온라인 게시판에 올렸다. 이를 보고 대부분의 직원들은 "아쉽다"는 반응만 보였다. 근로기준법에 휴가 제도를 맞춰야 할 이유가 없다는 점도, 기존에 있는 제도를 직원들에게 불리하게 바꿀 경우에는 노동조합 또는 노동자 과반수의 동의가 있어야 한다는 점[2]도 아는 사람이 없었다. 직원들 절대 다수가 학사 및 석사 학력을 가졌는데도 이러니, 대부분의 기업에서 휴가를 주면 주나 보다, 안 주면 안 주나 보다 하며 일하는 사람이 그렇게 많은 것도 무리는 아니다.

어떤 사람들은 "1년에 15일이나 휴가를 가면 됐지, 거기서 더 필요한가?"라고 생각할지도 모른다. 왕년에는 1년 중에 딱 한 번, 여름철에 3~4일 정도의 휴가만 가면서도 잘만 살았다고 하는 사람들도 있을 것이다. 하나만 알고 둘은 모르는 소리다. 현재 직장인들에게 연차는 단지 여행, 피서 등을 위해 있는 것이 아니다. 아파서 병원 갈 때, 부모님 편찮

으셔서 모시고 병원 갈 때, 자녀가 아파서 병원에 데리고 갈 때, 일년에 이 세 가지 경우만 하더라도 연차를 며칠이나 써야 할까? 연차 하나를 반으로 쪼갠 '반차' 단위로 쓴다 하더라도 연차 10개는 거뜬히 소요된다.

　이 말을 듣고 어떤 사람들은 고개를 갸웃할 것이다. "그런 일에까지 연차를 써야 하나? 그냥 잠시 나갔다 오면 안 되나?" 하고 말이다. 직장마다 다르겠지만, 1990년대 말까지만 해도 집안에 일이 있으면 잠깐 나갔다 오는 일이 어느 정도 용인됐다. 그때 자리 잡힌 직장 문화가 이제까지 유지되는 경우도 있기는 할 것이다. 그러나 2000년대 들어서 신자유주의 바람이 불고, 기업마다 기회만 되면 인력을 줄여 오는 가운데 그런 느슨한 문화는 거의 사라져 버렸다.

　2002년에 신문사에 처음 입사해서 보니 느슨한 문화가 보일 듯 말 듯 남아 있었다. 신문사 건물 바로 뒤에 있는 중국집의 2층 방에는 한쪽 구석이 평상처럼 높게 돼 있고 군용 담요가 접혀진 채로 놓여 있었다. "저게 뭔가요?" 하고 물으니 한 선배가 "얼마 전까지만 해도 부장들이 점심 먹고 나서 저기서 고스톱을 치곤 했는데 요즘에는 잘 안 친다"고 말해 줬다. 신문사 부장들은 현장에 나가 있는 기자들이 기사를 보낼 때까지 여유 시간이 많은 편이라고는 하지만 그래도 엄연히 근무 시간인데 그럴 수가 있을까 하는 생각이 들었다. 그 이후로 지내다 보니 가끔이기는 하지만 근무시간에 여흥을 즐기는 체험을 해 볼 수 있었다. 바쁜 일이 없고 부장이 기분 좋은 날이면 남한산성이나 송추계곡 쪽에 있는 백숙집 봉고차를 불렀다. 오전 11시쯤 나가서 여유롭게 백숙을 믹고 차도 마시고 들어오면 오후 4시쯤 돼 있었다. 2000년대 중반 접어들며 그런 문화는 거의 사라졌다.

그 이전에는 대부분 사무실마다 바둑판도 있고, 화투판과 담요도 있었다고 한다. 바둑 잡지를 보면서 바둑판에 돌을 놓는 부장님, 그 옆에서 신문을 1면부터 끝면까지 정독하는 차장님의 모습은 흔한 풍경이었다. 그런 분위기에서 집에 일이 있다거나 몸이 아파서 병원에 다녀오거나 심지어 사우나에 가서 쉬었다 오는 일도 어느 정도는 용인이 됐다. 즉, '반차'라는 걸 쓸 일이 없었던 것이다.

지금은 그렇지가 않다. 최대 20분 정도라면 모를까, 업무가 아닌 일로 사무실을 비우면 질책을 받게 되는 직장들이 대부분이다. 목에 건 출입증 때문에 언제 얼마큼 사무실을 비웠는지 낱낱이 기록되기도 한다. 그런 가운데서도 병원은 가야 하고, 학부모라면 아이 학교에도 해마다 너댓 번은 가야 한다. 그렇게 반차를 써 대다 보면 여름 휴가 기간에 쓸 연차도 빠듯해진다. 이런데도 직장인들이 연차를 더 필요로 하는 것이 이해되지 않는 일일까?

앞에서도 말한 것처럼 최근에는 연차를 길게 주는 직장들도 나타나고 있다. 나도 그런 직장을 경험해 봤다. 근로기준법상 최저 수준이던 연차를 노사 간의 논의 끝에 근속기간 상관없이 연간 27일로 늘린 것이다. 사람이란 참 간사해서 그렇게 연차가 늘었어도 당장 삶이 크게 바뀌었다고 실감되지는 않았다. 연차휴가가 모자랄까 봐 전전긍긍하지 않고 1년을 보냈다는 것을 깨달았던 어느 날 만족감은 한꺼번에 찾아왔다. 그제야 돌아보니, 직원들의 이직이 잦은 곳이었는데도 그해에 그만둔 직원이 거의 없었다.

쉴 수 있는 권리라는 것은 그렇게 중요하다. 여기서 중요한 것은, 사람들이 각자 원하는 대로 쉴 수 있어야 한다는 것이다. 회사에서 사정이 있다고 갑자기 한 달씩 휴가를 가라고 하면, 유급인지 무급인지를 떠나서 마음껏 그 시간을 즐길 수가 없다. 그렇지만 어떤 직장에 들어갈 때, 1년에 한 달을 쉬는 조건으로 다른 직장보다 연봉이 약간 적다고 한다면 이를 받아들일 사람들은 적지 않다. 특히 청년 세대에서는 더 그렇다.

2019년 9월, 대통령 소속 경제사회노동위원회(경사노위) 공익위원으로 위촉됐다. 그때쯤 경사노위와 관련한 사회적 관심은 '탄력근로제'에 쏠려 있었다. 탄력근로제 단위 기간을 기존 3개월에서 6개월로 늘리느냐를 논의하다가 전임 위원 중 여럿이 사퇴한 후에 나를 비롯한 신임 위원들이 위촉된 상태였다. 안에 들어가서 보니 여전히 기업 쪽 대표들은 "단위 기간을 1년까지 늘려야 한다"고 주장하고, 노동 쪽 대표들은 "현행 3개월보다 늘려서는 안 된다"는 입장이었다. 그 중간에서 6개월로 변경하는 타협안이 나온 것인데, 내가 들어간 첫 회의에서 가결된 이 안도 나중에 국회에서는 통과되지 않았다.

사실 나는 이 사안에 대해서 양쪽의 입장이 다 이해되지 않았다. 기업 쪽 대표는 그 이후에도 기회가 될 때마다 '탄력근로제 단위 기간 1년으로 연장' 요구를 계속하고 있었는데, 나는 기회가 되면 직접 물어보고 싶다. 정말 1년짜리 탄력근로제를 써 볼 의향이 있느냐고 말이다.

탄력근로제는 기업에 사정이 있을 때 일정 기간 동안은 노동시간을 늘리고, 그렇게 늘린 만큼을 나머지 기간 동안 단축하는 제도다. 최대 주 52시간 노동제가 시행되면서 노동시간 단축에 따른 생산성 및 매출 저하를 걱정하는 기업들이 이를 보완해서 조금이라도 노동시간을 늘려 보려고 정부에 탄력근로제 단위기간 연장을 요구해 오고 있었다. 그 점부터가 이해가 안 갔다. 다시 말하지만 탄력근로제는 단위기간 안에서 노동시간을 당겨서 쓸 수 있는 제도일 뿐이지 노동시간의 총량을 늘리는 제도는 아니기 때문이다. 단위기간이 정말 1년이 됐다고 쳐 보자. 기업이 급해서 6개월간 노동시간을 오전 9시~오후 10시[3]까지로 늘린다고 하면, 나머지 6개월 동안은 근무시간이 오전 9시~오후 2시여야 한다. 월급은 매달 똑같이 주면서 말이다. 또는 나머지 기간 중 3개월은 오전 9시~오후 6시의 노동시간을 유지하고 남은 3개월 전체를 유급휴가로 줘야 한다.

과연 기업들은 이렇게 할 의향이 있어서 이 제도를 요구하는 것일까? 그리고 이렇게 제도를 바꾸는 것은 노동자에게 는 치명적으로 나쁜 일일까? 주위 사람들에게 물어봤다. 이 와 같은 식으로 일할 수 있다면 그렇게 하겠느냐고. 20~30 대 나이의 사람들은 열이면 열, 좋다는 반응을 보였다. 물론 6개월간 매일 오후 10시까지 일하는 경험을 안 해 봐서 쉽 게 답한 것일 수도 있다. 사무직 야근 정도로만 생각했지 생 산직 노동자들의 야근 강도를 감안하지 않아서일 수도 있다. 그렇지만 연속 6개월간 오후 2시에 퇴근하는 경험(월급은 똑 같이 받으면서), 혹은 1년에 3개월의 유급휴가를 가는 경험이 라는 것이 한국 사회에서 워낙 희귀하기 때문에 이런 반응이 나온 것이라고도 생각해 볼 수 있다.

앞에서 설명한 〈LAB2050〉의 2020년 설문조사 결과[4] 중에 는 이 탄력근로제도에 대한 인식을 묻는 문항도 있었다. 강 제적인 조건이 아니라 선택할 수 있다는 전제하에, '직장의 필요에 따라 1년 중 몇 달 정도 야근을 하고, 나머지 몇 달 동안은 그만큼 단축근무 유급휴가를 받는 형태'에 대해서 어 떻게 생각하느냐고 물은 항목이 그것이다. 이에 대해서 전체 응답자의 68.5%는 '긍정적'이라고 답했다. 18~29세 응답자 는 무려 80.2%가 긍정적이라고 답했다. 60~69세 응답자들 의 긍정 응답 비율도 53.9%로 절반을 넘겼다.

13년간 쭉 직장을 다니다가 1년간 쉬었던(주 이틀간 오후에 대학원 수업이 있기는 했지만) 나의 경험으로 볼 때, 한 번이라도 장기간 안정적으로 쉬는 경험을 해 보면 세상을 보는 눈이 달라진다. 가족들과 같이 시간을 쓰는 방식도 달라지고, 건강 상태도 달라지고, 자녀들의 학교와 공동체에 대한 관심 정도도 달라진다. 여행을 가는 스타일도, 여행지에서 시간을 쓰는 방법도 달라진다. 새로운 것을 배우고 싶은 열망도 생겨난다.

기업 경영자들에게 이런 점을 아느냐고 물어보고 싶다. 정말 노동자들에게 이런 시간을 주고 싶은 것이 맞냐고. 길게는 수십 년간 매일 출퇴근 하는 것밖에 모르는 노동자보다는 이렇게 세상을 둘러보고 여유를 가지면서 사는 노동자가 되는 것을 원해서 '탄력근로제 1년'을 그렇게 원하는 것인지를 말이다.

그렇지도 않으면서 같은 주장을 반복한다면 그건 무슨 의미일까? 앞의 6개월간 노동시간을 늘릴 생각만 있고, 뒤의 6개월간 노동시간을 줄이는 것은 생각하지 않고 있다는 뜻이다. 노동계에서 단위기간 연장을 반대하는 이유도 여기에 있다고 한다. 기업들이 갖은 편법을 써서 결국 노동시간을 늘리기만 하리라는 것이다. 법을 바꾸는 논의를 하면서 법을 지키지 않을 것을 전제하고 있다니, 그렇다면 애초부터 대체 이런 논의를 왜 하는 것일까? 그냥 법을 안 지키고 마음대로 노동시간을 늘리면 될 텐데 말이다. 다른 어떤 것보다도 시급한 것이 기업과 노동자 간의 신의를 되찾는 것이라는 점을 이 탄력근로제 논의에서 느낄 수 있었다

2020년 초, 코로나19 사태로 예기치 않게 장기간의 재택근무를 하게 된 사람들의 이야기를 들어 봐도, 한국에서는 여전히 일하는 사람들이 지나치게 기업에 종속돼 있다는 생각이 든다. 재택근무를 하게 돼서 좋을 줄 알았는데, 몸만 집에 있다뿐이지 계속 일을 하고 있다는 것을 증명해야 하기 때문에 사무실에 있을 때보다 더 부자유스럽다는 것이다. 점심시간 한 시간 안에 음식을 해 먹고 정리하기까지 시간이 너무 짧아서 차라리 밖에서 사 먹을 때가 좋았다는 반응까지 있었다. 전염병 우려 때문에 전 사회가 '사회적 거리두기'에 돌입한 가운데 준비 없이 맞이한 상황이니 그럴 수도 있기는 하지만, 이런 식이라면 이것은 재택근무의 취지에 맞다고는 볼 수 없다. 그저 고용주가 지정한 근로 장소가 사무실이 아니라 집인 것뿐이다.

재택근무, 원격근무 등이 기존의 전일제 집합 근무와 다른 것은 노동자가 자기의 업무와 휴식 시간을 주도적으로 조율할 수 있다는 점이다. 하루 또는 혹은 한 주에 해야 하는 일의 총량만 지켜진다면 그 일을 밤에 몰아서 하건, 주 3일에 몰아서 하건 간섭받지 않아야 한다. 그렇게 시간의 주도권을 줄 때 노동자들은 개인의 삶과 일을 조화롭게 만들어 나갈 수 있으므로 일에 대한 만족도와 업무의 질이 모두 높아질 수 있다. 이것이 기업이 성과를 내는 데도 긍정적이라는 경험이 있기에 전 세계적으로 다양한 근무제도들이 시도되고, 확산되고 있는 것이다.

　여기서 중요한 것 역시 기업과 노동자 간의 신의다. 사실상 이것 없이는 우리의 노동 환경이 좋아지게 하는 일 중 어떤 것도 가능하지 않다. 일하는 모든 사람들이 '좋은 일'을 할 수 있는 사회의 가능성도 여기에 달려 있는 셈이다.

# 4부

# 좋은 일을 위해...

## 찾아야 할 것 버려야 할 것

## 10
# 개인적 차원

## 자기가 원하는 일을 잘 모르는 이유

사람들은 자신이 어떤 일을 '좋은 일'이라고 생각하는지 잘 모른다. 자기가 자기를 모르면 누가 알겠느냐고 하겠지만 사실이 그렇다. 2016년 〈희망제작소〉에서 연령·성별·직종이 다양한 11명의 사람들과 '좋은 일의 기준'에 대한 좌담회를 했다. 각자가 중요하게 생각하는 근로조건이 무엇인지, 지금 하는 일과 다니는 직장에 대해서 어떤 점이 좋고 싫은지에 대해 두 시간이 훌쩍 넘도록 이야기를 나눴는데, 끝날 즈음에 20대 여성인 한 참가자가 이런 말을 했다.

"이렇게 일에 대한 저의 생각을 많이 말해 본 게 오늘이 처음이에요. 그동안 친구하고도, 심지어 엄마하고도 이런 얘기를 해 본 적이 없어요."

다른 참석자들도 고개를 끄덕였다. 바로 조금 전까지 불합리한 직장 문화와 사회 제도에 대해 열변을 토하던 사람들인데, 왜 평소에 주위 사람들과는 이런 얘기를 하지 못 한다는 것일까? 질문해 봤지만 그 자리에서는 "글쎄요"라는 답만 나왔다.

그 뒤에 이 일을 떠올리면서 나는 어땠는지 생각해 봤다. 취업 준비를 한창 하던 시절, 어떤 직장에 가고 싶은지에 대해 친구들과 자세히 얘기해 본 적이 있었나? 그러고 보니 거의 없었던 것 같다. 실은 그때 나 자신도 어떤 직장에 가고 싶은지 잘 몰랐다. 선배들이 이런 곳이 좋다고 하면 그런가 싶고, 교수님이 저런 직장이 좋다고 하면 또 그런가 했다. 그렇게 좋다고 하는 말의 주된 근거는 크고 안정된 조직이라는 것, 유명 대기업이라는 것, 그리고 월급이 많다는 것 정도였다. 그렇게 기준이 누구에게나 똑같다면 비슷한 전공을 한 사람들 가운데서 누구든 들어가고 싶은 직장의 순서는 사실상 똑같을 것이다. 가능한 한 많은 기업에 지원서를 넣고, 면접을 보고 기다리면 각 기업이 선호하는 인재 순으로 합격할 것이고, 지원자들은 합격한 곳 중에서 규모가 크고 이름 있고 월급 많이 주는 순서대로 들어가면 되는 것이다. 원래 그렇게 돼 있는 거라고, 나도 대체로는 그렇게 생각했다.

한편으로는 그런 이유만으로 직장을 고르고 싶지는 않은 마음이 조금 있었다. 남들과는 다른 듯한 나만의 기준도 있기는 있었다. 아마 친구들도 다들 그랬을 것이다. 그렇지만 그런 마음일수록 서로 얘기하기가 어려웠다. 별나다거나, 어떤 경우에는 잘난 척한다는, 또 다른 경우에는 자신 없으니까 괜히 저런다는 말을 들을 수도 있을 것이기 때문이다. 결국은 그 역시도 '좋은 일'을 택하는 기준은 어차피 누구에게나 똑같다는 전제에 의한 생각이었다.

친구들 간에 터놓고 취업 얘기를 못 하는 이유는 또 있다. 모든 대학교와 학과들 사이에 서열이 있다고 여기는 것처럼, 어떤 직장에 취업했는지, 정규직인지 아닌지 등에 따라 서열이 있다고 여기기 때문이다. 비영리기관에서 인턴으로 일하다가 정규직으로 정식 채용된 지 얼마 안 된 한 20대 남성에게 같이 취업 준비하던 친구들과 연락을 하느냐고 물어봤다. 그는 "정규직으로 취업한 친구들끼리는 종종 보는데 비정규직으로 취업한 친구들과는 연락을 잘 못 한다"고 했다. 무슨 얘기를 해도 불편하기 때문에 차츰 그렇게 됐다는 것이다.

부모님과 대화하는 것은 더욱 어려운 일이다. 대체로 부모님들은 어떤 직장이 좋은지에 대한 고정관념이 아주 확고하다. 그런 부모님께 "저는 다른 기준으로 일자리를 찾고 싶어요"라고 말하는 건 등짝 한 대 때려 달라는 소리일 뿐이다. 정 그러고 싶으면 일단 그런 직장에 합격한 다음에, 혹은 그 일로 벌어들인 수입을 보여 드리면서 말씀드리는 편이 낫다.

진짜 문제는, 오히려 다니던 직장을 그만둘 때 생긴다. 부모님이 볼 때는 아무 문제도 없어 보이는 직장인데 나는 그만두고자 할 때, 이유를 어떻게 설명하든 "그게 뭐 중요한 이유라고 그만한 일로 멀쩡한 직장을 그만두느냐"는 호통을 듣기 십상이다. 참고 몇 년만 다니면 익숙해지고 편해질 텐데 그만한 고비를 못 넘긴다고 "쯧쯧, 요즘 애들이란" 하는 말만 듣게 된다.

여러 사람들과 이야기를 나누다가 알게 된 것 하나는, 직장에 들어갈 때는 보편적이고 객관적인 기준, 즉 직장 규모와 유명 기업인지 여부, 임금 등을 중심으로 판단하지만 직장에서 나올 때는 주관적인 기준이 결정적으로 작용한다는 것이다. 상명하복의 위계 문화, 성차별적인 문화, 불만이 있어도 제기하기 어려운 분위기 및 구조 등이 맞지 않아서 그만두는 예가 대표적이다. 때로는 하청기업에 갑질을 할 수밖에 없다는 점, 룸살롱 등에서 접대하는 일 등이 윤리적 가치관에 맞지 않아서 그만두는 경우도 있다. 사실 가장 흔한 이유는 바로 윗 상사 또는 사수가 '미친 인간'이어서 못 견디겠다는 것이다.[1] 그렇게 가까이서 일하는 사람에게 받는 스트레스가 심하다 보니 2019년 '직장 내 괴롭힘 금지법'[2]이 만들어지기도 했다.

바로 이런 점을 부모님 세대는 이해하지 못한다. '미친 인간'은 어느 직장에 가건 또 있을 것인데, 다른 부서로 발령날 때까지 참든지 무시하면 되지 왜 그만한 이유로 그만두냐고 할 것이다. 위계적인 문화, 윤리적 가치관 같은 얘기는 더 말할 것도 없다. "나 때는 더했다"고 하실 것이 분명하다. 어떻게 보면 그 말씀이 맞는 것 같기도 하다. 정작 자신도 다른 직장에 간다고 더 나을 것 같아서 그만두는 것도 아니다. 그저 지금 직장을 너무 견디기 힘들어서, 일단 쉬고 싶다는 마음으로 그만두기도 한다. "번아웃됐다"는 말로 설명하면서.

그렇지만 어디나 똑같은 것은 아니다. 대기업 중에서도 상명하복 문화가 유달리 강한 곳이 있고 상대적으로 수평적인 곳이 있다. 요즘은 구인구직 포털이나 어플리케이션을 통해서 조직문화에 대한 평판조회를 할 수도 있다. 그런 부분이 참고만 될 뿐, 선택에 결정적인 영향을 미치지 못하고 있을 뿐이다. 밑에서부터 위로의 문제제기가 가능한 구조인지 아닌지를 알 수 있는 쉬운 방법은 노동조합이 있는지 여부를 알아보는 것이다. 노동조합이 임금만 가지고 투쟁한다고 알고 있는 사람이 많겠지만, 노동조합 본연의 존재 의미는 일하는 사람의 권익을 대변하는 것이다. 직장에서 불만이 있을 때 이를 상사에게 말하기는 어렵지만 노동조합에 가서 말 하는 것은 상대적으로 쉽다. 특히 성희롱 같은 사안이 생겼을 때, 부서 내에 같은 성별의 직원이 없다면 상의하기가 어렵다. 그럴 때 노동조합 안에 성차별 방지 등을 담당하는 부서 혹은 상근자가 있다면 얘기하기가 훨씬 수월하다.

내가 다녔던 신문사 노동조합에는 성희롱·성폭력 사건을 처리하는 원칙이 정해져 있었다. 꼭 피해 당사자가 노동조합에 와서 사건을 밀하지 않더라도, 노동조합이 그 사건을 인지하기만 하면(다른 직원이 와서 대신 말해 주기만 해도) 바로 사건 접수가 되고 대응을 위한 노사공동위원회가 꾸려지게 돼 있었다. 피해자에게 "왜 공론화시켰느냐"는 비난이 갈 수 있는 가능성을 사전에 차단하는 것이다. 이런 구조가 있는 조직과 아닌 조직의 차이는 사건이 발생했을 때만 나타나는 것이 아니다. 평소에도 모든 사람이 행동과 말을 조심하기 때문에 일상적인 분위기부터 다를 수밖에 없다.

자신이 중요하게 생각하는 기준을 스스로 깨닫지 못하는 경우도 있다. 30대 초 나이의 지인 중에 1~2년 단위로 자주 직장을 옮기는 사람이 있다. 나도 첫 직장만 오래 다녔을 뿐 그 뒤로는 2년 정도 다니고 그만두기를 반복했으므로 그 자체를 나쁘게 생각하는 것은 아니다. 다만, 곁에서 지켜본 바에 따르면 그 사람은 매번 그만두는 이유가 똑같다. 조직이 권위적이고 개인이 능력을 펼 만한 여지가 거의 없다는 것이다. 똑똑하고 적극적인 사람이기에 그런 환경에 답답함을 느끼는 것은 이해가 갔다. 이해하기 어려운 대목은 그다음 번에도 똑같은 조직에 들어간다는 것이다. 누가 봐도 권위적일 것으로 보이는 곳인데 말이다. 입사 경쟁률이 상당히 높은데도 매번 턱턱 합격을 하니 뭐라고 조언해 주기도 어렵다. 사실은 자기 안에 그렇게 큰 조직을 좋아하는 성향이 있는 것인지도 모른다. 자율적이고 수평적인 조직에는 영 마음이 끌리지 않는 다른 이유가 있을지도 모른다. 언젠가는 마음에 딱 드는 직장을 찾을 수 있을지 모르지만 우연에 기대지 말고 그 이유를 본인 스스로 깨닫는 편이 좋지 않을까 하는 생각도 든다.

〈희망제작소〉에서 있던 당시, 이렇게 사람들이 자기가 원하는 '좋은 일'의 기준을 잘 모른다는 점에 대해 생각하다가 보드게임을 만들기도 했다. '좋은 일을 찾아라!'[3]라는 이름의 보드게임으로, 핵심 구성품은 좋은 일의 기준이 한 가지씩 적혀 있는 48장의 '일 경험 카드'다. 세 명의 플레이어들이 둘러앉아서 자신이 중요하게 생각하는 순서대로 카드를 한 장씩 가져가는 것이 주된 플레이다. 이렇게 카드를 모으다 보면 거기 적힌 정보가 모여서 내가 어떤 유형의 일자리를 지향하고 있는지를 알려준다. 그 유형은 다섯 가지다. 대기업 정규직, 공기업과 같이 크고 안정적인 일자리를 중시하는 '안정 지향형', 일 못지 않게 일에서 벗어난 시간을 중시하는 '균형 지향형', 주도적이고 자율적으로 일할 수 있는지를 중시하는 '자율 지향형', 사람들과의 관계 또는 사회적 가치를 중시하는 '관계 지향형', 성장하고 성취감을 느낄 수 있는지를 중시하는 '성장 지향형' 등이다.

이 보드게임을 만들고 거의 1년 동안 셀 수 없이 많은 활용 교육을 했고 많은 사람을 만났다. 앞에서 얘기한 고등학생 대상 강의[4]도 그때 했던 것이다. 그렇게 다양한 연령대와 직종의 사람들을 만나고, 보드게임을 플레이하는 과정을 지켜보고 나니 더 분명하게 알게 됐다. 사람들은 제각각 다르다. 누구나 좋아할 것 같은 '대기업 정규직'이라는 카드를 거들떠도 안 보는 사람이 있다. '창의적인 일'이라는 카드를 어떤 사람은 꼭 가져가고 싶어 하는 반면 다른 사람은 "이런걸 왜 만들었지?"라고 한다. 이렇게 다른 플레이어들의 선택을 보면서 자신은 미처 생각하지 못했던 기준들도 있다는 것을 알려주는 것이 이 보드게임을 만든 의도 중 하나였다. 그럼으로써 그 기준들이 꽤 의미가 있을 수 있다는 생각을 한번씩 해 볼 수 있었으면 한 것이다.

또 다른 의도는 같이 플레이하는 다른 사람들의 기준이 나와 다르기도 하다는 점을 깨닫도록 하는 것이다. 직장 동료일 수도 있고 친구일 수도 있고 가족일 수도 있는 그 사람을 더 이해할 수 있기도 하고, 자신이 가져온 생각을 되돌아 볼수도 있다. 최소한, 좋은 일의 기준이 '임금'과 '안정성' 말고도 더 존재한다는 것만이라도 알려줄 수 있다.

물론 이 보드게임이 아무리 많이 팔리고 이를 활용한 교육이 계속해서 이뤄지더라도 그것으로 세상이 바뀌지는 않는다. 다행인 것은 지금의 청년 세대들에서 이미 그런 다양한 시각과 가치관들이 나타나고 있다는 것이다. 이렇게 다양성이 커진다면 지금까지처럼 모든 사람이 똑같은 기업 순서대로 한 줄로 쭉 서서 취업하려 하는 문화는 사라져 갈 것이다. 사실은 다른 일을 하고 싶었는데 그 순서에 맞춰야 해서 원치도 않는 기업에 들어가는 사람도 없어질 것이고, 그 사람 대신 그 기업에 들어갔으면 만족하면서 잘 다녔을 사람이 순서에 밀려서 못 들어가는 일도 없어질 것이다. 결과적으로 이 사회에 자기 일을 좋아하고 만족하는 사람이 더 많아질 수 있을 것이다.

## 모든 일에 대한 존중

내가 어떤 것에 만족하지 못한다면, 다른 사람이 더 좋은 것을 가지고 있기 때문일 가능성이 높다. '행복'에 대해 연구하는 전문가들은 행복을 쾌락으로서의(hedonic) 행복과 자아실현적(eudaimonic) 행복으로 구분한다. 한국 사람들이 행복하지 않은 이유 중 하나는 쾌락으로서의 행복을 추구하는 방식으로 살기 때문이다.[5] 다른 사람과 비교하면서 더 좋은 것을 원하고, 그것을 이루더라도 금방 흥미를 잃고, 또다시 다른 사람과 비교하는 방식이다.

일에 대해서도 마찬가지다. 한국사람들이 유독 일에 대해서 경직된 기준을 가진 이유도 다른 사람과의 비교에서 자유롭지 못하기 때문이다. 특히 어려서부터 성적 순서대로 서열화되는 데 익숙해져 있는 우리는 '내가 학교 다닐 때 쟤보다 공부 잘했는데 왜 연봉은 내가 더 적은 거지?'와 같은 생각을 자연스럽게 하게 된다.

되돌아보니 나도 그런 생각들을 당연한 듯이 해 왔다. 고등학교 때 전교 1, 2등을 다툴 정도로 공부를 잘하는 친구가 예체능계를 희망한다는 것을 알고 깜짝 놀랐었다. 서울대 미대를 목표로 공부도 열심히 할 뿐, 화가가 되는 것이 꿈이라고 했다. 나는 속으로 '저 성적이면 서울대 법대를 가겠다'고 생각했다. 화가가 된다면 성적이 아깝지만, 법조인이 돼도 그림은 취미로 그릴 수 있지 않나 싶었다. 그래도 한편으로 그 친구가 멋있어 보이기도 했다.

　고등학교 때 했던 그 생각은 『임계장 이야기』의 조정진 씨가 자신이 일하는 아파트 주민에게 들었다는, "너도 공부 안 하면 저 아저씨처럼 된다"는 말과 사실상 같다. 직업에는 서열이 있고, 학교 성적의 순서대로 그 일을 하게 된다는 인식을 보여주기 때문이다.

　이런 이야기는 예전에 두 컷짜리 만화로도 회자된 적이 있었다.[6] 왼쪽 컷에서 한 여성이 자기 아이에게 길 건너의 환경미화원을 가리키면서 "너 공부 안 하면 나중에 커서 저렇게 돼"라고 호통을 친다. 오른쪽 컷에서는 그 옆에 있던 여성이 자기 아이에게 "너 공부해서 저런 분들도 살기 좋은 세상 만들어야 돼"라고 한다. 아마도 오른쪽 여성과 같은 태도가 더 훌륭하다는 취지로 그린 만화 같지만, 오른쪽 여성에게도 환경미화원을 무시하는 태도는 깔려 있다. 그리고 어쨌든 자녀에게 '그러니까 공부를 열심히 해야 한다'고 강조하는 것은 양쪽이 똑같다. 또는 '자녀가 공부를 열심히 하도록 밀어 줄 만한 사람들'과 환경미화원이라는 직업을 서로 길 건너편에 그런 것도 그 둘 사이에 큰 간극이 있다는 의미처럼 보인다.

이런 인식이 단단하게 깔려 있다면 우리는 사실 어떤 일을 해도 행복하기 어렵다. 계속해서 비교할 수밖에 없고, 설사 내 일이 마음에 들더라도 남들이 이 일을 하는 나를 낮게 볼까 봐 전전긍긍할 수밖에 없다. 또 나보다 공부를 못한 것 같은 사람, 내가 취득한 자격을 갖지 못한 사람이라면 아무리 열악하고 위험한 일자리에 있더라도 어쩔 수 없다고 생각할 수 있다. 그 일자리의 질이 내 일자리와 비슷한 수준으로 높아지는 데 대해서는 "공정하지 못하다"며 반대하게 된다. 이것이 곧 '어떤 일자리는 질이 낮아도 된다'는 생각이다.

안 그래도 인공지능(AI)과 로봇 등의 영향으로 중간 정도의 숙련도를 필요로 하는 일자리는 빠르게 없어지고, 연구개발직 등 창의적이고 고차원적인 일을 하는 고숙련 직업군과 열악하고 힘든 일을 하는 저숙련 서비스직으로 일자리가 양극화 된다는 분석[7]이 있다. 이런 분석을 접할 때, 양극단 중에서 좋은 쪽에 속하는 희소한 일자리에서 일하려면 더 '능력'이 있어야 하고, 이는 곧 '더 공부를 잘해야' 한다는 의미로 이해하는 사람들이 한국에는 적지 않을 것이다. 그런 동시에, 공부를 충분히 잘하지 못한 사람들은 나쁜 일을 해도 할 수 없다는 말로도 이해될 것이다. 이런 식으로는 자칫 우리 사회 대부분의 일자리가 나쁜 일자리가 될 수 있다. 지금까지도 어느 정도는 그래 왔고 말이다.

각자가 원하는 좋은 일을 찾기 쉬운 사회가 되려면, 모두가 지금보다는 좀 더 열린 사고를 해야 한다. 지난 시대의 서열 의식, 그에 따라 나를 남들과 구별 짓고자 하는 생각에서 자유로워져야 한다. 그런 생각은 결국 자기 자신을 옥죌 뿐이다. 정말 자신이 원하는 좋은 일과 좋은 삶을 찾을 기회를 놓치게 만들 뿐이다.

이제 우리, 고3 때까지 공부 잘했냐 아니냐는 최대로 치더라도 한 5년 정도만 인정해 주는 게 어떨까? 그다음에는 서로 어느 대학 나왔는지 묻지도 말고, 알려고 하지도 말았으면, 그런 얘기 꺼내는 사람은 '완전 구리다'고 여겨졌으면 좋겠다. 현재 하는 일과 지향에 따라서 자기를 드러내고 서로 이해하는 사람들끼리 잘사는 사회가 됐으면 좋겠다.


## 경력 관리하는 법


여기까지 읽고서 나에게 "그럼 당신은 무슨 기준으로 직장을 선택하고 옮겨왔느냐?"고 물을 사람이 있을지 모른다. 특별히 다른 것은 없다. 다만 첫 직장을 선택할 때부터 내가 주도적으로, 자율적으로 할 수 있는 일인지를 비교적 중요하게 생각했던 것 같다. 기자가 되려고 했던 것도 그런 이유였다. 그 일을 그만둘 때도 그랬다. 당시에 어떤 상황 때문에, 나의 가치관과 주관에 따라 일하며 살 수 있으려면 다른 직장으로 가는 편이 낫겠다고 판단했다. 그 뒤로도 몇 번 직장을 옮겼는데, 물론 연봉이 얼마인지가 크게 영향을 미친 적도 있고, 내가 하는 업무가 구체적으로 무엇인지 중요했던 적도 있다. 그렇지만 기본적인 전제는 항상 같았다. 자율성이 보장되는지 여부다.

일과 관련된 강의를 하다 보니 사회초년생인 사람들에게 "경력 관리를 어떻게 하면 좋으냐"는 질문도 종종 받는다. 그럴 듯하게 준비된 답은 여전히 없지만 나의 경험으로 한 가지 해 줄 수 있는 이야기는 이것이다. 뭐든 한 가지 기준에 대해서는 일관성이 있는 편이 좋다. 나의 경우는 앞에서 말한 '자율성'이라 할 수 있다. 어떤 사람에게는 '창의적인 일인지', 또 다른 사람은 '성장할 수 있는 일인지'라는 기준이 될 수 있다. 꼭 이렇게 주관적인 이유여야 한다는 것은 아니다. 큰 조직을 좋아할 수도 있고 연봉을 최우선으로 할 수도 있다. 어쨌든 지금까지 선택했던 직장들에 대해서 같은 기준으로 쭉 설명할 수 있으면 그것은 하나의 스토리로 이해될 것이고 그 전체가 고유한 경력이 된다. 그게 아니라 어떨 때는 연봉이 높다고 이 회사에 갔다가, 다른 때는 조직이 수평적이라고 저 회사로 옮기고, 다음에는 또 연봉 때문에 다른 회사에 갔다고 한다면 경력 관리를 잘못했다는 인상을 줄 수 있다. 그렇게 옮기면 안 된다기보다는, 직장을 선택할 때마다 진짜 중요했던 지점들이 무엇이었는지 잘 생각해 보고,

이를 설명할 수 있으면 좋다는 의미다.

또 한 가지 말해 본다면, 한 직장에서 일하는 동안에 '내가 여기서 얻어 가는 것은 무엇인지'를 분명하게 자각할 필요가 있다. 어차피 우리는 대부분 단기근속자다. 지금 다니는 직장에서 그렇게 많은 것을 얻을 수도 없다. 다음 직장으로 건너가기 전까지 여기서 하나 확실하게 얻는다면 무엇일지 생각해 보고 그것만 잘 챙기면 된다. 그것은 다음 직장에서 또는 나중에 자신이 사업을 하게 될 때 유용하게 쓰일 정보나 지식일 수도 있고, 특정 조직에서만 할 수 있는 독특한 경험일 수도 있다. 좋은 동료일 수도 있다. '어떤 일을 시켜도 평균 이상은 해내는 사람'이라는 이미지일 수도 있고, 그저 경력 한 줄일 수도 있다. 적금 하나를 다 부을 만큼의 월급이기만 해도 된다. 그렇게 염두에 둔 것 하나를 확실하게 챙겼다면 더 미련 두지 않아도 된다. 다음 직장으로 건너가기 전까지 좀 더 머물 수도 있다. 아직 다음 직장이 정해진 것도 아니고, 확실하게 쉬기로 마음먹은 것도 아닌데 굳이 그만둘 필요도 없다. 그런 기간 동안에는 스트레스 안 받는 트레이닝을 속으로 해 볼 수도 있다. 옆에서 '미친 인간'이 아무리 공격해도 차분한 마음으로 대할 수 있다. 어차피 오래 안 다닐 거니까.

이런 자세를 가질 수 있다는 사람에게는 한 가지를 더 말해 주고 싶다. 공부해서 딸 수 있는 '자격'을 쌓는 것보다는 실제로 일한 경험을 쌓는 것이 더 의미가 있다는 것이다. 구직자들이 자격증 따기에 몰리는 현실도 이 사회가 만든 것이기는 하다. "기업마다 경력사원만 뽑으면 신입은 어디서 경력을 쌓으란 말인가?"라는 한탄을 하게 될 만큼 사회에 처음 나가는 구직자들은 기댈 언덕이 없다. 그러니 자격증이라도 따려고 할 수밖에. 그런 가운데 '공인 자격증'이라는 것은 또 얼마나 많은가? 입사지원서만 쓰고 있으니 '혹시 필요할지 모르는' 자격증이라도 따는 것이 낫겠다고 생각할 만도 하다. 그렇지만 안타깝게도, '혹시 필요할지 모르는' 자격증은 실제로는 전혀 쓸모가 없다. 자격이 곧 직업인 변호사, 의사, 건축기사와 같은 것이 아닐 바에는, 자격증을 따는 데 들일 시간과 노력으로 작은 조직이라도 들어가서 하나라도 경험을 쌓는 것이 낫다. 편의점 알바를 하더라도 위에서 말한 것처럼 '여기서 내가 얻어 가는 것은 무엇일까'를 생각하면서 일 하는 편이 낫다. 그리고 그 경험들을 자기만의 이야기로 잘 설명하는 연습을 하는 것이 낫다.

이런 이야기를 공적인 자리에서는 종종 해 왔다. 그런데 오히려 가깝게 지내는 사람, 특히 나보다 나이 어린 지인들에게는 거의 한 적이 없다. '라떼는 말이야' 같은 꼰대질로 보일까 봐 무서워서다. 앞에서 말한, 늘 같은 이유로 직장을 그만둔다는 지인과 진지하게 대화를 시도해 본 적이 없는 것도 같은 이유나. 혹시라도 이 책을 읽는다면 조금이라도 도움이 될지 모르지만, 꽤 뒷부분인 여기까지 읽을지는 모를 일이다.
일부러 얘기해 주지는 않을 작정이다.

## 11
# 사회적 차원

### 경제민주주의, 노동이사제, 노동조합

비영리단체에서 일하는 사람들끼리 그룹 대화를 한 적이 있다. 비영리단체 중에서 규모가 꽤 있는 곳에 입사한 지 얼마 안 된 여성이 말했다. "다녀 보니 하는 일은 기업 사무직과 크게 다르지 않은데 왜 연봉의 차이는 이렇게 큰 것일까요? 처음에 누가 이렇게 정한 걸까요?" 이어서 나이가 50대 전후로 보이는 남성이 "내가 처음 시민단체 들어갈 때만 해도 그렇게 차이 나지 않는데 그동안 너무 많이 벌어졌다"고 했다.

그때 어느 산업별 노동조합의 상근자로 오래 일해 왔다는 남성이 이렇게 말했다. "올려 달라고 한 적이 없잖아요." 잠시 침묵이 흘렀다. 그 남성은 이렇게 덧붙였다. "연봉 높은 기업은 수십 년 동안 매년 단 몇 퍼센트라도 올려 보려고 노조가 피터지게 싸운 결과가 누적돼서 그렇게 된 거예요. 아무도 올려 달라고 안 하는데 왜 올려 주겠습니까?"

올려 주려고 해도 올려 줄 것이 없는 경우도 있기는 하다. 내가 일했던 비영리 민간 연구소도 그랬다. 전 직원이 그 해의 매출과 후원금이 얼마인지 낱낱이 알 수 있는 구조였기에 왈가왈부할 것도 없었다. 그렇더라도 임금과 근로시간과 그밖의 사안들에 대해서 전 직원의 의견을 모으는 자리를 연중 여러 차례 가졌고, 이를 경영 책임자에 전달했다. 한동안은 고정적인 형식 없이 자유롭게 이뤄졌고, 나중에는 노사협의회가 정식으로 꾸려졌다. 그러는 동안 뭐라도 하나씩은 나아졌다. 임금을 올리지 못하는 대신 적극적으로 노동시간을 줄이기도 했다. 점심시간을 유급화해서 하루 기본 근무시간을 오전 9시~오후 5시로 줄였다. 그리고 이를 오전 8시~오후 4시, 오전 10시~오후 6시 등으로 직원 각자 선택해서 조정할 수 있도록 했다. 심지어 한 직원은 오후 1~9시를 택했다. 얼마간 해 보고는 다시 일반적인 시간대로 바꾸기는 했지만 말이다. 앞에서 말한, 연차휴가를 근속기간에 상관없이 연간 27일로 바꿨다는 것도 이때 일이다. 그렇게 근로조건이 바뀌어 가는 것 자체도 좋았지만, 그것이 직원들이 원하는 바를 논의하고 전달한 결과로 이뤄진다는 점 때문에 더 좋았다.

그에 반해서, 아무리 혁신적인 근로조건이라고 해도 직원들과 상의 없이 경영자가 일방적으로 정해서 시행해 버리면 그 의미가 제대로 살기 어렵다. 도리어 그에 반발하는 직원들이 나올 수 있다.

어찌 보면 이것이 온 인류가 민주주의 사회를 향해 가고 있는 이유다. 그냥 잘 먹고 잘사는 것보다는 하나를 이루더라도 내 손으로, 내가 참여해서 같이 이루는 세상에서 살고 싶은 것이 인간이다. 일단은 굶지 않게 됐으니까 그런 생각도 하는 것 아니냐고도 하겠지만, 그렇더라도 그것 역시 인간의 특성이다. 그저 근근히 먹고사는 수준에 머물지 않고 더 나아지고자 한다면 하나를 바꾸더라도 민주주의를 강화하는 쪽으로 바꿔 가야 한다.

그러므로 우리의 삶에서 상당히 큰 부분, 어쩌면 가장 큰 부분을 차지하는 '일'에 있어서 민주주의가 작동해야 하는 것은 당연하다. 경제학자 우석훈은 『민주주의는 회사 문 앞에서 멈춘다』는 책에서 그동안 한국사회는 정치 민주주의를 발전시키는 데에만 매진했을 뿐 기업 부문에서의 민주주의를 발전시키지 못했다고 지적한다. 경영진의 잘못된 선택을 견제하지 못해서 기업의 경쟁력을 떨어트리는 '오너 리스크'가 발생하고, 여성에 대한 차별과 유리천장이 만연하고, 좋은 직장에 다니는 사람들조차 괴로워서 죽음을 생각하게 만드는 사회가 된 것이 그 결과라는 지적이다.

『경제 민주주의에 관하여』라는 책으로 우리나라에도 잘 알려진 미국의 정치학자 로버트 달은 "국가를 통치하는 데 있어서 민주주의가 정당하다면, 기업 내 의사결정을 하는 기업통치에서도 민주주의는 정당하다"고 주장한다. 그리고 기업 안에서 일하는 사람들에 의해 민주주의가 작동하는 기업이 여러 가지 측면에서 더 바람직하다는 것을 논증하면서 로버트 달은 "1880년대 미국이 법인 자본주의가 아니라 자치기업 체계를 공식 체계로 도입했더라면 미국인들도 달라지지 않았을까?"라는 질문을 던진다. 그리고 주주 및 경영자의 이익만을 목적으로 하는 기업들에 대한 구체적인 대안으로 '기업에서 일하는 모든 사람들이 집단적으로 소유하고, 민주적으로 통치하는 기업'을 제시하기도 했다. 이것은 노동자협동조합(workers' cooperatives)의 형태일 수도 있고 자주관리기업, 혹은 자치기업이라고 불릴 수도 있다. 중요한 점은 일하는 사람들이 기업의 의사결정에 참여한다는 것이다.

국내에서도 '노동이사제'에 대한 논의가 있어 왔고 공공기관부터 이를 도입하는 것이 문재인 정부의 공약이기도 했다. 그러나 여전히 기업의 의사결정에 노동자는 개입해서는 안 된다는 인식이 지배적이고, 그러다 보니 진척이 잘 안 되고 있다.

노동조합의 활동 범위를 제약하는 주된 이유도 '노동자는 경영에 개입해서는 안 된다'는 인식에서 나온다. 우리나라에서는 노조가 파업 등 쟁의행위를 할 때 경영권을 침해하면 불법이고 오직 임금과 복지를 위해서 해야만 합법으로 인정해 준다. 이는 곧 노조는 경영에는 관여할 자격이 없다는 것이다. 그런데 임금과 복지만 놓고 보더라도, 이것이 어떻게 경영자의 의사결정과 관련이 없을 수 있을까?

예를 들어 2013년에 전국철도노조가 민영화를 반대하며 23일 동안 철도 파업했다는 이유로 지도부는 오랜 시간 재판을 받았고, 코레일은 김명환 전 철도노조 위원장(2020년 현재 민주노총 위원장)을 비롯한 노조 집행부에 대해 162억 원의 손해배상 소송을 냈었다. 민영화를 하면 당연히 직원들의 고용안정성, 임금, 처우 등 모든 측면에 변동이 생긴다. 그런데 이에 대해 반대하는 것이 경영권의 침해라고 할 수가 있을까? 아니, 무엇보다 경영권이라는 게 무엇일까? 노동자의 안정성이 심하게 위협받는 결정조차도 경영권이어서 침해할 수 없다면 노동 3권은 무슨 의미가 있을까?

심지어 코레일은 사적 소유자가 있는 기업도 아니고 정부가 임명한 사장이 경영자일 뿐인데, 그 경영자의 권한이 이 조직에서 계속해서 일하는 수많은 노동자의 권한보다 커야 하는 이유는 뭘까. 철도가 민영화되면 이용자인 시민들도 피해를 볼 수 있다. 이 점을 잘 아는 노동자들이 전면에 나서서 이를 저지하는 파업을 했다고 해서 노조 집행부가 100억 원이 넘는 손해배상 소송을 당해야 한다는 것을, 그것도 정부 소유의 공공기관이 이런 일을 한다는 것을 아무래도 납득하기가 어렵다. 왜 이렇게 우리는 '경영권 지상주의' 나라가 된 것일까?

어떤 조직이건 의사결정에 대한 견제가 없으면 사익 추구 행위가 나타나기 쉽다. 우석훈이 민주주의가 없는 조직에서 '오너 리스크'가 나타나기 쉽다고 한 것도 같은 얘기다. 안 그래도 '정실자본주의'가 강해서 이익을 남길 만한 기회가 보이면 하나라도 가족과 친지들에게 넘기려고 하는 사람들이 많은데, 이를 조직 내 이해관계자들이 감시하고 견제하지 않으면 어떻게 될까? 이익이 남았는데도 경영자가 이를 감추고 노동자들에게는 "이익이 남지 않았으니 임금을 올려 줄 수 없다"고 하는 것은 누워서 떡 먹기보다 쉬울 것이다. 재무제표를 공시해야 하는 주식회사에서는 이렇게까지 하지 못하겠지만, 가족이 소유한 다른 기업으로 하여금 약간 비싼 가격으로 물건을 납품하게 하는 식으로 이익을 넘겨 줄 방법은 얼마든지 있다. 그리고 실제로 이런 일이 비일비재하다. 노동자가 경영자를 신뢰하지 못하는 것도 당연하다.

한국 사회에 노사 간 신뢰가 없는 이유 중 하나는 이렇게 경영 정보에 노동자가 제대로 접근할 수 없기 때문이다. 기업이 경영이 어려워서 정리해고, 임금 삭감 등을 한다고 할 때 노동조합이 크게 반발하는 데에도 이런 맥락이 있다. 경영진 혹은 주주들에게 갈 몫은 줄이지 않으면서 노동자만 해고하는 것이 아닌지 의심할 수밖에 없는 것이다. 쌍용자동차 파업과 매각에 대한 르포타주인 공지영의 『의자놀이』를 보면 경영자가 노동자에게 어떻게 정보를 숨기는지 상세하게 알 수 있다. 또 그런 가운데서 정부도 법원도 노동자를 보호하지 않는다는 것도 알 수 있다.

그런데도 노동조합이 쟁의행위를 하면 "기업을 망하게 하려는 것"이라고 비난하는 것은 도무지 합리적이지 않다. 사실, 기업이 망하면 가장 큰 타격을 받는 것은 여기에 생계를 전적으로 의존한 노동자들이다. 노동자들이 이 일터가 사라지는 것을 바랄 리가 없다.[1]

1980년대 말에서 1990년대 초까지 스웨덴 말뫼의 코쿰스 조선소가 위기에 처했을 때, 노동이사제에 따라 노동조합이 조선소의 의사 결정 과정에 참여해 왔고, 노동자들 모두가 정부와 경영자가 최선을 다했다는 것을 인정하고 신뢰했기 때문에 폐쇄 결정에도 격렬한 저항을 할 필요가 없었다는 이야기를 앞에서 했다. 우리도 기업이 경영상의 문제가 생겼을 때, 그동안의 신뢰를 바탕으로 노사가 머리를 맞대면 위기를 돌파할 해법을 찾을 수도 있다. 노동자들도 일터가 지속될 수만 있다면 임금 삭감, 무급휴가 등을 기꺼이 받아들일 것이다. 사정이 좋아지면 곧 보상받게 된다는 믿음만 있다면 월급 없이도 야근과 철야를 감수하며 일할 수도 있다. 그러므로 기업이 실제로 망하기 일보 직전인데도 노동자들이 정리해고 반대 투쟁만 하고 있다면 노동자를 욕할 일이 아니다. 그동안 아무런 신뢰를 주지 못한 경영진에 적지 않은 책임이 있는 것이다.

어떻게 노사 간에 신뢰를 만들 수 있느냐를 말하기 전에 우선 필요한 것은 노동자가 어떤 존재냐에 대한 제대로 된 인식이다. 노동자는 다름 아니라 일하는 보통 사람들이다. 소설 『기쁨의 집』에서 귀족 등 상류층 사람들이 소득을 위해 일하는 사람들을 '천한 사람'이라고 인식했지만, 지금 이 시대에는 신분에 따른 상류층이란 존재하지 않는다. 그저 일하는 거의 모든 사람이 노동자다. 자영업자, 누구에게도 종속되지 않고 일하는 프리랜서나 1인 사업자가 아니고서는 자신의 임금과 근로조건을 스스로 정할 수 없다. 의견은 낼 수 있어도 최종적인 결정은 누군가 해 줘야 한다. 연봉이 몇 억원 단위인 의사나 변호사 펀드매니저라 하더라도 마찬가지다. 그 최종 결정자를 경영자 혹은 '사측'이라고 할 수 있다. 노동자들은 임금과 근로조건의 개선 혹은 변동을 위해서는 필수적으로 사측과 대화를 해야 한다. 능력이 독보적으로 출중하고 조직이 아주 중요하게 여기는 사람이라면 혼자서도 그 대화를 통해서 임금과 근로조건을 올려 갈 수도 있겠지만 보통은 어렵다. 아무래도 힘의 균형이 안 맞기 때문이다. 그래서 일하는 사람들은 다 같이 의견을 모아서 개선책을 사측에 요구하게 된다. 이를 위한 법적 기구가 노동조합이다. 즉, 일하는 모든 사람들이 더 만족스럽게 일하기 위해서 필요한 도구가 노동조합인 것이다.

## 일상 속에서의 노동조합

한국에서 노동조합에 대한 거부감이 강한 것은 6·25 전쟁과 분단의 역사, 그리고 노동조합을 공산당과 연결해서 매도

한 매카시즘까지 복합적으로 작동한 결과다. 이 역사가 너무 오래되다 보니 무엇 때문에 노조에 거부감을 가지는지조차 알지 못하는 사람이 많다. 주위에서 노동조합에 대해 부정적으로 말하는 사람에게 이유를 물어보면 "파업하면 차 막히잖아요" 한다. 차가 막혀서 다수가 느끼는 불편이 우리 사회 안의 일정한 수의 사람이 노동권을 보장받는 것보다 더 중요한가, 이런 토론을 하기에 앞서 짚어 봐야 하는 것은 '왜 파업하면 차가 막히는가?'라는 지점이다.

나는 노동자로서 파업이라는 것을 경험한, 대한민국에서 몇 안 되는 사람이다. 신문사에 있을 때였는데 파업은 무려 6개월이나 지속됐다. 그동안 우리 노조원들은 파업을 하고 있다는 것을 외부에 알리기 위해 이것저것 할 수 있는 일은 다했지만 차가 막히게 한 적은 없었다. 파업 참여 노조원이 100여 명으로 적은 편은 아니었어도 우리끼리 차량 통행을 막고 길에 나가 걷는 것은 생각해 보지도 않았다.

그렇다면 '노조'와 '차 막히는 일'의 접점은 어디에 있을까? 그것은 대체로 민주노총, 한국노총과 같은 상급단체의 주도로 진행되는 행사다. 대표적인 것인 노동절 행사인데, 노동절은 법이 보장하는 노동자의 휴일이므로 이때 전국 산업별 지역별 노동조합 조합원과 상근자들이 서울역 광장을 중심으로 모여서 기념행사를 가지곤 한다. 그 인원이 워낙 많기 때문에 주변의 차도가 막히기도 하고 행사 전후에 단위별로 행진을 하는 동안 경찰이 차량을 통제하기도 한다. 그 외에도 연간 한두 차례 이런 행사가 더 있다. 문제는 이 행사들이 '총파업'이라는 이름을 쓴다는 것이다. 이는 실제 파업과는 다르다.

물론 본래 총파업의 의미는 여러 노동단체들이 연합해서 실제로 파업을 일으키는 것이었다. 1996년의 총파업 때는 민주노총 지도부가 총파업을 결정하자 현대와 기아, 두 대규모 자동차 공장의 노조가 주도해서 같은 날 파업에 들어갔고 크고 작은 노조들이 부분파업 등으로 동참했다.[2] 이 정도로 전국적인 총파업은 아니어도 여러 단위들이 파업 일정을 맞춰서 힘을 모으는 경우가 있었다. 그러나 대체로 이 시기 이후의 총파업은 행사에 가깝다. 노동절에 열리거나, 노조 상근자들 중심으로 참석하거나, 때로는 조합원들이 연차를 내고 참석할 뿐이다.

법적인 의미로 파업이라 할 수 있으려면 한 조직 내에서 노동자들 결정으로 돌입하고, 다시 노동자들 스스로의 결정으로 중단할 때까지 이를 지속하는 형태여야 한다. 파업을 하기 위해서는 노조원의 파업 찬반 총투표를 거치고 지방 또는 중앙노동위원회에 의한 쟁의조정 절차를 거쳐야 한다. 이를 거치고도 노사가 합의에 이르지 못했을 때 비로소 파업에 돌입할 수 있다. 이런 절차를 거치지 않으면 '불법 파업'으로 간주된다. 한국에서는 합법 파업을 하더라도 그 기간의 손해에 대해 사측이 손해배상을 청구하는 경우가 적지 않은데 불법 파업을 했다가는 감당할 수 없는 결과가 초래될 수 있다. 때문에 기업 단위 노조에서도 어지간한 각오가 아니고서는 파업을 시도하지 않는다. 다른 사업장 노조를 돕기 위해 우리 사업장에서 그런 절차를 거쳐 파업을 한다는 것도 상상하기 어렵다. 그런데도 여전히 항간에 "툭 하면 파업하는 노동조합"이라는 인식이 있다는 것은 아이러니컬하다.

"파업하면 차 막힌다"는 말에는 이렇게 상당한 오해가 있다. 그런데도 많은 사람들이 이 오해에 근거해서 노동조합에 대한 인상을 결정한다. 여기서 비롯된 이런 일도 있었다. 신문사를 그만두고 처음 들어간 직장에는 비영리단체에서 일하다 온 직원들이 많았다. 그중 젊은 층의 직원들은 한 번도 노동조합을 경험해 본 적이 없어서 막연한 '로망'까지 가지고 있었다. 조직 내에서 갈등이 몇 차례 생긴 이후로 직원들은 노조를 만들었다. 상급단체에 가입해서 분회를 만드는 식이었다.

그로부터 얼마 후에 민주노총 총파업 행사가 열렸다. 노조원인 직원들이 단체로 그 행사에 참석하자고 했다. 노동절도 아니고 평일인데 연차도 안 내고, 관리자가 허락한 것도 아닌데 어떻게 가겠느냐고 하자 "아니, 노조가 무슨 허락을 받아요. 총파업인데 그냥 가는 거죠"라고 하는 것이었다. 이 파업은 그 파업이 아니라고 한참을 설명해서 말리기는 했지만 다들 영 이해가 안 되는 듯했다. 공교육 과정 어디에서도, 대학에서도, 사회에서도 노동조합에 대해서 배우고 경험해 본 적이 없으니 어쩔 수 없는 일이긴 했다.

한편으로는 자신이 노동자인지 아닌지 모르는 경우도 적지 않다. 한번은 노동 전문가를 초청한 강의에서 한 청년단체 대표가 질문을 했다. 자신은 일을 하는데 왜 노동자가 아니냐는 것이다. 대표이기는 하지만 직원 관리만 하는 것이 아니라 직원 한 사람 몫 이상으로 직접 일을 하고 있다고 했다. 강사는 "대표는 사용자이기 때문에 노동자는 아니"라고 답했다. 그렇게 답할 수밖에 없었지만, 그는 의문을 풀지 못한 듯했다. 그럼 자기의 권리는 어떻게 지키냐고도 물었다. 그 권리는 굳이 따지자면 용역 계약으로 일을 주는 상대방에게서 갑질을 당하지 않을 권리로 해석할 수 있겠다. 그러나 '일을 하는데 왜 노동자가 아닌가'라는 질문은 생각할 지점을 남기기는 했다.

최근에는 비영리단체에서 오래 일해 온 사람과 '일'을 주제로 길게 대화를 했는데, 그는 활동가와 노동자 정체성을 어떻게 구분해야 하는지 영 혼란스러워했다. 너무 오랫동안 '나는 활동가이지 노동자가 아니다'라고 생각해 온 것이다. 사회적인 가치를 중시하며 일해 왔다고 해도, 임금과 근로조건에 대한 논의는 그에 대한 결정권이 있는 사람과 해 왔어야 할 텐데 그런 경험이 전무했다. 자기의 임금과 근로조건을 개선해 달라는 대화를 시도하는 것 자체를 생각해 본 적이 없는 것 같았다.

꼭 비영리단체에서 일하는 사람이 아니더라도 우리 주변에 이런 사람이 너무나 많다. 물론 누구나 개인 자격으로는 그런 말 꺼내는 것이 쉽지 않을 것이다. 그래서 직원들이 함께 머리를 맞대고 상의한 뒤에 공식적 절차를 거쳐서 사측에 전달할 수 있어야 한다. 그래서 노동조합이 있어야 한다.[3] 노동조합은 정리해고 직전과 같은 극도의 갈등 상황이 아니라, 이렇게 일상적인 상황에서 만들어지고 일상적으로 유지돼야 한다. 꼭 투쟁하는 기조를 유지하고 사측과 원수처럼 지내야 하는 것도 아니다. 신뢰를 바탕으로 서로를 인정하면서 대등하게, 상식적으로 대화를 지속해야 한다. 그래서 기업(조직)도 잘되고 노동자들도 즐겁게 일할 수 있는 방법을 함께 찾아가야 한다. 이것이 '사회적 대화'다.

내가 2019년 9월부터 공익위원으로 참여하고 있는 대통령 소속 경제사회노동위원회는 정부 차원에서 만든 '사회적 대화' 조직이다. 그런데 여기에서도 여전히 노사는 투쟁하는 관계라고 하는 고정관념을 그대로 볼 수 있다. 민주노총은 참여조차 하지 않는다. 참여하는 것만으로도 자본에 이용당할 수 있다는 것인데, 최상급 단체조차도 이렇게 생각한다면 작은 현장 단위에 있는 노동자들이 어떻게 사측과 사회적 대화를 시도할 수 있겠는가. 정말 노동자는 이용당할 수밖에 없을까. 쓸쓸하기도 하고 반감도 생기는 이야기다.

사회적 대화가 어색해 보이기는 경사노위에 참여하는 경영자 대표도 크게 다르지는 않다. 여전히 '경영권 침해 불가'와 같은 이야기를 주로 할 뿐이다. 시대도 달라지고 환경도 달라지는데 경영자들이 언제까지나 같은 도식에만 빠져 있다면 기업의 창조적 혁신적 경영은 어떻게 가능할까? 블록체인 같은 것은 모르면 안 된다고 생각하면서, 기업에 대한 생각은 왜 100년 전 그대로인지 기회가 되면 한번 물어보고 싶다.

그나마 더 가능성 높은 쪽은 노동자들이 먼저 변하는 게 아닐까 싶다. 숫자로 쳐도 경영자보다 훨씬 많으니 그 편이 사회가 바뀌는 속도도 빠를 것이다. 자라나는 어린이, 청소년들부터 '나는 앞으로 노동자가 된다'고 생각하도록 가르치는 것이 중요하다. 그러려면 선생님들도 자신들이 노동자라는 것을 분명히 인식해야 하겠다. 갈 길은 멀지만, 또 그렇게 먼 것 같지도 않다. 한때 '빨갱이'로 통하던 노동조합에 '로망'을 가진 젊은 사람들이 있다는 것만 봐도 그렇지 않은가. 일터를 민주적으로 바꾸고 싶다는 강력한 필요가 이미 변화를 조금씩 만들어 가고 있다.


## 플랫폼이 나쁜 게 아니다

노동을 둘러싼 경직된 시각과 관행들을 하나씩 털어내면서 다시 생각해 본다면 '플랫폼'의 존재가 달리 보일 수 있다. 플랫폼은 단순히 노동을 중계하는 역할만 하는 게 아니라 노동을 기록하고, 그에게 일감을 준 사람을 사용자로 특정하고, 사용자가 부담해야 할 4대보험 금액을 계산하고, 이를 국세청과 관련 부처에 전달하는 역할까지도 할 수 있는 좋은 도구다. 사실 지금까지도 기술이 없어서 이런 일을 못한 것은 아니다. 그 필요성이 제기되지 않았고, 정부가 이를 인식하지 못했기 때문에 시도되지 않았을 뿐이다.

최근 플랫폼 노동에 대한 우려가 높아지고 있지만 플랫폼은 사실 노동의 질을 떨어트리는 주범은 아니다. 모든 도구가 그렇듯이 긍정적으로도, 부정적으로도 쓰일 수 있을 뿐이다. 건설 일용직 구인구직을 위한 스마트폰 어플리케이션이 생긴 뒤로 새벽 인력시장에서 서성일 필요가 없어진 것이 좋다는 반응도 있다.[4] '청소연구소'와 같은 가사도우미 플랫폼은 이용자에게 회원가입 단계에서 가사도우미에게 요청할 수 있는 일과 아닌 일(예를 들면 무릎 꿇고 하는 걸레질), 주의해야 할 언행 등을 숙지시킨다. 이렇게 했더니 불필요한 갈등도 줄어들고, 이용자와 노동자 양쪽 모두 만족도가 높아졌다고 한다.

물론 플랫폼을 통해 일감을 받는 노동자들이 점점 그에 종속되고 불만이 있어도 제기하기 어렵고, 같은 일을 해도 임금은 계속 떨어지는 식으로 '나쁜 노동'에 처하게 될 수 있다. 그러나 이런 현상은 플랫폼 때문에 나타나는 것이 아니다. 기업과 노동자의 관계가 대등하지 않은 모든 노동 현장에서 나타날 수 있고 나타나고 있는 문제다. 일하는 사람들이 종속되지 않도록, 대등한 협상력을 가질 수 있도록 보호해 주는 장치를 만들어 가는 것이 플랫폼 자체를 악마화하는 것보다 훨씬 현실적이다.

플랫폼 노동자의 '노동자성'을 인정해야 한다는 주장도 있다. 나는 이 문제도 조금 다르게 볼 필요가 있다고 생각한다. 지금까지 취약한 상태의 노동자를 법적 보호의 테두리 안에 넣는 방법은 노동자성을 인정받는 것이 거의 유일했다. 재능교육 학습지 교사들이 본사의 불합리한 요구와 해고 등에 저항하며 2007년부터 무려 2,075일 동안 끈질기게 투쟁하는 과정에서 대법원에서 '노동조합법상 근로자에 해당한다'는 판결을 받은 일이 대표적이다. 이렇게 노동자성을 인정받으면 노동조합 활동과 노동 3권 행사가 가능해지기 때문에 특수형태고용노동자 또는 개인사업자로 여겨질 때보다는 안정성과 처우 수준이 높아질 수 있다.

다만, 노동자성을 인정받기 위해서는 그 일이 경제적·조직적으로 사용자에 종속돼 있다는 것을 증명해야 한다. 예를 들어서 노동자의 소득이 주로 이 일자리에서 나오는 게 맞는지, 노동자가 이 일을 하기 위해서는 꼭 해당 업체를 통해 일감을 받아야만 하는지, 일의 내용에 대해서 업체 관리자로부터 지휘와 감독을 받는지, 보수 등의 근로조건이 업체에 의해서 일방적으로 결정된 것이 맞는지 등으로 판단하는 식이다.

그런데 이 항목들을 일일이 맞춘다 하면 그것은 바로 정형화된 일, 즉 앞에서 '고체' 노동이라고 불렸던 경직된 형태의 일이 된다. 만일 플랫폼 노동을 통해서 가사도우미도 주

2~3회 하지만 다른 시간에는 웹디자인도 하고, 또 그 밖의 일도 하는 사람이 있다고 하면 현재의 법적 판단으로는 '노동자성'을 인정받을 수 없다. 또는 어느 정도의 자율성을 가지고 자신의 업무의 양과 보수를 클라이언트와 협상할 수 있는 사람 역시 '노동자'가 아닌 셈이다. 아이들을 돌보면서 하루 몇 시간만 일해도 되는 것이 좋아서 학습지 교사가 된 사람 중에는 '노동자성' 인정의 틀에 맞추지 못해서 일을 그만둬야 하는 사람이 있었을지도 모른다.

모빌리티 플랫폼으로 단기간에 성공했던 '타다'[5]가 폭 넓은 사회적 지지를 받지는 못했던 이유 중 하나가 운전 기사(타다 드라이버)를 노동자로 고용하지 않은 점이었다. 이렇게 함으로써 업체에게는 고용에 따른 고정비용 절감이라는 이점이 분명 있었을 것이다. 다만 그 이유만은 아니었던 것으로 보인다.[6] 타다 드라이버들 중에는 아예 고용돼서 일하기보다는 다른 일을 하면서 틈틈이 하고 싶은 사람들도 있었기 때문이다. 기존의 일과 병행해서 부가 소득을 얻을 수 있는 일을 찾다가 몸 상하지 않고, 그런대로 존중받는 분위기 속에서 일할 수 있기 때문에 타다 드라이버가 됐다는 사람들이 상당수 있었다. 그렇게 일할 수 있게 해 주는 도구가 '플랫폼'인 것도 사실이다. 그런데 만일 앞으로 만들어지는 모빌리티 관련 기업은 모두 운전자를 전일제 노동자로 고용하라는 법이 생긴다면 어떨까? 이 법이 제약하는 것은 자본가와 경영자이기만 할까?

노동자에 대한 법적 보호가 불필요하다거나, 기업의 자유가 더 중요하다는 얘기가 당연히 아니다. '노동자성'이라는 기준에 모든 사람들의 삶을 맞추려고 하는 것 역시 경직된 사회라는 것이다. 그동안 노동계가 노동자성 인정을 놓고 투쟁해 온 것은 비전형 노동자들을 보호할 다른 방법이 없었기 때문일 뿐이다. 더 바람직한 방향은 노동자성 기준 하에서 일하고 싶은 사람은 그럴 수 있어야 하고, 아닌 사람은 아닐 수 있도록 하는 것이다. 양쪽의 경우 모두 적절한 법적 보호를 받고, 노동 3권에 준하는 권리 행사를 할 수 있으면 된다.

그렇게 열린 사회, 일하는 사람들에게 조금이라도 더 권리와 자유를 주려고 하는 사회로 가는 길 위에 있다면 어떤 새로운 기술이 나타나고 예측 못 했던 위기가 닥치더라도 우리는 길을 잃지 않고 계속 앞으로 갈 수 있을 것이다.

## 12
# 정책적 차원

## 최저선이 필요하다

얼마 전, '가족 살해 후 자살' 사건들을 취재한 신문기자와 얘기를 나누었다. 한때 '동반자살'이라고 불렸던, 어린 자녀를 포함한 가족들을 먼저 살해하고 스스로 목숨을 끊는 사건이 요즘도 계속 이어진다. '송파 세 모녀 사건' 이후로 성인 가족들이 함께 목숨을 끊는 일도 계속 발생하고 있다. 그 사정들을 자세히 취재한 기자의 말이 인상 깊었다. 당장 끼니를 해결 못 할 정도로 절망적인 상태보다는 아직 전세금이나 자가용 등 자산이 남아 있는 경우가 더 많더라는 것이다. 실직, 질병, 사고 등 이유로 어려움이 닥쳐오는 상황, 말하자면 미끄럼틀 경사가 막 시작되는 상태에 있는 사람들이 이런 극단적인 선택을 한 경우가 많았다고 했다.

미끄럼틀이나 롤러코스터를 탈 때 가장 긴장되는 순간은 바로 그렇게 경사가 막 시작될 때다. 하강 구간이 지나면 안전하게 지상에 도달하는 것을 알기에 우리는 그 긴장을 견딜 수 있고, 짜릿함을 느끼기도 한다. 만일 하강이 계속 이어지다 파괴적 충격, 죽음으로까지 이어질 수 있다면 어떨까? 하강 순간에 짜릿함은커녕 극도의 공포만 느낄 것이다. 사회적 하강 충격에 따른 공포와 절망에 대해 사회적 대책이 필요한 이유다.

우리 정부도 대응을 하기는 한다. 위기 가정을 찾아내기 위해 인공지능(AI)과 빅데이터를 활용한 시스템을 도입하기도 했다. 사람들이 잘 몰라서 그렇지 일단 주민센터에 방문하기만 해도 지원 받을 제도가 많다고도 한다. 그렇다면 단지 '홍보'가 문제인 것일까? 실제로는 최첨단 시스템으로 위기가정을 찾아 놓고도 해당 예산의 한계로 다 지원을 못 하고 있다고 한다. 각종 지원 제도들도 있기는 하지만, 어느 달에는 노인 예산은 소진됐고 한부모 예산은 남아 있다든지, 어느 프로그램은 중위소득 120~150% 사이만 신청할 수 있다는 등 갖은 칸막이와 제한이 있다.

관공서를 방문했다가 거절만 당한 경험, 그때 느낀 모멸감과 좌절감은 어느덧 아직 그 일을 겪지 않은 사람들조차 생생하게 떠올릴 수 있을 만큼 일반적인 것이 됐다. 이 시대 한국인들이 공유하는 집단 무의식(Collective Unconscious)이라고까지 할 만하다. 아무런 안전망 없이 추락하다가는 인간으로서 최소한의 존엄도 지키지 못하는 참혹한 상태가 되리라는 공포. 그것이 가족들의 죽음이라는 참혹함보다도 더 크게 느껴지는 것이 우리 사회의 현실이다. (물론 자녀를 포함한 가족을 자신의 소유물로 여겨 임의로 목숨을 빼앗는 행위는 어떤 경우에도 용서받을 수 없다. 다만 이런 현상이 계속된다면 그 원인에 대한 사회적 고민은 필요하다는 것이다.)

민주주의제하의 정부가 없는 것도 아니고, 정부 예산이 없는 것도 아니고, 행정 시스템이 없는 것도 아닌데, 왜 우리에게는 추락을 어느 선에서 막아 줄 안전망이 없을까? 답은 간단하다. 그런 '선'을 정한 적이 없기 때문이다. 우리 사회에는 '최저선'에 대한 개념이 없다. 이 사회의 구성원 중 누구라도 어떤 상황에 있더라도 '이런 정도 이상'은 보장해 준다는 개념이 없는 것이다.

정책 입안자들은 대부분 한국 사람들이 여전히 경제 성장기 속에서 '상승' 중인 것으로 여기는 듯하다. 웬만큼 노력하고 성실히 일하면 잘 살 수 있는 사회라고 보는 것이다. 간혹 운이 없거나 노력이 모자라서 '하강'하는 사람이 있다 해도 눈 높이만 낮추면 다른 일자리를 얻을 것이고, 그도 못하는 사람들은 소수이니 만큼 정부가 다 책임질 수는 없다는 식이다.

이런 태도가 보이는 단적인 사례가 앞에서도 말한, 한국도로공사 톨게이트 노동자들을 두고 청와대 고위 관계자가 "없어질 직업이 아니냐"고 말했다는 일이다. 지금도 산업 및 기술 변화로 없어지는 일자리는 셀 수 없이 많고 앞으로도 얼마나 될지 모르는데, 정부는 그 가운데 사람들이 겪는 불안정을 그저 '각자의 문제'라고 보는 것이다.

이렇다 보니 우리 사회에서는 최저선이 어느 정도여야 하는지에 대한 토론은 벌어질 여지조차 없고, 이를 위한 제도도 만들어진 적이 없다. 최저선으로 '국민기초생활보장제'가 있지 않느냐고 반론할 수 있다. 그러나 이 제도는 이미 빈곤층에 속해 있다는 것을 명확하게 증명할 수 있는 사람들을 위한 제도다. 그리고 그 빈곤층이 빈곤층'답게' 살 수 있는 정도로만 지원한다. 누가 봐도 극심한 가난 속에 있더라도, 부양의무자 조건을 충족 못 하거나 일시적으로 소득이 발생하는 등 사정이 있다면 이 제도는 책임지지 않는다.

'최저임금'이라는 제도가 있다고도 반론할 수 있다. 최저임금이야말로 한국 사회 안에 '최저선'과 '평균선'에 대한 인식에 혼선이 있음을 보여주는 제도다. 최저임금이란 어떤 사람이 어떻게 일하더라도, 심지어 일을 하는 둥 마는 둥 하더라도, 보장해 줘야 하는 금액이다. 왜 그런 사람에게까지 일정 수준의 임금을 줘야 할까? 그 사람에게도 이 사회의 구성원으로서 존엄하게, 일정 수준 이상의 삶의 질을 누리며 살 권리가 있기 때문이다. 그의 낮은 생산성으로 발생하는 손실은 사회 전체가 나눠 부담해야 한다. 그래야만 최저선 이하로 사는 사람이 없는 사회가 될 수 있다. 이런 합의하에서야 비로소 최저임금은 제대로 기능할 수 있다.

그런데 한국에서 최저임금은 언젠가부터 전체 노동 인구의 평균적 임금 수준을 끌어올리기 위한 제도인 것처럼 여겨지고 있다. 문재인 정부가 '소득주도성장' 정책으로 정권 초기 가장 강력하게 밀어붙인 것이 '최저임금 인상'이었다는 점만 봐도 알 수 있다. 이를 뒷받침한 '최저임금 1만 원' 운동의 논리를 되돌아보면 "우리 사회의 가장 평범하고 성실하게 일하는 사람들이라면 적어도 '시급 1만 원'은 받아야 한다"는 주장에 근거하고 있었다. "가장 생산성 떨어지는 사람에게도 1만 원을 줘야 한다"는 논리는 아니었던 것이다. 그런 데 비해서 최저임금은 실제로는 법적 제재를 동반한 '최저선'이기 때문에 1만 원에 훨씬 못 미치는 수준까지 올렸을 때도 여기저기서 저항이 터져 나왔다. 이런 상황에서 사회적 합의를 통해서 이 선을 상당 수준 올림으로써 '평균선'을 끌어올리기는 어려워 보인다.

'최대 주 52시간 노동제'도 마찬가지다. OECD 회원국 중 최장 시간 노동 국가라는 오명을 하루 빨리 벗어야 하더라도, 최저선을 '주 52시간'으로 맞추려면 사람이 주 52시간 이상 노동해서는 안 되는 이유를 설명할 수 있어야 한다. 그러나 정부에서도 노동계에서도 평균적 노동자들이 누리는 적정 노동시간의 선이 주 52시간 이하인 것이 바람직하다는 식의 설명들만 나왔다. 이를 '평균선'으로 본다는 뜻이다. 그러나 현실에서 이 제도는 '어기면 처벌받는' 최저선으로 작동한다. 그러니 기존의 최저선 경계에 있던 노동 현장들에서 반발이 나올 수밖에 없다.

지금 정부가 중소기업에 대한 적용 또는 처벌 유예, 탄력근로제 단위 기간 확대 등 보완책을 고민하는 것부터가 '주 52시간'이 '최저선'보다 높다고 여긴다는 증거다. 노동시간에 대한 '최저선'이라면, 대통령 소속 경제사회노동위원회 의제별위원회에서 탄력근로제 단위기간 확대 방안에 포함시키도록 제안한 '하루 11시간 연속휴식 의무화'가 더 본질에 가깝다. 어떤 경우, 어떤 노동자여도 하루 11시간은 일하는 현장을 떠나서 연속으로 쉬어야 한다는 것이기 때문이다. 이 점에 대해서라도 사회적 합의가 이뤄지고, 탄력근로제와 관계없이 모든 업종 및 사업장에 예외 없이 적용하고, 정부가 적극적인 관리 감독 및 처벌에 나선다면 이것이야말로 건강과 생명을 위협하는 장시간 근로를 전면적으로 차단하는, 노동시간에 대한 최저선의 역할을 할 수 있다.

이렇게 '최저선'과 '평균선'에 대한 개념이 혼재돼 버린 데는 여러 이유가 있지만 노동 측면에서의 가장 큰 이유는 노동조합이 제 기능을 못 하는 데 있다. 노조 조직율이 10%대에 불과하고, 그나마도 대부분 대기업(300인 이상)의 기업별 노조로만 존재하는 한국 현실에서 노사 협상으로 산업과 업종 전반의 노동 평균선을 올리는 것은 거의 불가능했다. 그나마 힘 있는 대기업 노조들이 수십 년에 걸쳐서 투쟁해서 각자의 임금 및 처우를 높여 온 결과로 중소기업과의 격차가 벌어지자 대기업 노조를 '귀족 노조'라고 하는 비난만 커졌다.

노조 없는 중소기업에서 노동 조건을 개선할 방법은 법적 최저선을 올리는 것밖에 없었다. 최저임금 인상이 곧 임금 인상이고, 근로기준법상 휴가 조항이 개정돼야 대부분 직장인들의 휴가가 늘어나는 식이다. 즉, 국민 대부분이 '최저선'의 노동을 하는 나라가 된 것이다. 그렇게 최저선이 평균선의 역할을 대신하는 동안 또 다른 많은 사람들은 진짜 최저선이 없는 채로 일한다. 그러다가 건강이 상하고, 신체와 정신에 영구적인 손상을 입고, 때로는 죽기까지 하고 있다.

차라리 이럴 바에는 정부가 큰 틀에서 "노동의 최저선을 끌어올리겠다"고 선포하고 사회적 합의에 적극적으로 나섰으면 어땠을까 싶다. 김용균 씨 사망 사건 전후로 사회적 요구가 커진 안전의 문제부터, 어떤 일을 하건 인격적인 존중을 받고 차별받지 않는다는 의미까지 포함해서 말이다. 그랬다면 최저임금 인상, 최대 52시간 노동제도 모두 그 맥락 안에서 의미를 가질 수 있었을 것이다. 더 이상적으로는 '이 땅에 있는 누구나 누려야 할 삶과 노동의 질'에 대한 논의가 이뤄진다면 어떨까? 외국인 노동자와 난민을 포함해서 대한민국에서 사는 사람은 누릴 수 있는 최저선으로 말이다. BTS 보유국, 문화 강대국이라면서 한국에 온 외국인 노동자들이 노예만도 못한 환경에서 일한다는 소식은 그만 들어야 하지 않을까?

## 하나를 바꾸더라도 '자유'를 위해

이런 논의의 결과를 제도로 만든 것이 바로 북유럽의 복지국가 시스템이다. 북유럽이라고 해서 태초부터 복지국가였던 것이 아니다. 스웨덴의 경우 복지국가 논의는 1920년대 시작됐지만 지금 같은 형태로 정착된 것은 1970년대 이후다. 처음 복지국가에 대한 고민은 노동자가 병이 나거나 실직했을 때, 은퇴하고 난 후에도 보호 받도록 사회 안전망을 촘촘히 하자는 데서 시작했다. 가난을 증명해야 하는 선별복지가 아닌 보편복지를 지향한 것은 '인간의 품위'를 지키는 데 더 적합하다고 봤기 때문이었다.

복지국가 시스템을 근대화했다고 평가 받는 올로프 팔메(1927~1986) 총리 시절 사민당은 연령에 따른 노동자 차별 금지법, 노동조합 보호법, 노동자 안전 강화법, 노동자의 경영 참여 보장 등 법 개정을 통해서 '노동의 최저선'을 대폭 끌어올렸다. 대학 등록금 무상화, 연간 의료비 상한 설정 등으로 기존에 가구별로 떠안았던 부담들도 줄였다. 생활의 최저선도 정해졌다. 스웨덴은 지역마다 약간 다르기는 하지만 가구 수에 따라서 일정 면적 이상의 집에 살아야 하고, 영양 균형에 맞춘 식사를 해야 하고, 통신과 여가 생활의 권리를 어느 정도 누려야 한다는 등 세부적 기준까지 정해져 있다.

"여기서는 사람들이 월세를 못 내서 쫓겨나면 호텔로 들어가 버려요. 그들이 새 거주지를 찾을 때까지 시 정부는 호텔비를 내 줄 의무가 있어요. 때문에 예산을 아끼려면 월세를 못 낼 위기에 있는 사람들을 선제적으로 찾아내 지원해야 합니다."

지난해 스웨덴 말뫼시를 방문했을 때 만난 주민 지원 담당 공무원은 이렇게 설명했다. 이런 시스템을 유지하는 데는 물론 돈이 든다. 스웨덴 사람들은 높은 소득세율을 감당하는 대신 "어떤 경우에도 사회가 나를 떠받쳐 준다"는 안정감을 누리는 것이다.

이렇게 '최저선'에 대한 이야기를 길게 한 이유는, 우리 모두가 '좋은 일'을 할 수 있는 사회를 만들기 위해 딱 하나를 고칠 수 있는데 그게 무엇이었으면 하느냐고 누군가 묻는다면 이렇게 답하고 싶기 때문이다. 나 혼자 그런 기회가 생기면 뭘 요청할까 꽤 오래 상상해 왔는데 최근에 이런 결론에 이르렀다. 노동의 최저선을 지금보다 높이고, 그리고 이 선이 철저하게 지켜지도록 하는 것, 단 한 사람도 이 선 아래로 내려가도록 방치하지 않는 것, 이것이 가장 중요하다는 결론이다.

또한, 이는 전통적인 형태의 '고용관계'에 있는 노동자만이 아니라 자영업자, 프리랜서를 포함해서 모든 형태의 일하는 사람에게 작용하는 최저선이어야 한다. 이를 위해서는 노동계부터가 먼저 '노동자'라는 말을 버릴 각오를 해야 할 수도 있다. 사실 노동자냐, 근로자냐 따지는 게 무슨 의미가 있을까? 둘 다 딱딱한 한자어일 뿐이다. 임금노동자를 '노동계급'으로 호명한 것이 앞선 시대의 혁신이었다면, 어떤 형태로든 일을 해서 소득을 버는 모든 사람을 똑같이 바라보는 것이 이 시대에 필요한 혁신이다.

만일 앞에서 "딱 하나만 요청하라"고 했던 사람이 추가로 한 가지를 더 물어본다면, 무엇이건 사람들이 더 '자유'를 누리는 쪽으로 바뀌어 가기를 희망한다고 하겠다. 아무리 좋아 보여도 그것이 자유를 억누른다면 좋은 제도일 수 없다.

내가 봐 온 것들 중에서 이 '자유'라는 원칙에 가장 반하는 제도는 대학의 '계약학과'라는 것이다. 예를 들면 연세대학교 시스템반도체학과에 입학하면 졸업 후 삼성전자 채용을 보장한다는 식이다. 예전처럼 소위 '명문대'를 나온다고 대기업 취업이 보장되는 것이 아니기 때문에, 이를 보완하기 위해서 고안된 제도로 보인다. 어떻게 보면 공부 잘하는 입시생 입장에서는 대학을 선택하면 취업까지 보장이 되고, 대학은 성적 좋은 학생들을 우선적으로 끌어올 수 있고, 기업은 공부도 잘하고 '명문대'도 나온 학생들을 안정적으로 데려올 수 있으니까 모두가 좋은 제도처럼 보인다.

그런데 대학에 입학하는 나이인 10대 후반과, 기업에 입사하는 20대 중후반 사이의 기간은 보통 어떤 시간일까? 그리고 대학이라는 곳은 한 사람의 사고와 시각과 가치관에 어떤 영향을 줄까? 그 사이에 군대를 다녀온다면 이 경험을 통해서 또 사람은 어떻게 달라질까? 이를 장담할 수 없는데 어떻게 10대 후반에 5~10년 후 그 사람이 들어갈 기업을 정해 버린다는 말인가?

기업 입장에서도 조직에 들어와 업무를 잘할 사람을 선발하려면 얼마나 많은 점을 고려해야 하는데 어떻게 고교 때 입시 성적만 보고 취업을 100% 보장해 줄 수가 있나? 현재 그 기업의 임직원들이 이 제도로 학연을 강화하려는 의도가 전혀 없다고 할 수 있을까? 이 '계약학과'를 만든 협약 체결 당시 임원이 나중에 그 대학에 교수로 가지는 않는지, 의심의 눈길로 지켜볼 필요가 있다.

물론 10대 후반에 취업하는 사람도 있기는 하다. 그렇지만 그 사람이 4~5년 후에도 그 기업에 계속 다니는 일은 우리 사회에서는 이제 흔치 않다. 여러 번 얘기했듯이 초단기근속 국가이기 때문이다. 이미 사회가 이런데, 10대 후반에 본 입시 결과로 20대 중후반의 선택까지 미리 해 버린다는 것은 아무리 봐도 말이 안 된다.

나 자신을 생각해 봐도, 대학에 입학할 때의 나와 졸업할 때의 나는 상당히 다른 사람이다. 그로부터 5년 후, 또 5년 후를 계속 생각해 봐도 매번 다른 사람이다. 그리고 나는 이제부터 5년 후, 10년 후에도 또 다른 사람이 될 것이다. 그런 자유가 있어서 좋다.

얼핏 좋아 보여도 지유에 반하는 제도는 결국 성공할 수도 없고, 성공한다고 하더라도 사람들을 행복하게 만들 수 없다. 자유를 더 확대할 수 있는 제도를 요구하고, 만들어 가야 한다. 요즘 논의되는 기본소득일 수도 있고, 대학 등록금 전면 무상화 정책일 수도 있다. 무엇을 시도하면서 어떻게 살든 기본적인 안정감은 느낄 수 있도록 최저선은 확실하게 지켜 달라는 것도 달리 표현하면 '자유를 달라'는 말이다. 우리에게는 그런 요구를 할 권리가 있다. 변덕스럽고 복잡하게 생겨먹은 대로 행복하게 살 권리가 있는 것이다.

## 코로나 이후의 전환

위기는 극복되더라도 상처를 남긴다. IMF 외환위기, 2008년 금융위기를 지나는 동안에도 어떤 사람들은 다니던 직장을 계속 다니고 살던 집에 계속 살았다. 금모으기 운동 참 대단했다고, 그렇게 온 국민이 똘똘 뭉친 덕분에 잘 이겨냈다고 기분 좋게 그때를 추억할 수도 있다. 그런 한편, 위기를 잘 넘기지 못한 수많은 사람들이 있었다. 충격이 너무 커서 그대로 목숨을 잃은 사람들이 있었다. 삶이 무너지고, 가족들이 뿔뿔이 흩어지고, 꿈은 절망이 됐던 사람들, 그리고 다시는 이전의 삶으로 돌아가지 못한 사람들이 있다.

위기가 남긴 상처가 깊었다는 것은 그 이전과 이후로 한국사회 전반의 지향점이 달라졌다는 데서 나타난다. 대표적인 것이 '안정성'에 대한 강력한 집착이다. 직업 선택에서 이 경향은 뚜렷하게 보인다. 1990년대 중반까지만 해도 개성과 다양성을 추구하는 감성으로 인해서 진로 선택의 폭이 넓어지는 듯했다. 이런 흐름은 IMF 외환위기를 기점으로 확 줄었고 의사, 교사, 공무원의 인기가 치솟았다. 이전에도 인기가 있던 직업들이기는 하지만 이때 이후로는 기형적이라 할 정도로 쏠림이 심해졌고, 지금까지도 계속 그렇다.

2008년 금융위기를 기점으로는 해외 유학, 해외 취업을 지향하던 기세가 확 꺾였다. 많은 비용과 노력을 들여서 영미권 명문대를 나와도 고소득 직종에 진입하고 그 사회의 주류로 살아가기 어렵다는 것이 확인됐기 때문이다. 글로벌 기업에서 일하던 인력들도 대거 한국으로 돌아왔다.

이렇게 두 번의 위기가 지나고 남은 것은 더욱 극심해진 국내 입시 경쟁이고, 수십 만 명의 공시족이다. 그리고 안정된 일자리에 진입하지 못하면 극도로 비참해질 수 있다는 공포, 그런 경우에 누구도 도와주지 않는다는 각자도생 법칙에 대한 깨달음이다.

코로나19 위기는 어떤 결과를 남길까. 다행히 선제적인 방역과 현장 전문가들의 적극적이고 헌신적인 기여로 인해서 우리나라의 상황은 상대적으로 나아 보인다. 선망해 온 선진국들에 비해서 우리의 시스템이, 실력이, 시민의식이 뒤지지 않는다는 깨달음을 남긴 사건으로 기억될 수도 있겠다. 그렇지만 앞의 두 위기 때 나타난 현상은 이번에도 되풀이될 가능성이 높다. '안정된 일자리'를 차지해야만 한다는 강박, 그리고 여기 들어갈 자격을 얻지 못한 사람들에 대한 관용 없는 태도, 이 두 가지가 엉겨서 만들어 내는 양극화 말이다.

로버트 라이시 미국 UC버클리 교수(전 노동부 장관)는 2020년 4월 26일 영국 매체 〈가디언〉에 기고한 글[1]을 통해서 코로나19 사태로 미국 사회에 네 가지 계급이 있다는 것이 드러났다고 했다. 첫 번째 계급인 전문가, 관리자, 기술직 종사자 등 원격 근무를 할 수 있는 사람들(The Remotes)은 코로나19 이전과 같은 임금을 받는다. 좀 지루하고 걱정은 되겠지만 다른 세 계급에 비하면 아주 괜찮은 상태에 있다고 할 수 있다.

두 번째 계급은 간호사, 돌봄 노동자, 농부, 물류, 의약품, 위생 관련 노동자들, 경찰, 소방관, 그리고 군인들처럼 필수적인 일을 하는 사람들(The Essentials)이다. 위기 상황에서도 계속 일을 하므로 생계는 유지할 수 있지만 위험에 노출된다. 아파도 쉬기 어렵고, 학교들이 문을 닫았기 때문에 자기 자녀들은 돌봄 공백에 놓인다.

세 번째 계급은 이번 위기 속에서 무급휴가를 받았거나 일자리를 잃은 노동자들(The Unpaid)이다. 미국에서 이 비중은 노동자 전체의 25%에 육박한다. 그리고 마지막인 네 번째 계급은 보이지도 않는 사람들(The Forgotten)이다. 교도소와 불법체류자 수용소, 이주민, 원주민, 노숙인, 요양소에 있는 사람들로 감염 위험에 크게 노출돼 있다.

우리나라의 상황도 대체로 비슷하다. 안정된 일자리에 있는 사람들은 받던 월급을 계속 받고, 재택근무라는 새로운 경험도 하는 동안 그 밖의 사람들은 생존을 위협받는다. 정부는 '고용안정 특별대책'이라는 것을 발표하고 고용안정지원금 등을 통해서 최대한 일자리를 지켜 준다고 하는데, 그 대상은 고용보험에 가입돼 있는 사람들이고 보통은 안정된 일을 해 온 사람들이 고용보험에 가입돼 있다. 불안정하게 일하던 사람들은 이런 혜택도 받기 어려운 것이다.

이런 현실을 목도하면서 많은 사람들은 '어떻게든 첫 번째 계급에 들어가야 한다'는 생각을 했을 것이다. 꼭 대기업 정규직이 아니어도 좋으니 자유로운 일을 하고 싶다던 사람들, 월급이 적어도 좋으니 나다운 일을 하겠다고 용기를 내던 사람들, 수가 많지는 않아도 나름대로 분명한 방향을 가졌던 이 사람들은 요 몇 달 사이에 인생 행로를 크게 틀고 있는지도 모른다. 과거 위기 때마다 많은 청년과 청소년들이 그랬던 것처럼 말이다. 또는 '나는 늦었다면 내 자식만은 무슨 수를 써서라도 첫 번째 계급에 들어가도록 하겠다'고 다짐하고 있을 수도 있다. 그러니까 지금은 어쩌면 입시 경쟁이 더 극심해지는 중, 더욱더 각자도생 사회가 되는 중인 것이다.

이런 방향으로 계속 가면 여러 가지 문제가 생긴다. 이미 우리가 겪어 온 그 문제들이다. 입시는 부동산과 연결돼 있고, 지역 불균형 발전으로 이어진다. 이는 일자리 불균형과 연결되며 다시 입시 문제로, 뫼비우스의 띠처럼 이어진다. 안정성이라는 것을 얻기 위해 부모 세대의 자원까지 털어서 넣는 동안에 노인들의 노후 안정성이 위협받고, 돌봄을 가족 내에서 감당할 수 없어서 사회적 비용이 들어가게 된다.

정부가 얼마 전부터 '커뮤니티 케어'와 같이 공동체 안에서 돌봄이 이뤄지는 시스템을 제안하고 나선 것은 이 문제를 해결해 보려는 것이다. 문제는, 각자도생으로 살아오는 동안 공동체가 거의 사라져 버렸다는 것이다. 커뮤니티가 없는데 어떻게 커뮤니티 케어를 한단 말인가? 안정성을 얻으려고 모두가 발버둥치는 동안 다른 쪽의 안정성이 사라져 왔던 셈이다.

코로나19 위기가 남길 상처로 이런 문제들은 더 깊어질 수밖에 없을까? 그러지 않게 하는 방법을 고민해야 할 때다. 다행히 지금은 이전 어느 때보다 정부에 대한 국민들의 신뢰가 높다. 재난지원금을 선별적으로 지급하려다가 보편 지급으로 선회하는 과정은 순탄하지 않았지만 그래도 국민들에게 진짜 필요한 지원을 하기 위해 고민하는 정부가 존재한다는 점은 느낄 수 있었다. 그렇기 때문에 더욱 정부가 꼭 해야 할 일, 나중까지 생각해서 지금 해야 할 일을 요구해야 한다.

그것은 수십 수백 가지일 수도 있지만 어떻게 보면 한 가지라고도 할 수 있다. 바로 긴급 재난 지원이 필요 없는, 일상적으로 작동하는 안전망을 구축하는 것이다. 돌아보면 코로나19가 퍼지기 전에도 이미 우리 사회에는 일을 하면서도 불안정한 사람들, 성실하게 살지만 한 번 삐끗하면 돌이킬 수 없는 상태로 떨어질 사람들이 있었다. 그들이 각자 다른 날 맞닥뜨렸던 위기들은 결코 외환위기, 금융위기, 이번 바이러스로 인한 위기보다 약하다고 할 수 없다. 많은 사람이 그 순간마다 삶을 포기해 왔다는 증거가 바로 높은 자살률이다.

그들에게는 재난지원금이 없었고, 고용안정지원금이 없었고, 확대 적용되는 실업급여가 없었다. 특수형태고용노동자와 프리랜서들까지 포괄하는 긴급 지원금, 대학생들을 위한 등록금 지원이 없었다. 아파서 쉬는 동안의 비용과 치료비를 정부가 온전히 부담해 주는 일도 없었다. 그러니까 '힘들 때 정부가 도와준다는 안정감'이 없었던 것이다.

이번에 전례 없이 시도됐던 지원들이 앞으로도 유지되도록 한다는 것은 어떤 의미일까? 우리 사회는 계속해서 위기를 맞이하게 된다는 점을 '뉴 노멀'로 받아들이는 것이다. 어차피 전일제, 지속고용, 집합근무를 은퇴 시점까지 쭉 하는 사람들은 크게 줄어들 것이다. 대규모로 노동자를 고용하던 산업이 통째로 사라질 수도 있다.

사람들은 일자리를 옮길 수 있다. 전혀 다른 일을 하게 될 수 있다. 기술변화에 적응하기 위해서 한동안 새로운 지식을 배우는 데 시간을 들일 수도 있다. 일정 기간 일을 안 하고 지낼 수도 있다. 임금노동 없이 공동체 안에서 필요한 일들을 하면서 살 수도 있다. 이제 우리는 이런 모든 경우를 일상적인 일로 여겨야 한다. 온전한 가난 또는 일할 수 없는 상태임을 증명하는 사람만을 선별해서 지원하는 복지는 이런 사회에 맞지 않으므로 새로운 복지 체계를 짜야 한다. 이를 지탱할 수 있도록 세금 체계도 고쳐 가야 한다.

무엇보다 모든 일하는 사람들을 똑같이 보호하기 위해서는 사회보험 시스템을 전면 개편해야 한다. 이미 많은 노동 및 사회복지 전문가들은 자영업자를 포함해 모든 일하는 사람들의 소득을 파악하고, 여기서 일정 금액의 사회보험료를 징수하자는 제안을 해 왔다. '고용된 자인지 아닌지'를 따져서 사람 단위로 보호 여부를 가를 게 아니라 일을 통해 발생한 소득을 파악해서 거기에 사회보험금을 매기는 것이다. 이는 영국이 2013년 개편한 시스템과 비슷하다. 플랫폼 노동, N잡 등 노동의 형태가 다양해지자 영국 국세청이 나서서 기존의 소득세, 사회보험료 징수 체계를 개편한 것이다. 이 개편으로 사업주(고용주)들은 주기와 상관없이 모든 노동자에게 임금을 지급할 때마다 관련 정보를 국세청에 제출한다.

우리나라도 이렇게 국세청이 중심이 되고 현재의 홈택스 시스템을 활용하면 일하는 형태와 상관없이 소득마다 사회보험료를 징수할 수 있다.[2] 물론 그동안의 예외 조항들을 없애고 모든 소득을 징수 대상으로 하면 일부 사람들은 '증세'로 이해하고 저항할 것이다. 국세청을 중심으로 한 사회보험 체계를 만든다고 하면 관련 공단들부터 반발할 것이고, 이 직원들이 가입된 노동조합도 반대하고 나설 수 있다. 그렇더라도 필요한 길이라면 가야 한다. 이럴 때 필요한 것이 사회적 대화다. 우리 모두가 자유롭고 행복하고 안정적으로 일하고 살아가기 위해 필요한 일이라는 공감대가 만들어진다면, 상호 신뢰하에서 충분한 대화로 그렇게 할 수 있다면 각 부문들의 손해를 감수하는 결정이 이뤄질 수 있다. 이런 결과를 그리면서 첫 걸음을 뗄 수 있도록 하는 것이 정부의 리더십이고, 혁신이다.

몇 달 전에 이런 얘기를 했다면 아마도 정부에 너무 많은 것을 바란다는 말을 들었을지 모른다. 복지국가 따라가려다 가랑이 찢어지겠다는 말도 들었을 것이다. 이제는 아니다. 긴급 위기 대응을 할 수 있는 정부라면 일상적인 위기 대응을 위한 시스템도 만들 수 있다. 복지국가로 이름난 나라들보다 우리가 뭘 못 해야 할 이유도 없다. 이런 믿음이 우리 모두에게 있기만 하다면, 어쩌면 이번 위기는 상처를 남기는 게 아니라 희망을 준 변곡점이었다고 기억될지도 모르겠다.

이 책을 쓰기로 한 것은 우리 사회의 고질적인 문제에 대해서 나의 경험과 시각을 바탕으로 할 수 있는 이야기가 있다고 생각해서다. 첫 직장인 신문사에서 기자로 일할 당시만 해도 나는 이 사회에 대해서 많이 안다고 자부했다. 그 뒤로 여러 직장을 거치며 그렇지 않다는 것을 알았다. 신문사에 튼튼한 노동조합이 있어서 매년 임단협을 통해 임금과 근로조건이 조금씩이나마 높아졌던 것이 그렇게 희귀한 경험일 줄 몰랐다. 근로기준법에 의한 최소한의 노동권조차 보장받지 못하는 사람들이 그렇게 많은 줄도, 대학 나오고 대학원 나온 사람들조차도 자기 권리가 뭔지 모르는 채로 일하고 있을 줄도 몰랐다. 특히 나보다 나이가 어린 사람들이 어디다 하소연도 못 해 보고 그렇게 일하는 것을 보면서 이 사회가 크게 잘못됐다는 것을 깨달았다.

그 뒤로 대학원에서 공부를 하고, 민간연구원에서 일하면서 이런 생각들을 연구 프로젝트로 풀어내기도 했다. 노동

정책과 관련해서 참여할 기회가 생길 때마다 뭐라도 하나 더 말해 보려고 애쓰기도 했다. 그럴 때마다 일정한 한계를 느꼈다. 그 이유 중 하나는 노동 문제를 바라보는 우리 사회의 경직된 시선들이다. 정부와 경영계, 노동계 할 것 없이 모두의 시각이 딱딱하기 그지없었다. 아무리 역사적인 연원이 있다지만 사회는 빠르게 변하는데 이삼십 년 된 틀을 가지고 현실의 어려움을 해결하려고 하니 답이 나올 리 없었다.

두 번째는 분노와 한(恨)이다. '노동 존중 사회'를 만들고, '노동자의 눈물을 닦아 주겠다'는 대통령이 당선돼도 해묵은 문제들은 풀리지 않는다. 이해 당사자들 간에 대화가 이뤄지지 않기 때문이다. 그동안의 원한을 생각하면 다 죽여도 분이 풀리지 않는다는 적대감이 팽배한데 어떻게 대화가 되겠는가. 대화가 안 되면 기득권을 내려놓게 할 수도 없다. 2019년 9월 대통령 소속 경제사회위원회 공익위원으로 위촉돼서 6개월이 되도록 공식회의는 단 한 번밖에 들어가지 못했지만, 그 경험만으로도 그 분위기는 충분히 느낄 수 있었다.

신문사를 그만둘 당시의 나도 꽤 그런 상태였다. 당시 언론사 파업 중 최장 기간 기록을 세운 6개월의 파업 끝에 지치고, 부당한 징계를 받고, 몇 가지 소송에 참여하는 내내 마음 속에 생생한 분노가 느껴졌다. 취약한 노동자라고는 하기 어려운 신문기자로서의 경험도 그랬는데, 아무 보호도 없이 편견 속에서 지난하게 싸워 온 노동자들에게 분노와 한이 가득한 것도 당연하다. 그러나 거기 머물러서는 안 되는 것도 사실이다. 다행히 나는 그 뒤로 하고 싶은 일도 하고 공부도 하며 잘살았고, 파업 경험을 공유한 선후배 동료들과 자주 만나 수다 떨고 농담 하면서 그런 분노를 서서히 털어냈다. 특히 다른 언론사로 옮겨간 후배가 만든 콘텐츠에서 시 한 편을 인상 깊게 읽었다. D. H 로렌스가 쓴 「제대로 된 혁명」이라는 시였다.

혁명을 하려면 웃고 즐기며 하라
소름끼치도록 심각하게는 하지 마라
너무 진지하게도 하지 마라
그저 재미로 하라

사람들을 미워하기 때문에는 혁명에 가담하지 마라
그저 원수들의 눈에 침이라도 한번 뱉기 위해서 하라

(…)
어쨌든 세계 노동자를 위한 혁명은 하지 마라
노동은 이제껏 우리가 너무 많이 해온 것이 아닌가?
우리 노동을 폐지하자, 우리 일하는 것에 종지부를 찍자!
일은 재미일 수 있다. 그리하여 사람들은 일을 즐길 수 있다
그러면 일은 노동이 아니다
우리 노동을 그렇게 하자! 우리 재미를 위한 혁명을 하자!

-「제대로 된 혁명」, D. H 로렌스 지음, 류점석 옮김

이 시를 읽었을 때쯤부터 일에 대한 생각이 조금씩 달라졌다. 우리에게 일은 중요하지만, 그렇다고 삶 전체는 아니다. 우리 삶에서 일이 큰 부분을 차지하므로 행복하게 살기 위해서는 '좋은 일'을 할 수 있어야 할 뿐이다.

나도 계속해서 '좋은 일'을 찾기 위한 여정 중에 있다. 이 글을 쓰고 있는 시점은 내가 네 번째로 다닌 직장을 그만둔 직후다. 이 사실을 전한 가까운 사람들마다 "아니, 왜?"라고 했을 정도로 참 다니기 좋은 직장이었다. 코로나 사태 한참 전부터 재택근무를 경험할 수 있었고 내가 가장 원하는 '자율성' 측면에서도 만족스러웠다. 그 덕분에 '좋은 일의 기준은 무엇인가'라는 주제를 다양한 방식으로 연구해 볼 수 있고 이를 청년, 제조업, 지방도시, 기본소득 등의 주제와 연결해볼 수도 있었다.

그런데도 그만두는 것은 내가 더 큰 '자율성'을 원하게 됐기 때문이다. 네 번이나 임금노동자로 일해 봤으니 이제 독립적으로 일해 보고 싶어졌다. 그렇기는 하지만 언제 또 임금노동자라는 포근한 이름으로 돌아가고 싶어질지는 모를 일이다.

사람들은 직장을 자주 옮기는 사람을 보면 바라는 게 많다고 여기기 쉬운데, 나는 반대로 생각한다. 더 잘되고 말겠다는 각오 같은 것을 가진다면 떠나는 용기를 내기 어렵다.

더 작고 사소한 일을 하더라도 그냥 내 주관대로 살겠다고 다짐해야만 가능하다. 그래서 나는 청년 세대가 직장을 자주 옮긴다는 말을 들어도 별로 걱정하지 않는다. 내가 원하는 일, 원하는 삶이 무엇인지 점점 더 알아 가고 있다는 감만 있다면 좀 낙관적이 돼도 좋다고 생각한다. 나도 아직 그런 시절, 아직은 오늘 다음에 내일이 있다고 낙관하는 나이를 살고 있어서 다행이다. 막다른 골목이 언젠가는 올 테니까, 괜히 사서 걱정하지 말고 그냥 앞으로 가야겠다고 생각한다.

고백하자면 믿는 구석이 있기는 하다. 한 직장에서의 장기 근속을 적성에 맞아 하는 남편이다. 이 책의 첫 번째 헌사를 남편에게 돌린다. 노동 부문에 대한 경험과 전문성을 기초로 들려준 여러 가지 조언들이 이 책을 쓰는 데 큰 도움이 됐다. 고교 진학을 앞두고 진로 고민을 나눠 준 딸에게도 고맙다. 연극배우가 되고 싶지만 소득이 너무 적으면 안 될 것 같다는 식의 생생한 고민이 이 책을 쓰는 데 많은 도움이 됐다. 지극히 좋아하는 것이어도 만일 직업이 된다면 과연 계속 즐길 수 있을지에 대해서 몇 년째 진지하게 고민 중인, 그러면서도 매일 주어진 만큼 성실하게 훈련 중인 중학생 야구선수 아들에게도 고맙다. 이 책을 쓰면서 진도가 안 나가 힘들어할 때마다 "지금 몇 장 쓰고 있어?" 하고 챙겨 주며 응원해 준 것을 잊지 않을 것이다.
이 책에 활용된 소재 여럿을 제공해 주신 우리 아버지께

특별한 감사를 드리고 싶다. 살아생전 여러 가지 일을 하면서 때로는 가족을 위해서 적성에도 안 맞는 일을 하셨지만 그 와중에도 언제나 성실하게, 조금이라도 더 창의적으로 일하기 위해 노력하신 우리 아버지는 내게 좋은 일이란 무엇인지에 대해 가장 많은 영감을 주셨다. 천국에서 이 글을 보실 수 있을 것이라고 믿는다. 그리고 우리 엄마, 공무원으로 일할 때 그 어떤 부당한 민원도 들어주지 않아서 '독사'라고 불렸다는, 승진은 많이 못 했지만 어려운 사람들을 지원해 주는 부서에서 오래 일했다는 것을 자랑스러워하시는 엄마는 나의 가치관에 가장 큰 영향을 주신 분이다. 내가 애들 둘 낳고도 하고 싶은 일하면서 살도록 최고의 지원을 해 주고, 직장을 네 번이나 그만둔대도 늘 "잘했다"고 해 주시는 영원한 내 편, 우리 엄마께 가장 큰 감사를 남기고 싶다. 지금까지 내가 저작에 참여한 모든 책들을 열심히 읽고 응원해 주신 시부모님께도 늘 고마운 마음이다.

책에 인용된 연구와 설문조사 등을 가능하게 해 준, 아니 그보다도 나의 네 번째 직장 경험을 함께 해 준 〈LAB2050〉과 동료들, 특히 〈희망제작소〉에 이어서 〈LAB2050〉에서까지 두 번이나 나를 채용해 주신 이원재 대표님께 감사를 전한다. 그 이전에 거친 조직들의 동료 선후배들을 다 언급하지 못하지만, 내가 항상 고마워한다는 것을 아는 분들은 다 알 것이다. 이 책의 토대가 된 〈오마이뉴스〉 '똑똑한 경제 이야기' 칼럼을 제안해 주셨던 김종철 기자님, 매번 잘 다듬어

주시고 격려해 주신 김경년 부장님께도 감사드린다. 그 칼럼을 보고 먼저 책을 내자고 연락해 주신 산지니의 윤은미 편집자님 덕분에 이 책이 세상에 나올 수 있었다는 감사의 말도 남기고 싶다.

마지막으로, 이 내용들은 지난 몇 년간 가까운 사람들에게 말로 해 오던 것을 탈탈 털어서 남김없이 쓴 것이다. 내가 말하다 지칠 정도로 수다를 떨었으니 들어 주신 분들도 귀에 피가 날 지경이었을 것이다. 그 모든 분들께 이 책에 큰 기여를 하셨다는 말을 전하고 싶다. 이 글을 끝까지 읽어 주신 분들도 여기에 들어간다. 이제 여러분들도 나의 가까운 사람이다. 언젠가 여러분의 일과 삶 이야기도 들을 수 있기를!

# 주

## 들어가며

1 Emancipatory Catastrophism: 독일 사회학자 울리히 벡이 저서 『위험사회』를 통해서 제시한, 극단적인 위험 상황에서 도리어 좋은 길을 찾아낸다는 의미

## 1 말랑말랑한 노동을 위해서

1 정흥준, 2019
2 〈경향신문〉이 사용한 '녹아내리는 노동'이라는 표현은 이승윤 이화여대 사회복지학과 교수가 '액화 노동'이라는 표현을 사용한 데서 온 것으로 보인다. '녹어내리는 노동' 기획 보도 시리즈 중 한 기사에서는 이승윤 교수가 디지털 자본주의 시대 생산의 3요소를 액화 '노동'(녹아내리는 노동)-데이터 '자본'(데이터)-가상 '토지'(인터넷망, GPS)로 개념화했다고 설명한다.(「[녹어내리는 노동]'21세기 자본' 데이터...생산은 우리 모두가, 이윤은 기업이」, 〈경향신문〉, 2020.1.22.) '액화'라는 표현은 사회학자 지그문트 바우만(1925~2017)으로부터 따온 것이다. 바우만은 '고체 근대'가 '액체 근대'로 변화하고 있다는 '액체 근대 이론'에서 액화에 따라 힘이 재분배되고 있으며 권력이 없는 개인들은 더 심한 경쟁으로 내몰리는 등 피해를 보게 된다고 했으나, '고체' 사회로 되돌아가야 한다거나, 그렇게 되돌릴 수 있다고는 하지 않았다. 액화된 현재에 대한 정확한 인식이 중요하고, 현실에 대한 비판적 사유가 필요하다고 했을 뿐이다.
3 제레미 리프킨, 『노동의 종말』, 이영호 옮김, 1996, 민음사
4 이 부분은 제레미 리프킨이 일본의 컴퓨터 정보화 사회의 주창자 마수다(Yoneji Masuda)의 주장을 인용한 것이었다. Masuda, Yoneji, *The Information Society as Post-Industrial Society*(Washington, D.C.: World

Fortune Society, 1980), p.60.

5 리프킨은 기계가 인간의 노동을 대체한 덕분에 이전보다 높아진 생산성의 대가를 자본이 독점하는 것이 아니라 노동자들에게 상당부분 돌리는 것을 대안으로 제시했다. 그럼으로써 노동자들이 짧은 시간 노동하면서도 이전 못지않은 소득을 올리게 돼야 한다는 것이다. 혹은 기존의 임금노동과는 다르지만 가치 있는 활동, 즉 공동체를 위한 서비스나 자원봉사, 비영리 활동을 하는 것 등에 대해 사회적 임금을 지불하고, 최저소득에 못 미치는 수입을 올리는 사람들에게는 부의 소득세(negative income tax) 등을 통해 소득을 보전해 줄 필요도 있다고 했다. 만일 이와 같은 시도들이 없다면 수많은 사람들의 삶이 비참해질 것으로 그는 예측했다.

6 재난기본소득 등 개인을 대상으로 하는 소득 지원 논의가 그래서 시작됐고, 우여곡절 끝에 지급된 긴급재난지원금은 사각지대 없이 지원할 수 있는 가장 현실적인 방법이었다는 점이 검증됐다. 그러나 그 이외의 소상공인 지원, 프리랜서 지원, 예술인 지원 등의 각종 긴급 지원들은 코로나 사태가 시작되기 전인 전년도 또는 지난 분기의 소득을 기준으로 한다든지, 소득 감소분을 증명하기 어려운 사람들에게 기계적인 증명을 요구하는 등의 한계를 보였다. 결국 많은 사람들이 '사각지대'에 놓일 수밖에 없었다.

7 「"무급휴가 싫으면 나가"… 영세업체 노동자부터 쓰러진다」, 〈서울신문〉, 2020.3.20.

8 국제노동기구(ILO)는 2020년 3월 18일(현지시간) 코로나19로 인한 글로벌 경기 침체로 실업자가 530만~2,470만 명까지 될 수 있다는 보고서 (note)를 공개했다. 전 세계 GDP 성장률이 2% 감소하는 시나리오에선 530만 개, 4% 감소하는 시나리오에선 1,300만 개, 8%가 감소하는 시나리오에선 2,470만 개의 일자리가 사라지는 것으로 분석했다. 경제활동의 제한과 사람들의 이동 제한은 제조업과 서비스업 모두에 영향을 미치며 여행업, 관광업, 소매업 등이 특히 취약하다고도 했다.(「ILO "코로나19로 전세계 일자리 2470만개 감소"」, 〈경향신문〉, 2020.3.19.) 이어서 ILO는 4월 29일(현지시간) 발표한 보고서에서는 전 세계 비공식 경제 부문의 노동자 16억 명의 생계가 파괴될 위험에 처했다고 밝혔다. 이는 전체 노동 인구(33억 명)의 절반 가량이다.("2600만명 일자리 잃는 동안 억만장자 재산 467兆 늘었다" 〈파이낸셜뉴스〉, 2020.5.15.)

9 2부 4장 중 「정규직과 무기계약직이 같다고요?」 부분 참조

10 통계청, 한국통계월보 1998. 4 http://kwwnet.org/?mod=document& uid=184&page_id=4517

11 그 이유는 2부 6장의 「출세주의」 부분의 내용과도 관련이 있다. 기업에서

일하는 사람이 오로지 직무 적합성, 숙련도에 따라서만 평가받는다면 1~3
년 정도의 공백이 있다고 해서 절대로 그 기업에 돌아가지 못할 이유가 없
다. 그 기간만큼의 연봉인상분, 승진 기회 정도의 손해를 감수하기까지 한
다면 그 사람을 다시 채용하는 것이 기업 입장에서도 이득일 수 있다. 그
러나 한국의 조직 문화는 업무 중심이 아니라 네트워크 중심, 특히 공채/
엘리트/남성 위주의 네트워크 중심이기 때문에 한번 여기서 떨어져 나간
을 다시 원래 자리로 부를 만한 유인이 거의 없다.

12 최석현 외(2017)의 연구에 따르면 수도권 거주 정규직 임금근로자들은 비
정규직에 비해 통근시간이 길고 직장과 주거 불일치 가능성이 높았다. 이
는 정규직과 비정규직 노동시장이 각기 다른 공간적 구성을 가짐을 시사
한다. 또한 이병훈 외(2010)가 서울시 취업자들의 통근 패턴을 조사한 바
에 따르면 강남구 중구 종로구의 경제활동 중심지를 둘러싼 광범위한 통
근권역이 서울시 노동시간의 절반 이상을 차지하는 반면, 노원 강북 도봉
구의 3개 자치구는 전체 취업자 및 하위 집단들에서 단일하고 폐쇄적인 하
위 통근권을 구성하고 있었다. 즉, 강남 중구 종로구의 직장들로는 서울
전역의 주민들이 출근을 하지만, 노원 강북 도봉구 등 주거밀집지역의 직
장은 그 지역 주민들이 출근하는 경향이 보였다는 것이다.

13 이 중에서 슈퍼 계산원은 파트타임(시간제) 근로라고 할 수 있고 그 밖의
'동네' 노동자들은 대체로 '특수형태고용노동자'라고 할 수 있다.

14 통계청에 따르면 2020년 기준 가사 및 육아 도우미는 21만 3,000여 명이
다. 대표적 사각지대 노동인 이 가사 및 육아 도우미에 대해 노동관계법
상의 보호와 4대보험 가입 등을 가능하게 하기 위한 '가사근로자 고용개
선에 관한 법률안(가사근로자법)'이 2017년 12월 발의됐으나 2020년 3월
현재까지 통과되지 않고 있다.(「가사근로자법 19개월째 표류... 20만명 도
우미 '주먹구구 계약'」, 〈문화일보〉, 2019.7.24.)

15 건설업 일용직 노동자의 수를 정확하게 집계하는 것은 어렵다. 통계청 경
제활동인구조사는 매월 조사시점에 취업상태에 있는 일용노동자를 집계
하는데 부정기적으로 일하는 사람은 집계되지 않을 수 있다. 2019년 8월
조사에 따르면 건설업 부문의 최종 하도급자에게 소속된 일일근로자 수는
74만 8,000명. 그중에서 남성은 56만 1,000명, 여성은 18만 7,000명인데
실제로는 더 많을 것으로 추정된다.

16 건설 현장 성립시 모든 노동자는 산재보험에 가입된 것으로 간주된다. 고
용보험도 의무적으로 가입해야 한다. 2018년 8월부터는 월 8일 이상(종전
은 월 20일 이상)만 일해도 건강보험과 국민연금 직장가입자로 신고하도
록 돼 있나.

17 공사 현장에서 다쳤을 때 업무상 재해로 인정받는 경우도 있지만 이 경우 다칠 당시의 업무와 통증 사이에 인과관계가 증명이 돼야 한다. 이 점이 모호하거나, 이전에도 치료를 받은 적이 있다면 인정받기가 어렵다.(「공사 현장서 일하다 허리 삐끗…법원 "산재 맞다"」, 〈서울경제〉, 2016.5.29.)

18 이승윤 외(2017)가 상병수당이 부재한 한국 제도의 특수성이 아픈 노동자의 빈곤화에 미치는 영향에 대해 사례연구를 실시한 결과 상병과 실업이라는 복합적인 위험에 처한 노동자들에 대한 보장제도에 사각지대가 확인됐다. 노동자들은 '아파도 참는다'는 경향이 일상화돼 있고, 특히 불안정 노동을 하는 비정규직 노동자들은 아프면 바로 실직을 경험하고, 계속 아픈데도 소득 감소분을 채우기 위해 더 불안정한 노동이라도 지속하는 경향이 있었다. 그 과정에서 가족 등 주변 사회적 자원이 무너지는 양상도 보이면서, 빈곤화의 경로를 밟는 것이 관찰됐다.

19 자영업자 등 비임금근로자를 포함한 취업자 전체에서 관리자, 전문가, 사무종사자의 비율은 34.1%다. 이 중에서 상용근로자, 5인 이상 조직 종사자를 집계하면 10% 정도일 것으로 추정된다.(통계청, 2019년 8월 기준)

20 독자적인 사무실, 점포, 작업장 등이 없이 사업주에게 종속되어 있지만 스스로 고객을 찾거나 맞이해서 상품이나 서비스를 직접 제공하고 일한 만큼 실적에 따라 소득(수수료, 봉사료, 수당 등)을 얻으며, 근로 제공 방법, 근로시간 등은 본인이 알아서 결정하는 형태로 일하는 사람을 말한다. 보험설계사, 학습지 교사, 퀵서비스(Quick service) 배달 기사, 골프장 캐디(경기보조원), 방문 판매원, 대리운전자, 목욕 관리사 등이 있다.(통계청 통계표준용어)

21 조돈문(2015)은 직종별·업종별 분류를 교차해서 자영자와 임금근로자 각각에서 특수형태임금근로자 수를 구해서 합산함으로써 전체 특고 규모를 229만 7,000명으로 추산했다.

22 정흥준(2019), 〈LAB2050〉은 2019년 발표한 연구보고서 '자유노동이 온다'를 통해서 이에 해당하는 노동을 '자유노동'이라고 지칭했다. 사회적 보호와 보장만 있다면 개인들도 이와 같은 노동 형태를 원할 수 있다는 주장을 담아서 긍정적인 단어를 사용해 명명한 것이다.

23 3부 9장 「다르게 살아도 잘살 수 있다면」에서 더 설명할 것이다.

24 「"'아파도 나온다'는 건 옛말..이젠 아프면 쉬어야"」, 〈이데일리〉, 2020.3.16.

25 한국경영자총연합회가 전국 306개 기업을 대상으로 2016년 조사한 바에 따르면 대졸 신입사원이 입사 1년 이내에 퇴사하는 비율이 27.7%에 달한다. 이는 2014년 조사의 23.6%보다 상승한 수치였다. 2016년 조사에서 퇴사 이유는 조직 및 직무 적응 실패(49.1%), 급여 및 복리후생 불만

(20.0%), 근무지역 및 근무환경에 대한 불만(15.9%) 등의 순서로 집계됐다. 보통 이직의 가장 큰 이유를 급여 불만이라고 생각하는데 그보다 '조직 및 직무 적응' 문제라고 답한 비율이 높다는 것은 주목할 만하다.(「신입사원 4명 중 1명, 좁은 취업문 통과해도 1년 만에 회사 떠나」, 〈조선비즈〉, 2016.6.6.)

26 노동조합이 우리의 일하는 환경과 조건을 어떻게 바꿀 수 있는지에 대해서는 4부 3장에서 더 자세히 얘기할 것이다.

27 고용보험 가입 대상자 중에서 21.6%에 해당하는 364만 명이 미가입 상태다. 이 중에는 고용주의 문제로 가입하지 못한 경우도 있지만 임금노동자 스스로 거절하는 경우도 있다.

## 2 필요한 건 노동일까 소득일까

1 2019년 8월 공개된 최순실 씨의 옥중편지 내용 중 한 대목을 옮긴 것이다. 자필로 쓴 편지의 사진 상에는 문장 중간에 몇 어절이 지워져 있어서 실제 맥락은 약간 다를 수 있다. 이 편지가 실제 최 씨의 것이 맞는지가 명확하게 밝혀지지는 않았지만 법무부에서 편지 속 필체가 최 씨의 것이 맞다고 확인한 바는 있다.(「[단독]최순실 옥중편지, 정유라에 "돈은 어디 잘 갖다 놓아라"」, 〈파이낸셜뉴스〉, 2019.8.7.)

2 막스 베버(1864~1920)의 『프로테스탄트 윤리와 자본주의 정신』은 그가 사망한 1920년 정식 출간됐지만 그 1부는 1904년 발표됐으며, 이후 베버가 미국으로 건너가 청교도와 자본주의의 관계 양상을 관찰한 뒤인 1905년 2부가 발표됐다. 이디스 워튼의 『기쁨의 집』은 1905년 출간됐다.

3 중위소득은 소득자를 한 줄로 세웠을 때 정중앙에 위치하는 값이다. 임금근로자의 소득 분포를 보면 중위소득의 50% 이상 150% 이하 구간에 전체의 절반(2018년 기준 49.0%)이 몰려 있다. 통계청 일자리행정통계에 따른 임금근로자 중위소득은 2018년 기준 220만 원이다. 저 강의를 했던 시점에 파악되는 2017년 기준 수치는 210만 원이었다.

4 「새 학년 맞는 초중고...요즘 아이들의 '꿈' 들어보니」, 〈JTBC뉴스〉, 2016.3.1. 「장래희망 1위가 공무원인 '꿈'이 없는 청소년, 잠재력 일깨워야」, 〈동아닷컴〉, 2017.8.16.

5 『자비없네 잡이없어』(서해문집)에서 사회학자 최태섭은 1980년대 이후 출생한 '밀레니얼 세대'를 처음으로 '하고 싶은 일을 직업으로 삼으라'는 교육을 받고 자란 세대라고 설명한다.

6   민간독립연구소 〈LAB2050〉은 세금 항목을 신설하지 않고도 전 국민에게 개인 단위로 월 30만~65만 원을 지급할 수 있는 '국민기본소득제'를 연구해서 2019년 발표했다(이원재 외, 2019). 2019년 노동당에서 분리해 나와 2020년 정식 창당한 기본소득당은 전 국민에게 월 60만 원을 지급하는 기본소득제를 주장하면서 청년 세대 당원들을 다수 끌어모았다.

7   〈오마이뉴스〉 인터뷰 기사 「청소 일 하는 젊은이가 어때서요?-[나의 꿈은 '노동자'입니다④] 김예지 작가」(2020.5.6.)에서 인용.

8   유튜브 채널 씨리얼 영상 「'신의 직장'에서 정규직으로 다니던 퇴직자가 경비원 된 후 알게 된 사실」(2020.4.30.)

9   박근혜 정부 당시 고용노동부가 추진한 파견법 개정안은 고령자에 대한 업종 제한 철폐 외에도, 뿌리산업 종사업무자, 고소득 전문직에 대한 파견 허용 방안도 들어 있었다. 노동계가 강력하게 반대했지만 정부의 추진 의지가 강해서 만일 정권이 바뀌지 않았다면 통과됐을 가능성이 높다. 이후로도 이 법안은 폐기되지 않았고 계류 상태로 남아 있다.


## 3 틈새에 끼어 괴로운 청년들

1   2019년 경기비정규직지원센터가 특성화고권리연합회와 특성화고졸업생 노동조합과 함께 경기도 지역 특성화고 졸업생 300명을 대상으로 한 설문조사·심층면접조사에 따르면 10명 중 8명은 현재 비정규직, 10명 중 5명은 작업장에서 부당한 대우를 받은 적이 있었다.(「'각자도생' 청춘, 특성화고 졸업생들」, 〈시사IN〉, 2019.4.30.)

2   「아르바이트 청소년 35% "최저임금도 못 받아"」, 〈연합뉴스〉, 2019.1.28.

3   2007~2019 통계청 경제활동인구조사 청년층 부가조사

4   정기(定期)적인 휴가라는 의미다.

5   2018년 통계청 일자리행정통계

6   "지역에 대한 투자를 촉진하고 지역일자리를 창출하기 위해 지방자치단체, 기업, 근로자, 주민 등 경제주체들이 서로 근로여건, 투자계획, 복리후생, 생산성 향상 등에 대해 합의를 하고 이를 기반으로 추진하는 일자리 사업이다." 대한민국 정책브리핑, 상생형 지역일자리(2019.11.21.)

7   여기서 말하는 일자리는 주로 지방 도시들에 존재하는 생산직들에 대한 것이지 연구개발직이나 본사 사무직에 대한 이야기는 아니다. 유럽에서 조선소들이 대거 문을 닫고 조선업 비중이 크게 축소됐어도 배를 설계하는 핵심 연구개발 부문은 남았다. 따라서 자동차와 조선 산업이 어려움을 겪

더라도 연구개발직이나 본사 사무직의 일자리는 안정되게 유지되거나 오히려 기업 내에서의 중요성에 더 커질 수 있다.

8 영국은 2020년 2월 4일 내연기관 자동차(하이브리드 포함)를 2035년부터 판매 금지하겠다고 선언했으며, 노르웨이와 네덜란드(2025년), 인도(2030년), 독일과 프랑스(2040년) 등이 판매 금지 법제화를 했거나 그 과정 중에 있다.

9 일터혁신(workplace innovation)은 일하는 방식의 변화를 통해 노동생활의 질(QWL: Quality of Working Life)과 생산성 및 품질 수준을 동시에 높이고자 하는 지속적이고 조직적인 활동을 말한다(오계택 외, 2018: 2). 노동자들이 스스로 작업 방식의 개선을 제언해서 적용할 수 있어야 이것이 생산성과 품질 제고, 나아가서 기업의 경쟁력에 긍정적 영향을 미칠 수 있다는 전제를 담은 개념이다.

10 기초자치단체 수준인 전국 229개 시군구 단위의 패널자료를 구축, 지역별 인구 이동이 일자리 변동에 어떠한 영향을 미치는지를 실증 분석한 결과, "시군구 단위에서 인구의 유입이 일자리 창출에 영향을 미치는" 것을 증명한 것이다.(고영우, 2016)

## 4 정규직이라는 환상

1 비정규직 근로자는 임금근로자에서 한시적근로자(기간제근로자 포함), 시간제근로자, 비전형근로자의 수를 모두 뺀 인구다. e-나라지표, 비정규직 고용동향(2020.3.24.)

2 「"나 비정규직이었어?" 정규직 착각한 50만명 드러났다」, 〈머니투데이〉, 2019.10.19.

3 「[따져보니] 통계청 조사 방식 달라져 비정규직 급등?」, 〈TV조선〉, 2019.10.30.

4 김혜진, 『비정규사회』, 2015, 후마니타스

5 2019년 조사에 따르면, 은행에서 여행원 제도가 폐지된 지 27년, 우리은행이 무기계약직으로 여행원을 채용하기 시작(2007년)한 지 12년이 지났지만 여전히 은행들에서는 직군 간 차별이 존재한다. 여행원 직군의 명칭은 여러 가지로 바뀌었고 일정한 시험을 거치면 '정규직'이 될 수 있게도 하고 있지만 대졸 공채 입사자와는 업무 및 승진 기회, 처우 등에 대해 분명한 구분을 두고 있다.(「[27년간 사라지지 않은 여행원제 망령] 비정규직에서 무기계약직 거쳐, 별두·하위직군으로 부활」, 〈매일노동뉴스〉, 2019.5.27.)

6   이 항목에 대한 응답 총수는 790명이다. 이에 앞선 질문에서 '정규직'이라
    는 말이 법률 상으로 사용되는 용어인지를 물은 질문에서 그렇다고 답한
    사람에게만 이번 문항에 답하도록 했기 때문이다.

7   「[비정규직 총파업]"20년 근무했는데 월급 200만원" "동일 노동, 차별 대
    우-"」, 〈경향신문〉, 2019.7.4.

8   고용노동부(2018)의 '공공부문 비정규직의 정규직 전환 가이드라인'에는
    7번째 항목으로 '무기계약직 등 차별해소 및 처우개선'에 대한 내용이 있
    다. '무기계약직 근로자는 공무직, 상담직 등 기관별로 적합한 명칭으로 변
    경하고 고용안정뿐만 아니라 신분증 발급, 직군, 교육훈련, 승급체계 등
    체계적인 인사관리시스템을 마련해 나갈 계획', '절감되는 용역업체 이윤·
    일반관리비·부가가치세 등(10~15%)은 반드시 전환자의 처우개선에 활
    용하도록 하여 처우 수준도 개선한다-복리후생적 금품은 불합리한 차별
    없이 지급하고, 휴게공간 확충 및 비품 등도 지속적으로 개선해 나간다',
    '그간 기간제를 거쳐 무기계약직으로 전환되던 관행을 없애고 상시·지속
    적 업무가 신설되거나, 기존 근로자가 퇴사하는 경우 처음부터 정규직으
    로 채용하도록 하고, 감독도 강화한다' 등의 내용이 있다. 이는 엄밀하게
    볼 때 무기계약직과 정규직 사이의 차이를 철폐하는 내용이라고는 할 수
    없다.

9   「7년 버텨 정규직 됐는데... 3개월 만에 자진 퇴사」, 〈국민일보〉, 2019.7.10.

10  「누가 이런 정규직화 해달라고 했습니까?」, 〈프레시안〉, 2019.7.1.

11  「학교비정규직 "공무원 연금? 바라지도 않아...이름 달라는것"」, 〈노컷뉴스〉,
    2019.7.3.

12  「공무원과 동등 대우 해달라니…공시생, 비정규직 파업에 '허탈'」, 〈문화일
    보〉, 2019.7.5.

13  앞의 조사(LAB2050, 2020)에서 절반에 가까운(44.5%) 응답자가 '일정 규
    모 이상인 대기업, 공기업, 정부 기관 등에서 일하는 사람'이라는 내용이
    '정규직'에 부합한다고 답한 것을 기억할 필요가 있다.

14  현대자동차(원청)와 하청기업들 간의 임금 격차를 보면 2015년 기준으로
    현대자동차 평균임금을 100으로 놓았을 때, 1차 부품업체는 60.6, 2차 부
    품업체는 36.2, 3차 부품업체는 24.5의 평균임금 수준을 보인다. 즉, 3차
    부품업체 평균임금은 원청인 현대자동차 임금의 4분의 1 수준인 것이다.
    (장하성, 『왜 분노해야 하는가』, 헤이북스, pp.98~99.)

## 5 차별이 문제다

1  그 외에도 강력한 소속감이 좋아서, 또는 그냥 편하게 막 입을 수 있어서 좋다는 의견들도 있기는 했다.

## 6 출세주의

1  정실자본주의(情實資本主義)는 유교 사회의 가족 중심적인 가치가 반영돼 작동하는 자본주의다. 주로 아시아 지역에서 강하게 나타난다. 혈연·지연·학연에 따른 이익 배분, 정경 유착, 기업 연고주의 등의 현상이 나타나는 경제 활동을 부르는 말이기도 하다.

2  우석훈의 책 『민주주의는 회사 문 앞에서 멈춘다』에서 인용했다.

3  박근혜 정부 당시인 2014년 고용노동부는 '합리적 임금 체계 개편 매뉴얼'을 발표하면서 기본급 중심으로 임금 체계를 단순화할 것, 연공성을 완화하는 직무급·직능급을 도입할 것, 상여금에 성과를 연동하거나 성과급 비중을 확대할 것 등을 제시했고 이후 정년 연장, 임금피크제 도입 등 노동 현안들과 임금체계 개편이 묶여서 논의돼 왔다. 문재인 정부 들어서 고용노동부는 2020년 1월 '직무 중심 인사관리 따라잡기' 매뉴얼을 펴내고 '직무중심 인사관리체계 도입 지원사업'을 신설했으며 공공기관에 대해서는 경영평가에 직무급제 도입 가산점을 두는 등 전환을 강력하게 추진하고 있다.

4  직무급은 '업무를 수행하는 사람의 특징과 관계없이 직무의 가치에 따라서 기본급이 결정되는 보상체계'라고 정의할 수 있다. 나이, 성별, 고용형태(정규직이든 비정규직이든), 학력, 국적, 출생국가, 근속연수, 심지어 능력(숙련자이건 비숙련자이건)과도 무관하게 동일노동에 대해 동일임금을 받는 것을 말한다. 그런데 한국에서는 이에 대해서 경영계 노동계 각각 일정한 오해를 가지고 있다. 유규창(2014)에 따르면 경영계는 성과 보상 위주의 임금 체계로(기본급을 줄이고 성과 수당의 비중을 높이는 방식) 이해한다. 노동계는 이에 대한 반대 입장 때문에 직무급을 부정적으로 보는 한편 숙련급을 선호하는데, 이때의 숙련급은 연공서열이나 자격 등이 반영되지 않았다는 의미에서는 직무급의 개념과 차이가 없다.

5  한국은 OECD 회원국 중에서 1년 미만 근속자 비율은 가장 높은 수준 (30.4%), 10년 이상 근속자 비율은 가장 낮은 수준(21.9%)이다(이상 2018년 기준, OECD.stat). OECD 회원국 평균을 보면 1년 미만 근속자 비

율은 19.4%, 10년 이상 근속자 비율은 33.8%다. 한국의 단기근속 정도가 심하다는 점을 알 수 있다.

## 7 단순한 질문으로는 알아낼 수 없다

1  이 설문 결과에 대한 자세한 설명은 이어지는 '재미, 성장, 나의 시간, 그리고 자유' 부분에 나온다.
2  이후 다른 설문을 할 때 '중요하게 생각하는 일의 요건' 중에 이 항목을 넣어 봤는데 비중 있는 응답이 나오지는 않았다. 질문하는 방법의 차이 때문일 수도 있고, 임금과 고용안정성 등 다른 객관적 조건들보다 우선순위에 놓기 어려운 것이 현실일 수도 있다. 좀 더 연구가 필요한 대목이다.
3  앞에서 "당신의 일에 만족한다면 그 이유는 무엇입니까?"라는 주관식 문항에 대한 응답으로 '집에서 가까운 일터'라는 답이 가장 많이 나왔었다는 그 조사다.
4  이 조사의 응답자는 총 3,292명이었으나, 20대가 1,479명(44.9%), 30대가 1,207명(36.7%)으로 다른 연령대 응답자보다 월등히 많았기 때문에 데이터 분석 대상은 20~30대 총 2,686명으로 한정했다.
5  「[공약 虛와實]② 2년간 연봉 3000만원 주면 '첫 직장' 중소기업 택한다고?」, 〈조선비즈〉, 2017.4.11.
6  2부 4장 「정규직과 무기계약직이 같다고요?」에서 설명한 설문조사와 같은 것이다.

## 9 기준은 달라지고 있다

1  이 두 곳은 행안부 지방자치분권실 주민참여협업과가 2018년부터 진행 중인 청년지역정착지원사업에 선정된 곳들이다. 행안부는 이미 지역에서 활동하고 있는 청년 단체들과 협력해서, 지역에서 일하며 살아가고자 하는 청년들을 지원하는 사업을 하고 있다.
2  취업규칙 불이익 변경 금지 원칙을 말한다.
3  경사노위가 내놓은 탄력근로제 단위기간 확대 방안에는 이 기간 동안 노동시간을 연장할 때는 '하루 11시간 의무휴식제'를 적용해야 한다는 내용이 있었다. 하루에 11시간은 노동자가 작업장을 떠나도록 보장해야 한다는 것이다. 따라서 오전 9시에 출근하는 경우 최대로 일해도 오후 10시에

는 퇴근을 해야 한다.

4   3부 7장 「재미, 성장, 나의 시간, 그리고 자유」 부분에서 설명했다.

## 10 개인적 차원

1   취업포털 커리어가 2015년 2월 직장인 492명을 대상으로 '직장 내 다중
    인격자라고 생각하는 동료가 있는가'에 대한 설문조사를 한 결과 87.20%
    가 '있다'고 답했다고 밝혔다. '직장 동료 중 (다중인격자는) 누구인가'라
    는 질문에는 59.86%가 '상사'라 답했고, '동료'(27.21%), '후배'(12.93%)라
    는 답이 뒤를 이었다. '언제 그가 다중인격이라고 느끼는가'에 대한 항목에
    는 '갑자기 화 또는 짜증을 내는 등 감정기복이 굉장히 클 때'(34.69%)라
    는 응답이 가장 많았다.(「취업포털 커리어 "직장 동료 10명 중 9명은 다중
    인격자"」, 〈CNB뉴스〉, 2015.2.6.)
2   근로기준법 제76조의2(직장 내 괴롭힘의 금지): "사용자 또는 근로자는
    직장에서의 지위 또는 관계 등의 우위를 이용하여 업무상 적정범위를 넘
    어 다른 근로자에게 신체적·정신적 고통을 주거나 근무환경을 악화시키
    는 행위(이하 "직장 내 괴롭힘"이라 한다)를 하여서는 아니 된다."(2019년
    7월 16일 시행)
3   이 보드게임은 〈희망제작소〉에 재직하던 당시에 내가 기획하고 제작을 총
    괄했지만 〈희망제작소〉의 여러 연구원들의 협업이 있었기 때문에 저작권
    은 〈희망제작소〉에 남겼다. 지금도 〈희망제작소〉 홈페이지를 통해서 구매
    할 수 있고, 관련 진로 및 조직 관련 교육도 이뤄지고 있다.
4   1부 2장의 「'장래희망 건물주'의 진짜 의미」 부분 참조
5   구교준 외, 2019
6   「'왼쪽 엄마는 과연 좋은 부모일까?'」, 온라인 〈중앙일보〉, 2017.2.8.
7   OECD, 2018

## 11 사회적 차원

1   파업에 대해서 "기업을 망하게 하려는 것"이라고 비난하는 것은 가만히 따
    져 보면 기업 단위 노조를 향한 것은 아니다. 민주노총과 한국노총, 산별
    노조 등 상급단체에 대한 것이라고 볼 수 있다. 상급단체들이 각 기업에서
    일어난 갈등 상황에 개입했을 때 노사 상호 신뢰가 회복되는 방향으로 노

력하기보다는 되도록 쟁의행위가 일어나는 쪽으로 유도한다는 비판이 있는 것이다. 이에 대해서는 상급단체들도 진지하게 되돌아볼 필요가 있다. 쟁의사업장이 많은 것을 성과로 보는 문화가 존재하기 때문이다.

2 구해근의 『한국 노동계급의 형성』에 따르면 한국 전쟁 이후 최초의 전국적 총파업은 1996년 12월 26일 시작됐던 것으로, 파업 3일 만에 약 37만 명이 참여해서 자동차산업, 조선업, 그리고 다른 대규모 산업 대부분을 마비시켰다고 한다. 구해근은 이때 이전의 총파업은 해방 직후인 1946년 전투적 좌익 노동운동단체인 조선노동조합전국평의회(전평)에 의한 것이 처음이자 유일했다고 했다.

3 정 어려우면 노사협의회라도 있어야 한다. 30인 이상 조직이라면 노사협의회는 법적으로 반드시 있어야 한다.

4 광주 시민인 일용직 건설 노동자 정호창 씨는 2019년 11월 19일 서울 마포구 MBC미디어센터에서 열린 〈국민이 묻는다, 2019 국민과의 대화〉에 국민 패널 300인 중 한 명으로 참석해서 문재인 대통령에게 일용직 노동자에 대한 정책을 질문했다. 이때 제대로 뜻을 전달 못 했다는 그는 이후 〈경향신문〉과의 인터뷰에서 "일용직 노동자들이 중개소에 일당 10~20% 수수료를 떼지 않고 사업주와 직접계약을 할 수 있는 플랫폼 개발을 바란다"고 했다. 일용직 노동자들이 오전 4시에 집을 나설 필요도, 중개소까지 갔다가 허탕을 치고 돌아오는 일도 사라질 것이라는 이유. 업무 기록이 플랫폼에 남겨지면 재직증명서가 없어 통장발급도, 대출도 받지 못하는 문제도 해결될 것이라고도 했다.("'대통령님, 일용직 중개 플랫폼을'"..."청년 불평등 대물림 해법은요?"」, 〈경향신문〉, 2019.11.21.)

5 타다(TADA)는 차량공유 기업인 쏘가가 자회사 브이씨앤씨(VCNC)를 통해 2018년부터 운영한 모빌리티 플랫폼 사업이다. 이 중 타다 베이직은 스마트폰 애플리케이션(앱)을 통해 차량을 호출하면 제일 가까이 있는 운전자가 11인승 레저용 차량을 몰고 사용자를 태우러 오는 서비스로, 기존 택시의 서비스와 거의 차이가 없었기 때문에 택시 산업의 거센 반발을 일으켰다. 검찰이 여객운수법 위반으로 쏘카 이재웅 대표와 VCNC 박재욱 대표를 기소하기까지 했으나 2020년 2월 법원은 무죄 선고를 내렸다. 그럼에도 2020년 3월 여객자동차 운수사업법 개정안이 국회에서 통과됨에 따라 타다 베이직 사업이 중단됐다.

6 타다가 비판받았던 지점 중 하나는 누가 봐도 택시사업과 같은 사업을 하면서 이를 렌터카 사업이라고 주장했다는 것이다. 현행법상 기존 택시산업과 별도의 사업을 시작할 수 없다는 문제가 있었다고는 해도, 이를 혁신하고자 하는 지향점과 '택시가 아니라 렌터카'라는 주장 사이의 모순이 분명

했기 때문에 사회 전반의 지지를 받는 데는 실패했다고 볼 수 있다. 또한, 택시가 아니라 렌터카라는 틈새를 이용하기 위해서 11인승 이상 크기의 승합차를 사용했고, 1~2인 단위의 승객도 이를 이용해야 했다는 것 또한 지속가능성 차원에서 환경을 염려하는 사람들의 지지를 받기 어려웠다.

## 12 정책적 차원

1  "Covid-19 pandemic shines a light on a new kind of class divide and its inequalities"(The Guardian, 2020.4.26.)
2  이럴 때 예상되는 문제 중 하나는 자영업자의 경우 매출 중에서 얼마를 소득으로 간주해야 하는지다. 최현수 한국보건사회연구원 연구위원에 따르면 이 해법은 이미 존재한다. 정부는 근로장려금 적용대상을 자영업자로 확대하면서 자영업자의 매출을 소득으로 환산하는 '업종별 조정소득' 체계를 만들고 이를 적용해 오고 있다는 것이다. 이 방법을 적용하면 그동안 자영업자의 소득을 파악하지 못해 생겼던 여러 문제들도 해결된다. 대표적인 것이 직장·지역 의료보험료 산정 방식의 형평성 문제다. 즉, 고용보험만이 아니라 의료보험, 국민연금, 산재보험을 포함한 4대보험 전체를 모든 '일하는 사람들'에게 똑같이 적용할 수 있게 되는 것이다.

# 참고문헌

## 단행본

구해근, 『한국 노동계급의 형성』, 창비, 2002.

김혜진, 『비정규사회』, 후마니타스, 2015.

공지영, 『의자놀이』, 후마니타스, 2012.

김민섭, 『대리사회』, 와이즈베리, 2016.

김민아 · 김빛나 · 김정민 · 송지혜 · 주수원,최태섭 · 홍진아 · 황세원 공
저/희망제작소 기획, 『자비없네 잡이없어』, 서해문집, 2018.

김예지, 『저 청소일 하는데요?』, 21세기북스, 2019.

로버트 달, 배관표 역, 『경제민주주의에 관하여』, 후마니타스, 2011.

장하성, 『왜 분노해야 하는가』, 헤이북스, 2020.

제레미 리프킨, 이영호 역, 『노동의 종말』, 민음사, 1996.

조정진, 『임계장 이야기: 63세 임시 계약직 노인장의 노동 일지』, 후마
니타스, 2020.

이디스 워튼, 최인자 역, 『기쁨의 집』, 펭귄클래식코리아, 2008.

이철승, 『불평등의 세대: 누가 한국 사회를 불평등하게 만들었는가』,
문학과지성사, 2019.

우석훈, 『민주주의는 회사 문 앞에서 멈춘다』, 한겨레출판, 2018.

## 논문 · 자료집

고용노동부, 「공공부문 비정규직의 정규직 전환 가이드라인」, 2017.

고영우, 「지역별 일자리 창출 · 소멸과 정책과제」, 한국노동연구원, 『정책연구』 2016-03, 2016, pp.91~92.

구교준 · 최영준 · 이관후 · 이원재, 「자유안정성 혁명: 행복하고 혁신적인 대한민국을 위한 제안」, LAB2050, 솔루션2050-01, 2019.

김복순, 「최근 비정규직 고용과 근로조건 변화」, 한국노동연구원, 『노동리뷰』 2019-01, pp.107~131.

김유선, 「비정규직 규모와 실태」, 한국노동사회연구소, 이슈페이퍼 2018-16호, 2019.

김현아, 「자유노동이 온다: 플랫폼 노동, 프리랜서, 포트폴리오 워크의 미래」, LAB2050, 인사이트2050-01, 2019.

유규창, 「한국기업의 임금체계: 직무급이 대안인가?」, 한국노동연구원, 『노동리뷰』 2014-02, pp.37~54.

오계택 · 조성재 · 김동배 · 노용진 · 임주환 · 이문호 · 정승국, 「일터혁신의 정책과제」, 한국노동연구원, 『정책연구』 2018-17, 2018.

이원재 · 윤형중 · 이상민 · 이승주, 「국민기본소득제: 2021년부터 재정적으로 실현 가능한 모델 제안」, LAB2050, 솔루션2050-04, 2019.

이병훈 · 윤정향, 「서울시 지역 노동시장의 특성에 관한 연구」, 서울연구원, 『서울도시연구』 11(2), pp.141~165, 2010.

이승윤 · 김기태, 「아픈 노동자는 왜 가난해지는가?」, 한국사회정책학회, 『한국사회정책』 24(4), pp.113~150, 2017.

정흥준, 「특수형태근로종사자의 규모 추정에 대한 새로운 접근」, 한국노동연구원, 『KLI 고용노동브리프』 2019-03, 2019.

최석현 · 이병호, 「노동시장 공간의 이중구조화와 불평등」, 한국사회학회, 『한국사회학회 사회학대회 논문집』 51(2), pp.63~94, 2017.

황세원, 「"좋은 일의 기준을 찾자" 좋은 일, 공정한 노동1 사업결과보고서」, 희망제작소, 희망리포트 2016-05, 2016.

황세원, 「좋은 일의 새로운 기준-좋은 일, 공정한 노동2 사업결과보고
서」, 희망제작소, 희망리포트 2017-02, 2017.

황세원, 「정규직이란 무엇인가: 공식적 개념과 현실 인식 간 차이에 관
한 연구」, LAB2050, 인사이트2050-05, 2020.

OECD, *Job Creation and Local Economic Development 2018-Preparing
for the Future of Work*, 2018.

## 인터넷

「"무급휴가 싫으면 나가"... 영세업체 노동자부터 쓰러진다」, 〈서울신문〉,
2020.03.20.

「가사근로자법 19개월째 표류... 20만명 도우미 '주먹구구 계약'」, 〈문
화일보〉, 2019.07.24.

「ILO "코로나19로 전 세계 일자리 2470만개 감소"」, 〈경향신문〉,
2020.03.19.

「공사 현장서 일하다 허리 삐끗…법원 "산재 맞다"」, 〈서울경제〉,
2016.05.29.

「[녹아내리는 노동]'21세기 자본' 데이터…생산은 우리 모두가, 이윤은
기업이」, 〈경향신문〉, 2020.01.22.

「"'아파도 나온다'는 건 옛말..이젠 아프면 쉬어야"」, 〈이데일리〉,
2020.03.16.

「신입사원 4명 중 1명, 좁은 취업문 통과해도 1년 만에 회사 떠나」, 〈조
선비즈〉, 2016.06.06.

「[단독]최순실 옥중편지, 정유라에 "돈은 어디 잘 갔다놓아라"」, 〈파이
낸셜뉴스〉, 2019.08.07.

「새 학년 맞는 초중고...요즘 아이들의 '꿈' 들어보니」, 〈JTBC뉴스〉,

2016.03.01.

「장래희망 1위가 공무원인 '꿈'이 없는 청소년, 잠재력 일깨워야」, 〈동아닷컴〉, 2017.08.16.

「"우리는 생각하는 별먼지... 호기심 죽이는 과학 왜 배우나요?"」, 〈한국일보〉, 2018.10.05.

「[삶도] 걸그룹 멤버 엄마, 소매치기 어린시절 딛고 100명의 자식 거두기까지」, 〈한국일보〉, 2019.12.17.

「주물 노동자가 네티즌과 소통하며 한 편 한 편 엮어 낸 이야기」, 〈한국일보〉, 2018.01.08.

「청소 일 하는 젊은이가 어때서요?- [나의 꿈은 '노동자'입니다④] 김예지 작가」, 〈오마이뉴스〉, 2020.05.06.

「'신의 직장'에서 정규직으로 다니던 퇴직자가 경비원 된 후 알게 된 사실」, 유튜브 채널 〈씨리얼〉 영상, 2020.04.30.

「'각자도생' 청춘, 특성화고 졸업생들」, 〈시사IN〉, 2019.04.30.

「아르바이트 청소년 35% "최저임금도 못 받아"」, 〈연합뉴스〉, 2019.01.28.

「"나 비정규직이었어?" 정규직 착각한 50만명 드러났다」, 〈머니투데이〉, 2019.10.19.

「[따져보니] 통계청 조사 방식 달라져 비정규직 급등?」, 〈TV조선〉, 2019.10.30.

「[27년간 사라지지 않은 여행원제 망령] 비정규직에서 무기계약직 거쳐, 별도 · 하위직군으로 부활」, 〈매일노동뉴스〉, 2019.05.27.

「[비정규직 총파업]"20년 근무했는데 월급 200만원" "동일 노동, 차별 대우-」, 〈경향신문〉, 2019.07.04.

「7년 버텨 정규직 됐는데... 3개월 만에 자진 퇴사」, 〈국민일보〉, 2019.07.10.

「누가 이런 정규직화 해달라고 했습니까?」, 〈프레시안〉, 2019.07.01.

「학교비정규직 "공무원 연금? 바라지도 않아...이름 달라는것"」, 〈노컷뉴스〉, 2019.07.03.

「공무원과 동등 대우 해달라니…공시생, 비정규직 파업에 '허탈'」, 〈문화일보〉, 2019.07.05.

「[공약 虛와實]② 2년간 연봉 3000만원 주면 '첫 직장' 중소기업 택한다고?」, 〈조선비즈〉, 2017.04.11.

「취업포털 커리어 "직장 동료 10명 중 9명은 다중인격자"」〈CNB뉴스〉, 2015.02.06.

「'왼쪽 엄마는 과연 좋은 부모일까?'」, 온라인 〈중앙일보〉, 2017.02.08.

「"대통령님, 일용직 중개 플랫폼을"…"청년 불평등 대물림 해법은요?"」, 〈경향신문〉, 2019.11.21.

「2600만명 일자리 잃는 동안 억만장자 재산 467兆 늘었다」, 〈파이낸셜뉴스〉, 2020.05.15.

「Covid-19 pandemic shines a light on a new kind of class divide and its inequalities」, 〈The Guardian〉, 2020.04.26.

「상생형 지역 일자리」, 대한민국 정책브리핑, 2019.11.21.

「경제활동인구 및 취업자 동향」, 한국통계월보, 통계청, 1998. 04.

「비정규직 고용동향」, e-나라지표, 2020.03.24.